과학과 커뮤니케이션

김학수 외 10인 공저

서강대학교출판부

머 리 말

"과학과 커뮤니케이션"의 관계는 1980년대 중반부터 전 세계적으로 중요한 화두로 대두되었다. 그것은 주로 과학이 이제 일반국민과 함께 가야 한다는 시대적 요구 때문이었다. 우선 과학탐구 활동이 상아탑 속에 격리되어 있는 상황에서는 더 이상 크게 발전할 수 없다는 것을 깨달았다. 기초과학과 응용과학의 경계를 공고히 하기보다 상호 보완하는 시스템 속에서 과학과 기술이 더 크게 도약하는 20세기 역사를 목격했다. 그러므로 현대과학의 진보가 소위 산(産)학(學)연(硏)이라 일컬어지는 3각 편대의 상호협력에 의해 더욱 촉진될 수 있다는 사실을 발견했다. 이것은 필연적으로 대규모 팀워크의 과학탐구 활동을 필요로 했고, 그 결과 과학탐구 예산이 거대규모로 성장하기 시작했다.

과학탐구의 활동은 궁극적으로 국리민복(國利民福)에 기여한다는 점 때문에 국민이 지불한 세금, 즉 공공자금의 지원을 많이 받는다. 그 결과 과학의 산물은 또한 대개 공공재(公共財)로 취급되기도 한다. 그러므로 과학탐구 예산이 대규모로 커진다는 것은 곧 일반국민의 동의 없이는 거대 공공예산을 확보할 수 없게 되었다는 것을 의미한다. 과학과 정치의 만남이 중요시되기 시작한 것도 바로 국민을 대표하는 정치집단이 과학탐구 예산에 대한 결정권을 갖고 있기 때문이다. 이제 왜 과학이 "일반국민과 함께 가야"하는 시대적 요구를 맞게 되었는지를 깨달을 수 있다.

심지어 현대 민주주의의 성공을 위해서도 과학과 사회의 융합은 필수불가결하다고 강조되기도 한다. 모든 공공정책 결정 사안들에는 과학의 개입이 없이는 바른 선택을 할 수 없을 정도로 과학(기술)적 내용이 편재되어 있고, 따라서 그런 결정을 내리는 데 일반국민이 참여하기 위해서는 반드시 과학적 소양(literacy)을 갖추고 있어야 한다고 주장한다. 그렇기 때문에 현대 시민은 새로운 인류문명으로 자리 잡은 과학문명을 어느 정도 이해할 필요가 있다는 일종의 시민주의(civicism)를 넘어 구체적으로 민주적 참여를 용이하게 만들 만큼 높은 과학적 소양을 쌓아야 한다는 주장에까지 이르렀다.

이런 다분히 철학적인, 때로는 과도한 당위성 외에도, 과학발전을 통한 국가경쟁력 확보 차원에서 우수한 인재를 조기에 과학계로 끌어들여야 하는 문제, 그러기 위해서는 부모와 청소년의 과학에 대한 관심과 이해를 증진시키는 문제, 청소년의 과학탐구에 대한 연계를 지속시키는 문제, 나아가 우수한 과학인재를 사회가 적극적으로 활용하게끔 유인하는 문제 등이 또한 현실적으로 중요하게 되었다. 이 모든 문제들을 해결하는 데 있어 "효과적인 과학커뮤니케이션"은 가장 핵심적이고 시급한 과제로 부각되었다. 지난 30여 년간 전 세계 많은 대학들에서 "과학커뮤니케이션"을 비롯한 "보건커뮤니케이션", "환경커뮤니케이션", "위험커뮤니케이션" 등과 같은 유사 교과목들이 개설되고, PCST(International Conference on Public Communication of Science and Technology. 세계과학커뮤니케이션회의)와 같은 국제 회의체가 설립되고, Science Communication, Public Understanding of Science 등과 같은 전문 국제학술지들이 등장한 것은 바로 그런 경향을 반영한 것이다.

그러나 효과적인 과학커뮤니케이션의 과제를 풀어가는 데 대부분 목표를 앞세운 욕심이 앞서간 것이 사실이다. 예컨대, 과학지식에 대한 노출만 증대시키면 과학지식의 증대가 이루어진다고 믿는다. 이런 믿음은 곧 욕심인데, 그것에 앞서 인간조건에 대한 새로운 존재론적 성찰이 보다 많이 필요하고, 이를 바탕으로 다양한 혁신적 수단들이 개발되고, 그것들을 체계적이고 장기적으로 시도할 때 조금이나마 과제해결로 나아갈 수 있을 것이다.

이 책은 그런 장기적 과제해결의 하나로 국가가 지원하여 서강대에 설립한 『과학문화아카데미』의 강의를 맡고 있는 커뮤니케이션 전문가들이 각자 자기 분야에서 "효과적 과학커뮤니케이션"을 논한 내용들로 구성되어 있다. 아카데미는 기본적으로 과학탐구 관련자들에게 과학커뮤니케이션의 이해를 증진시키는 것은 곧 국가 과학기술 발전의 "인프라"를 구축한다는 일에 해당된다는 믿음에서 설립되었다. 국가의 기대에 부응하기 위해 강의를 맡은 전문가들은 엄격한 수강자 평가를 지속적으로 받아왔다. 따라서 다양한 관점들과 수단들이 이 책에 소개되고 있지만, 수강자들에 의해 높게 평가된 핵심들이 담겨있다고 자부한다. 그러므로 이 책은 비단 아카데미의 교재로서 뿐만 아니라 과학커뮤니케이션 관련 대학교재로 널리 사용될 수 있을 것이라 믿는다. 아울러, 누구든 과학커뮤니케이션의 개괄적인 영역들을 이해하는 데 퍽 유용한 참고서가 될 것이라 확신한다. 그 동안 강의뿐만 아니라 집필에 참여해준 전문가들에게 감사하고, 출판을 허용해준 서강대 출판부에 집필자들을 대신해서 감사드린다.

『과학문화아카데미』가 운영될 수 있도록 물심양면 지원해준 한국과학창의재단에도 큰 고마움의 말을 전한다.

2011년 1월 15일

김 학 수 드림

서강대 커뮤니케이션학부 교수 겸

서강대 과학문화아카데미 운영위원장

목 차

1부

총 론

1장

우리 사회가 요구하는 과학커뮤니케이션

이 덕 환
서강대 화학/과학커뮤니케이션

우리는 민주화된 과학기술 사회에 살고 있다. 신분이나 지위에 상관없이 누구나 자신의 주장을 펼칠 수 있고, 과학과 기술이 중심이 되는 사회에 살고 있다는 뜻이다. 어느 누구도 과학과 기술의 영향에서 벗어나서 살아가기 어려운 형편이다. 그럼에도 불구하고 현대 과학과 첨단 기술에 대한 우리의 인식은 지극히 이중적이다. 한편으로는 첨단 기술의 경제적 효용성과 필요성을 절감하면서도, 다른 한편으로는 현대 과학과 첨단 기술에 대해 극도로 부정적인 인식을 가지고 있다. 현대의 과학과 기술이 자연을 파괴하고 인간성을 황폐화시키고 있다는 불만도 적지 않다. 그런 문제가 현대 과학과 첨단 기술에 내재된 근원적인 것이어서, 과학이 근본적으로 달라져야 한다는 주장도 있다. 심지어 현대 과학과 첨단 기술을 모두 포기하고 안락하고 포근한 자연의 품으로 돌아가야 한다는 주장이 힘을 얻고 있다.

우리 사회에서 과학커뮤니케이션에 대한 관심이 부쩍 높아진 것도 현대 과학과 첨단 기술에 대한 우리의 이중적인 인식 탓이다. 현대 과학과 첨단 기술을 외면하지도 못하고, 그렇다고 선뜻 받아들이지도 못하는 어설픈 상황이 사회 전체로 확산되면서 심각한 갈등과 분열의 원인이 되고 있는 현실을 극복하기 위한 방안이 필요하게 되었기 때문이다. 현실적으로는 지난 10여 년 사이에 우리 사회에서의 심각한 사회적 이슈들이 대부분 현대 과학과 첨단 기술과 관련된 것이었다. 황우석 사태, 방사성 폐기물 처리장, 새만금을 비롯한 대규모 국토 개발 사업, 광우병 사태, 멜라민 사태, 석면 파동 등이 모두 그런 경우들이다. 이제 현대 과학과 첨단 기술이 우리 사회의 성장 동력의 역할을 하면서 동시에 우리 사회의 심각한 분열과 갈등의 요인으로 자리를 잡게 된 셈이다. 과학기술과 관련된 사회 문제는 단순한 정치적 합의를 통해 해결하기 어렵다. 과학은 우리의 합의에 의해 달라지는 것이 아니다. 사회 문제의 핵심과 관련된 과학과 기술에 대한 이해가 반드시 필요하게 된 것은 바로 그런 이유 때문이다.

여기서는 오늘날 우리 사회가 요구하고 있는 과학커뮤니케이션이란 무엇이고, 왜 필요한가에 대해서 구체적으로 살펴보고, 과학커뮤니케이션의 활성화를 위한 효과적인 방안에 대해 간단하게 살펴보기로 한다.

1. 과학커뮤니케이션의 분류

과학커뮤니케이션을 넓게 정의하면 '과학을 매개로 하는 소통' 이라고 할 수 있다. 과학적 상식과 지식을 기반으로 하는 소통이 바로 과학커뮤니케이션이다. 그런 과학커뮤니케이션은 소통의 주체와 상대에 따라 분류할 수 있다. 첫째는 과학기술계의 전문적인 과학커뮤니케이션이고, 둘째는 과학기술계와 사회와의 과학커뮤니케이션, 그리고 셋째는 사회에서의 과학커뮤니케이션이다. 과학커뮤니케이션은 참여하는 대상에 따라 그 목표, 내용, 그리고 방법이 다를 수밖에 없다. 자칫 소통의 대상에 혼란이 생겨 서로 다른 영역으로 확대되는 경우에는 심각한 혼란이 발생하기도 한다.

1) 과학기술계의 소통

과학자 개인의 경험과 통찰력에 의존하던 과거의 주술적 과학과 기술의 경우에 소통은 크게 의미가 없었다. 다른 사람에게 과학 지식이나 기술의 핵심을 알려줄 필요가 없었기 때문이다. 과거의 과학 지식이나 기술은 대부분 '비법(秘法)'이라는 이름으로 소통의 영역에서 제외되어 왔다. 난해하게 만들어진 대부분의 전통 의학서들이 그런 경우에 해당한다. 정확한 의학 지식을 전수하기 위한 것이 아니라 자신만이 알고 있는 비법을 자신이 선택한 대상에게만 은밀하게 전달하는 것이 목적이었다.

그러나 17세기 서양에서 출발한 현대의 과학에서는 사정이 달라졌다. 과학적 탐구를 통해 확인한 경험적 지식을 기반으로 하는 현대의 과학에서는 과학기술자들 사이의 원활한 소통이 전제된다. 현대의 과학은 처음부터 개방성, 민주성, 비판성, 합리성을 핵심으로 하고 있기 때문이다. 과학적 탐구의 결과는 모든 영역의 과학자들에게 완전하게 개방됨으로써 끊임없는 비판적 검증의 대상이 되어야만 한다. 개방적이고 비판적인 검증 과정에서 과학자의 권위는 전혀 중요하지 않다는 점에서 민주적이고 철저한 검증을 거쳐야만 과학 지식으로 인정을 받게 된다는 점에서 합리적이다. 과학적 탐구의 결과가 과학 지식으로 인정을 받고, 기술의 요소로 활용되기까지의 모든 과정에서 과학자 사회에서의 소통은 무엇보다 중요한 역할을 하게 된다.

과학은 수학과 논리를 언어로 사용하기 때문에 소통이 크게 중요하지 않다는 인식은 매우 잘못된 것이다. 과학기술자 사회에서도 근본적인 소통은 일상적인 언어를 통해서 이뤄진다. 물론 엄격한 수학과 논리를 바탕으로 하기 때문에 과학기술자들이 인문사회학자들보다 언어적 표현에 덜 엄격한 것처럼 보일 수는 있다. 그러나 과학에서의 소통에서 정확한 언어적 표현이 중요하지 않다는 주장은 성립되지 않는다. 다만 엄격한 수학과 논리학이 바탕을 이루고 있기 때문에 표현에 소홀한 것처럼 보일 뿐이다. 겉으로 드러나는 과학자들의 소통 관행을 잘못 평가해서는 안 된다.

과학기술계의 소통은 크게 세 가지 방법으로 이루어진다. 전문 학술

논문과 학술서를 통한 소통이 그 핵심이다. 분야마다 조금씩 다른 전형(典型)이 개발되어 있고, 학술 논문에 대한 엄격한 윤리적 기준도 마련되어 있다. 소통에 사용되는 언어에 대한 형식과 규약도 엄격하게 정해져 있다. 특히 17세기 영국의 왕립학회에서부터 시작된 학술지의 전통은 큰 틀에서 거의 바뀌지 않고 확실하게 전해지면서 진화하고 있다. 학술지에 게재되는 학술 논문의 게재 여부를 평가하기 위한 '권위자 평가' 또는 '동료 평가(peer review)' 제도에 대한 세계적 기준(global standard)도 마련되어 있다. 20세기에 들어 학술 논문의 양이 크게 늘어나면서 초록(abstract), 검색(search), 인용 색인(citation indexing)에 필요한 새로운 기술도 빠르게 발전하고 있다.

과학기술계의 두 번째 소통 양식은 전문가들이 참여하는 학술회의다. 학술논문과 달리 학술회의에 대한 세계적인 윤리 기준이 확실하게 마련되어 있는 것은 아니지만 전통적으로 확립된 글로벌 스탠더드는 존재한다고 보아야 한다. 학술회의는 다양한 세부 분야 사이의 소통의 수단이 되기도 하지만, 과학기술계의 심각한 논란을 해소하는 효율적인 수단으로 활용되기도 한다.

과학기술계의 세 번째 소통 양식은 교육이다. 대학이라는 대체로 정형화 된 사회적 구조 속에서 학문 후속 세대 양성을 목표로 이루어지는 경우가 대부분이다. 세계화의 특성이 매우 강한 현대 과학기술에서는 전 세계의 거의 모든 대학이 대체로 공통된 교육 과정을 통해 학문 후속 세대를 양성하고 있으며, 그런 과정에서 사용되는 소통의 내용과 방법도 대체로 공유하고 있다고 볼 수 있다. 지역 또는 문화적 특색이 강한 인문학의 경우와 달리 과학기술계의 대학 또는 대학원 교육이 일찍부터 세계화 될 수 있었던 것도 과학 교육에서 사용하는 소통 양식의 그런 특성 덕분이다.

과학기술계의 소통은 대부분 첨단 과학 지식을 확인하고 확산시키는 과정이라고 할 수 있다. 과학의 중요한 '패러다임' 은 예외 없이 적극적인 소통의 과정을 거쳐서 정립된다. 과학기술계의 소통에서 가장 독특한 특색은 과학기술과 직접적으로 관련되지 않은 정치적, 사회적, 종교적, 사상적 영향을 적극적으로 거부한다는 점이다. 물론 쉬운 일도 아니고, 그런 독립성이 언제나 보장되는 것도 아니다. 현대의 과학이 빠르게 발전하고 있던 19세기 말과 20세기 초에는 정치적, 사회적 영향 때문에 과학이 심각하게 왜곡된 경우도 있었다. 히틀러와 스탈린 시대의 '우생학'이 대표적인 경우라고 할 수 있고, 우리가 경험했던 황우석 사태도 정치적 영향력에 의해서 과학기술계의 소통이 본연의 영역을 벗어나서 무리하게 확대되는 과정에서 발생한 것이라고 볼 수 있다.

물론 현대 과학기술계의 소통이 가장 이상적이고 합리적으로 이루어지고 있다고 보기는 어렵다. 언제나 그렇듯이 개선해야 할 부분이 적지 않은 것이 사실이다. 그런 뜻에서 과학기술계의 소통 문제는 과학커뮤니케이션의 중요한 연구 대상이 될 수 있다. 그러나 이 글에서는 과학기술계의 소통에 대한 더 이상의 언급은 하지 않기로 한다.

2) 과학기술계와 사회의 소통

과학자와 사회의 소통도 독특하다. 영국에서 왕립학회의 회원들이 사회와 소통을 시도하기 전까지만 하더라도 과학과 기술은 전문가의 전유물이었다. 막강한 영향력을 가진 과학 지식을 함부로 알려줄 이유도 없었고, 일반인들도 그런 지식을 이해하거나 활용할 수 있는 능력을 가지고 있지 않았다. 대부분이 귀족이었던 왕립학회 회원들이 시작했던 사회와의 소통도 사실은 당시에 출현하고 있던 새로운 과학에 대한 귀족층의 관심을 반영한 것이었을 뿐이다. 영국에서 시작된 근대 과학혁명이 확산되었던 프랑스에서의 사정도 크게 다르지 않았다.

과학기술계와 일반 사회와의 소통이 강조되기 시작한 것은 20세기 중반 환경에 대한 관심이 사회적으로 확산되면서부터였다고 해야 할 것이다. 제2차 세계대전이 끝난 후부터 첨단 기술의 영향이 엄청나게 확대되기 시작했고, 특히 본격적으로 확산된 대중 교육과 민주화 덕분에 사회의 지적 수준이 놀라운 수준으로 향상되고, 1960년대에 환경 문제의 심각성이 알려지게 되면서 관심의 대상이 획기적으로 확대된 결과라고 할 수 있다. 이제 '과학은 과학자의 전유물이 아니다' 라는 주장이 힘을 얻게 되었고 과학계에서도 사회의 그런 변화를 능동적으로 받아들여 사회와의 소통에 노력하기 시작했다.

과학기술계와 사회의 소통은 일방적인 소통으로부터 시작되었다. 현대 과학과 기술에 대한 사회적 거부감은 과학에 대한 무지(無知)에서 비롯되는 것이라는 인식이 일반적이었다. '과학 대중화' (Public Understanding of Science) 노력이 바로 그런 입장에서 시작된 것이었다. 더욱이 1960년대 후반 미국에서의 스푸트니크 쇼크로 거세게 시작된 과학 교육 강화 정책도 과학기술계의 일방적인 과학 대중화 노력으로 인식되었다.

그러나 과학기술계의 일방적인 소통 노력은 '결핍 모형(deficit model)' 이라는 심각한 비판을 받게 되었다. 과학기술계의 과학 대중화 노력이 사실은 과학자들의 과학만능주의적 사고방식에서 시작된 것이라는 이유 때문이었다. 더욱이 실제로 과학기술과 관련된 사회적 이슈의 대부분은 단순한 과학 지식만으로는 해결할 수 없는 복합적인 것이고, 경제적, 사회적, 정치적, 이념적 이해관계가 첨예하게 대립하는 과정에서 발생한 것이기 때문에 과학기술자의 순진한 설득이 도움이 될 수도 없었다. 결국 일방적인 과학 대중화 노력은 오히려 현대 과학과 첨단 기술에 대한 사회적 불신과 오해만 증폭시켰다고 볼 수도 있다. 그런 과정에서 대중들의 경험에 의존한 '시민 과학(citizen science)' 이 더 효과적일 수 있다는 주장이 힘을 얻기도 했다.

3) 사회의 과학커뮤니케이션

현대 과학과 첨단 기술에 대한 충분한 이해가 부족한 사회 구성원들 사이에서도 과학을 매개로 한 소통을 무시할 수 없다. 오늘날 사회 정책은 물론이고 개인의 삶까지도 과학과 기술을 벗어날 수 없기 때문이다. 국토 개발의 부작용, 새로운 기술이 사회와 개인에 미치는 영향, 개인의 건강과 안전과 관련된 대부분의 문제들이 과학과 기술에 대한 이해를 요구하고 있다. 그러나 과학에 대한 충분한 교육을 받지 않은 대중에게 고도로 분화되고 발달한 현대의 과학은 어렵고, 낯설고, 흥미롭지 않은 것일 수밖에 없다.

그런 틈새를 노리는 것이 바로 신비주의를 앞세운 '유사(類似) 과학'(pseudo-science)이다. 대중에게 전혀 알려지지 않은 첨단 과학, 과거 조상의 뛰어난 문화적 전통, 또는 대중들이 쉽게 이해하기 어려운 난해한 과학 용어들을 앞세운 유사 과학은 사회의 과학커뮤니케이션을 어렵게 만드는 가장 심각한 요인이다. 거부하기 어려운 종말론을 앞세운 유사 과학도 있다. 미국의 천체물리학자 칼 세이건은 그런 유사 과학을 '사회를 어둡게 만드는 악령(惡靈)'이라고 불렀다. 유사 과학은 현대 과학을 부정하고 정상적인 첨단 기술의 사회적 수용을 어렵게 만든다는 점에서 그 폐해가 매우 심각하다.

오늘날에도 부당한 상업적 이익, 편향된 정치적 이익, 또는 왜곡된 종교적 이념의 확산을 노리는 유사 과학은 심각한 사회 문제가 되고 있다. 특히 우리 사회의 경우에 유사 과학의 문제는 매우 심각하다. 개인적으로 무병장수를 핑계로 온갖 과학 용어를 활용하는 상업 광고가 언론 매체를 가득 채우고 있다고 해도 크게 틀리지 않는다. 근거를 찾기 어려운 엉터리 과학적 주장이 버젓이 언론을 통해 보도가 되는 경우도 적지 않은 것이 우리의 안타가운 현실이다. 광우병 사태로 크게 부각되었던 '인터넷 괴담'도 유사 과학의 일부라고 볼 수 있다. 심지어 해양 심층수의 경우처럼 정부가 직접 나서서 근거가 확실하지 않은 과학적 사실을 정책에 반영하는 경우도 있다.

2. 과학커뮤니케이션이 요구되는 배경[1)]

오늘날 과학커뮤니케이션은 전 세계 모든 사회에서 더 이상 외면할 수 없는 과제로 자리를 잡고 있다. 우리가 어쩔 수 없이 민주화된 과학기술 시대를 살고 있기 때문이다. 그러나 우리의 경우는 독특하다. 다른 선진국과는 분명하게 다른 이유 때문에 과학커뮤니케이션이 더욱 강조될 수 밖에 없다는 뜻이다.

1) 사회적 변화

21세기에 들어서면서 우리 사회는 완전히 탈바꿈을 했다. 삶의 질이 획기적으로 개선되었고, 1990년대 후반에는 정치적으로 권위주의 시대가 청산되고 세계 어느 선진국에 뒤지지 않은 사회적 민주화가 이룩되었다. 또한 사회의 교육 수준이 높아지면서 과학과 기술에 대한 관심도 자연스럽게 높아지게 된 것도 중요한 변화이다. 더 이상 정치와 사회 분야에서 이슈를 찾지 못한 사회 운동이 과학기술을 새로운 영역으로 인식하게 된 것도 새로운 변화이다.

삶의 질이 낮았던 권위주의 시대에는 사회 구성원이 굳이 국가의 과학기술 정책에 관심을 가질 이유가 없었다. 개인적으로도 자신과 직접적으로 관련이 없는 사회적 이슈에 관심을 가질 여유가 없었고, 정부의 정책에 관심을 표시할 현실적인 방법도 없었다. 그러나 삶의 질이 개선되고, 정치적 민주화가 이루어지면서 사정이 크게 달라졌다. 모든 사람이 모든 사회 문제에 대해 놀라운 수준의 관심을 갖게 되었다. 언론의 자유가 확대되고, 인터넷이 활성화 되면서 누구나 자신의 의견을 쉽게 표현할 수도 있게 되었다.

---

1) 제2절과 제3절은 한국학술단체연합회의 학술 심포지엄 "21세기, 인간을 다시 생각한다"(2005년 12월 2일)에서 발표한 내용 중 일부를 수정하고 보완한 것임.

물론 이런 변화는 모두가 낯선 현대의 과학과 기술을 전폭적으로 수용해서 적극적으로 활용한 결과이다. 그런 뜻에서 과학기술에 의한 사회적 불안은 불가피한 것이라고 볼 수도 있다. 그럼에도 불구하고 우리 사회의 과학과 기술에 대한 이해의 수준은 턱없이 낮은 것이 현실이다. 무엇보다도 우리의 경우에는 초중등학교에서 기본적인 과학 교육을 충분하게 받지 못하고 있다. 구성주의 교육 철학에 집착했던 우리의 과학 교육은 학생들에게 과학의 의미와 가치를 인식시키는 대신 자질구레한 과학 개념을 정확하게 이해시키는 일에 매달리다보니 과학 교육의 효율은 지극히 낮은 수준이다.

결과적으로 대부분의 국민들은 과학이 무엇이고, 우리에게 왜 필요한 것이며, 우리의 삶이 과학과 기술에 의해 어떻게 달라졌는지를 이해하지 못하고 있다. 한편으로는 '과학이 과학자의 전유물이 아니다' 라고 주장하면서, 다른 한편으로는 어렵고 재미없는 '과학은 배울 필요가 없다' 는 상반된 인식을 가지고 있다. 더욱이 21세기에 들어서 새로운 기술의 도입이 더욱 가속화 되고 지구 온난화, 광우병, 구제역, 신종 플루 등의 심각한 사회 문제가 불거지면서 과학과 기술에 의존한 우리의 미래에 대한 불안감도 더욱 증폭되고 있는 것도 사실이다.

이제 우리 사회에서 과학과 기술이 사회의 발전이 아니라 우리의 미래를 불안하게 만드는 요인으로 인식되고 있다. 광우병 사태를 비롯한 다양한 과학기술 관련 이슈들이 끊임없이 불거져 나오고 있지만 어느 것도 속 시원하게 해결하지 못하고 있다. 과학자들에 대한 사회적 신뢰도 크게 추락하고 있다. 방사성 폐기장 건설이나 새만금과 같은 대규모 국토개발 사업에서는 과학자들이 자신들의 이익만 챙기려는 모습이 보이고, 신종 플루와 구제역과 같은 심각한 상황에서도 뚜렷하게 제 역할을 해내지 못하고 있는 것으로 인식되고 있다.

과학커뮤니케이션은 우리의 이런 상황을 개선하기 위한 가장 중요한 대안이다. 21세기의 민주화된 과학기술 시대에 과학과 기술에 대한 사회적 거부감은 누구에게도 도움이 될 수 없다. 과학과 기술을 단순히 경제적 수단으로 받아들여야 한다는 주장은 더 이상 설득력이 없다. 우리 사회에서 과학의 진정한 의미, 가치, 역할에 기반을 둔 수준 높은 과학커뮤니케이션이 필요하게 된 것도 그런 이유 때문이다.

2) 정확한 자연관 확립

자연은 우리의 삶에 필요한 공간, 물질, 에너지를 제공해준다. 그러나 자연이 우리에게 언제나 긍정적인 역할만 하는 것은 아니다. 자연은 우리의 생존을 위해 반드시 극복해야 하는 도전의 대상이기도 하다. 자연에 대한 인식은 지역과 문화에 따라 다르고, 시대에 따라 끊임없이 변화해왔다. 본래 '자연(自然)'이라는 말은 "스스로 그냥 있음"이라는 의미로 사용되었고, 영어의 'nature'는 "태어나다"는 뜻의 라틴어 'natura'에서 유래되었다.

우리는 자연이 인간의 간섭이 없는 상태에서 스스로 생겨났다가 스스로 사라지기도 하는 것이라고 여긴다. 그런 자연은 우리 인간과는 분명하게 구별되는 개념인 셈이고, 우리는 오래 전부터 그런 자연을 무한히 동경해왔다. 우리 스스로를 태어나게 만들어준 자연에 대한 감사의 표현인 셈이다. 겉으로 드러나는 산천경개(山川景槪)를 아름답다고 느꼈고, 끊임없이 반복되는 밤낮과 계절의 변화도 신비스럽게 생각했다. 무수한 생물에게 삶의 터전이 되고 있는 대지(大地)의 무한한 생명력은 종교적 숭배의 대상이 되기도 했다. 고대의 다양한 자연 숭배 사상은 그렇게 시작되었다. 자연의 장엄함과 아름다움은 수많은 문학과 예술 작품의 소재가 되기도 했다. 그래서 자연적인 것은 모두 선(善)이고, 자연을 인공적으로 가공하는 것은 모두 악(惡)이라는 극단적인 이분법적 인식도 등장했다. 자연에서 생산되는 것이라면 모두 몸에 좋다고 여기고, 자연이 인간에게 포근하고 편안한 안식처라는 사고방식도 그런 인식에서 비롯된 것이다.

그러나 특별한 자기 방어 수단을 갖지 못한 원시 인류에게 자연은 결코 동경의 대상일 수만은 없다. 더위와 추위는 물론이고 맹수의 공격을 피하는 일도 쉽지 않고, 칠흑 같은 어둠이나 비바람을 포함한 모든 자연 변화에도 쉽게 적응하기 어렵다. 대규모 산불, 화산 폭발, 가뭄과 홍수, 지진과 해일, 태풍과 폭설 등의 자연 재해는 우리의 존재 자체를 위협하는 심각한 재앙이다. 특히 최소한의 식량과 안전을 확보하기도 어려웠던 원시 인류에게 그런 자연은 단순한 동경의 대상이기보다는 극단적인 공포의 대상이었다. 자연과의 힘든 투쟁을 견뎌내야 했던 원시 인류의 힘들고 고단한 삶에서 자연의 아름다움을 감탄할 수 있는 여유는 없었다. 지금도 힘들고 가난한 원시 생활을 견뎌내고 있는 사회에서는 자연의 아름다움에 대한 감동보다는 자연에 대한 극단적인 공포감을 확인할 수 있다.

지구촌 전체를 살펴보면 사정은 더욱 심각하다. 지구상의 육지에서 인류가 대규모로 정착해서 살고 있는 지역은 전체 육지 면적의 14퍼센트에 불과하고, 그나마도 상상을 넘어서는 열악한 자연 환경을 이겨내야만 생활이 가능한 지역이 대부분이다. 지구 온난화에 따른 기후 변화에 대한 우려의 목소리가 높아지고 있지만, 사실 지구의 기후가 언제나 온화하거나 규칙적이었던 것도 아니었다. 지구의 역사에서 아프리카 북부 지역까지 얼어붙어 버렸던 대규모 빙하기와 생물종의 대량 멸종 사태도 많았다. 우리가 발을 딛고 사는 육지도 언제나 지금과 같은 모습이 아니었다. 지각판의 이동에 따른 대규모 지진이나 해일은 물론이고 육지의 수직 상승과 침하가 일어나는 일도 일상적이었다. 높은 산악 지방에서 해양 생물의 흔적이 발견되는 것은 과거에 엄청난 지각 변동이 있었다는 증거다. 히말라야 산맥과 파나마 운하도 그런 지각의 움직임에 의해서 만들어진 것이다. 화산 폭발로 섬이 통째로 사라지고, 지구촌 전체가 극심한 냉각 현상을 경험했던 기록은 수없이 많이 남아있다. 다만 그런 지질학적 변화의 시간 규모가 인간의 수명보다 훨씬 길기 때문에 우리가 그런 변화의 흔적을 이해하게 된 것은 현대 과학이 충분히 발달한 20세기에 들어서부터였다. 물론 지금도 그런 변화는 계속되고 있고, 앞으로도 계속될 것이 분명하다. 최근에 인류의 산업 활동에 의해서 기상 이변과 자연 재해가 더욱 심각해지고 있다는 주장은 지구 환경의 이런 역사를 무시한 것이어서 지나치게 과장된 것일 수도 있다.

다행히 1만 2천년 전에 농경과 목축이 시작되면서 인류의 삶은 급격하게 개선되었다. 만족스럽지는 않았지만 어느 정도의 식량을 확보할 수 있게 되었다. 그리고 맹수의 위협이나 자연 재해로부터 어느 정도는 벗어날 수 있게 되었다. 그러나 자연은 여전히 두려운 존재일 수밖에 없었다. 그런 두려움은 막강한 영향력을 가진 주술사를 등장시켰다. 최초의 과학자였던 주술사들은 정확하고 정교하지는 않았지만 자연에 대한 남다른 관찰력과 기억력을 이용해서 농사에 필요한 정보를 제공해주고, 자연 재해를 피할 수 있도록 해주었다. 그들은 자신의 영향력을 과시하기 위해 어린 아이나 짐승을 제물(祭物)로 바치는 끔찍한 일도 마다하지 않았다. 현대의 문명 사회에서는 상상하기도 어려운 일이지만 도저히 감당할 수 없는 자연의 위협 앞에서는 자신들의 생존을 지킬 수 있는 유일한 대안이었던 그런 끔찍한 만행도 용납될 수밖에 없었다. 훗날 종교로 진화하기도 한 그런 원시 종교의 잔인한 풍속의 흔적은 전 세계 모든 곳에서 찾을 수 있고, 현대 문명의 혜택이 미치지 못한 지역에서는 아직도 그런 풍속이 남아있다.

그렇다고 모든 사람들의 생활이 크게 나아진 것은 아니었다. 식량 생산량이 늘어나기는 했지만 대부분의 사람들은 여전히 굶주림에 시달려야만 했고, 집단 생활의 결과로 치명적인 전염병이 확산되기도 했다. 전염병의 위력은 고대 문명이나 국가를 흔적도 없이 사라지게 만들 정도로 엄청났다. 19세기 말에 전염병의 정확한 원인이 밝혀지고 20세기에 들어서서 효율적인 위생 시설과 항생제를 비롯한 실질적인 대응 방안이 마련되기 전까지는 지구상의 거의 모든 사회는 해가 멀다하고 찾아오는 전염병에 시달려야만 했다. 대규모 사회가 형성된 후에도 인류의 삶은 크게 나아지지 않았다. 새로 등장한 사회적 차별은 자연 재해만큼이나 많은 사람들을 괴롭혔다. 주술사에서 시작되어 절대 왕권과 막강한 종교적 권력으로 이어진 사회 지배 계급에 의한 차별은 상상을 넘어선 것이었다. 민주주의가 처음 시작되었다고 하는 아테네의 경우에도 직접 민주주의에 참여할 수 있는 권리를 가진 '시민'은 전체 인구의 10퍼센트에 불과했고, 70퍼센트의 인구는 인권이라는 개념조차 갖지 못했던 '노예'였다. 개인의 자유와 인권을 전제로 한 본격적인 민주주의가 출현하기 전까지는 전 세계의 어느 곳에서나 절대다수의 사람들이 아테네의 노예 수준을 벗어나지 못한 삶을 이겨내야만 했다. 우리의 경우도 예외가 아니었다. 불과 2백년 전까지만 하더라도 우리 국민의 65퍼센트 이상은 성(姓)도 알 수 없는 노비였다. 그런 노비들은 제한적이기는 했지만 서양에서와 마찬가지로 상거래의 대상이 되기도 했고, 극단적인 차별의 대상이 되기도 했다. 오늘날 우리가 감탄하는 피라미드와 같은 거대한 유적들도 당시에 살고 있던 사람들의 참혹한 희생에 의해 이룩된 것이다. 결국 우리가 오늘날 동경(憧憬)하는 과거 선조의 삶은 극히 일부의 지배 계급을 제외하면 평균적으로 참혹한 것이었다. 충분한 식량을 확보하는 일은 여전히 쉽지 않았다. 자연 환경이 극도로 열악한 히말라야와 티베트 지역에서는 아직도 한 집안에서 태어나는 남자 아이 2명 중 1명을 출가(出家)시켜야 하는 관행이 남아있다. 식량 확보에 심각한 걸림돌이 되는 인구 증가를 인위적으로 막아내려는 노력으로 생겨난 반(反)인륜적 관행이다.

자연과 함께 했던 우리 선조의 어려웠던 삶은 지구상의 인구 변화에서도 짐작할 수 있다. 1만여 년 전에 농경과 목축을 시작했을 때의 인구는 7천만 명 수준이었던 것으로 추정되고, 평균 수명은 17세에 불과했다. 중세의 프랑스 마을에 남아있는 교회의 기록에 따르면 여성이 첫 아이를 출산하는 평균 연령이 당시 마을의 평균 수명보다 높았다는 기막힌 통계 자료도 남아있다. 물론 영아 사망률이 지나치게 높았기 때문에 나타나는 통계의 결과였다. 지구상의 인구는 5억을 넘지 못했고, 평균 수명은 40대를 넘지 못했으며, 영아 사망률은 70퍼센트를 넘는 것이 일반적이었다. '반타작' 이라는 우리말이 그런 사실을 뜻하는 목적으로 사용되기도 했다. 우리의 생활이 근본적으로 달라지기 시작한 것은 산업혁명이 시작된 이후부터였다. 19세기 말이 되면서 지구상의 인구는 처음으로 10억을 넘어섰고, 오늘날에는 70억이라는 상상을 넘어서는 규모로 늘어났다. 숫자만 늘어난 것이 아니다. 평균 수명도 70세를 넘어서게 되었다. 본격적인 산업화가 진행되었던 지난 60년 동안 우리나라도 비슷한 변화를 경험했다. 우리는 평균 수명이 매 2년마다 1년씩 늘어나는 기적을 직접 경험한 세대다. 그렇다고 우리 인류가 엄청난 자연의 위협으로부터 완전히 벗어난 것은 아니다. 1918년에 유행했던 스페인 독감으로 최대 5천만 명이 넘는 무고한 사람들이 희생되었고, 태풍과 지진, 해일 등에 의한 피해도 계속되고 있다. 과학 발전의 덕분으로 보건위생 환경이 놀랍게 개선된 오늘날에도 '조류독감' 과 같은 자연 재해가 우리의 존재를 심각하게 위협하고 있는 것이 분명한 현실이다.

결국 과거 인류의 삶이 풍요롭지는 않았지만 안락하고 행복했다는 인식은 현실과 크게 다른 것이다. 자연의 신비와 아름다움에 감동하면서 행복한 삶을 살았던 것은 극소수의 지배 계층의 사람들뿐이었다. 과거에 대한 잘못된 환상은 지금까지 남아있는 역사 기록에서 생겨난 것이다. 실제로 최소한의 인권과 자유도 보장받지 못한 상태에서 어렵고 고단한 삶을 살아야만 했던 대부분의 사람들의 이야기는 역사 기록에 거의 남아있지 않기 때문이다. 과거에는 모두가 나눠 가질 만큼의 물질적 풍요도 없었고, 인간은 누구나 존중받아야 하고 행복을 누릴 권리를 가지고 있다는 사회적 인식도 없었다.

3) 과학과 기술의 사회적 역할

자연을 이해하려는 노력은 아주 오래 전부터 시작되었다. 지금까지 전해오고 있는 고대의 과학 지식 중에서 비교적 체계를 갖추고 있었던 것은 자연의 구성 요소에 대한 전통적 해석이라고 할 수 있다. 그런 해석은 고대 사회의 지배를 정당화시켜 주는 철학적 사상의 핵심이었다. 정확한 관찰과 정교한 논리를 근거로 하는 체계적인 해석이 불가능했던 당시에는 일상적인 경험을 바탕으로 해서 자의적으로 자연을 이해할 수밖에 없었다. 세상이 불(火), 물(水), 나무(木), 쇠(金), 흙(土), 음(陰)과 양(陽)의 기운으로 이루어져 있다는 동양의 음양오행설이 그런 해석의 대표적인 예가 된다. 음과 양의 정확한 정체가 확실하지 않고, 자연을 구성한다고 보았던 다섯 가지 재료가 단일 성분이 아니라는 사실이나, 그런 해석에 대한 수많은 예외가 존재한다는 사실은 문제가 되지 않았다. 오직 나름대로의 체계와 논리만이 중요할 뿐이었다. 그런 결과에 만족해서가 아니라 더 현실적인 해석이 불가능했기 때문이었다. 세상이 물, 불, 흙, 공기로 이루어져 있다고 여겼던 서양의 사원소설도 마찬가지였다. 고대의 그런 물질관과 세계관은 분명한 근거를 가지고 있지도 않았고, 완전하지는 못했지만 자연과 우주에서 관찰되는 변화는 물론이고 인체의 작동 원리로 인식되었고, 심지어 일생을 살아가는 삶의 방법을 결정해주는 철학과 윤리의 기초가 되기도 했다. 경험을 바탕으로 했던 고대의 의술도 그런 불완전한 자연관에 기초를 둔 경우가 많았다. 고대의 그런 자연관에서는 자연을 하나의 통합된 대상으로 보기도 했고, 인간은 그런 자연과 조화를 이루며 살아야하는 운명을 가진 것으로 여겼다.

종교가 우리의 자연관을 지배하기도 했다. 그래서 지구가 우주의 중심이고 모든 것이 신(神)이나 조물주의 섭리에 따라 창조되었다고 믿었다. 막강한 권위를 앞세워 무조건적인 믿음을 강요했던 그런 주장들은 논리적으로 정당화할 필요도 없었고, 그런 자연관이 현실과 정확하게 맞지 않더라도 아무런 문제가 되지 않았다. 그런 주장에 의문을 제기하는 것 자체가 존엄한 신(神)이나 권위에 대한 거부를 뜻하는 이단적 행동이었기 때문에 결코 용납되지 않았다. 종교적 믿음의 근거로 여겼던 '신의 영역'은 어떠한 이유로도 훼손될 수 없었다. 코페르니쿠스와 갈릴레오의 지동설이 배척을 당했던 것은 바로 그런 이유 때문이었다.

사정이 크게 달라진 것은 중세의 어둠이 걷히면서부터였다. 유리로 만든 망원경과 현미경이 등장하면서 과학적 관찰의 영역과 정확성이 크게 향상되었고, 전체를 부분으로 나누어 분석하는 환원주의적 사고방식과 함께 새로운 수학적 논리 체계가 도입되면서 자연의 정체에 대한 전혀 새로운 지식 체계가 등장하기 시작했다. 천문학에서 시작되어 역학(力學)과 화학의 발전으로 이어진 근대 과학이 출현하면서 그동안 경험에만 의존하던 기술 개발도 가속화되기 시작했다. 연금술(鍊金術)로 대표되던 기술의 발전으로 농업을 비롯한 모든 산업의 생산성이 향상되었고, 장거리 항해 기술이 등장하면서 상업 활동도 활성화되기 시작했다. 과학의 발전과 기술의 개발 사이에 본격적인 시너지 효과가 나타나기 시작한 것이다. 사회의 생산성이 향상되면서 인구가 급격하게 늘어나기 시작했고, 철저한 계급 사회를 기반으로 하는 봉건 제도도 흔들리게 되었다.

19세기 말부터는 과학과 기술의 발전이 획기적으로 빨라지기 시작하면서 현대의 과학과 기술이 본격적으로 사회에 영향을 미치기 시작해서 오늘날의 풍요와 자유를 가능하게 만들어 주었다. 결과적으로 오늘날 과학과 기술은 전 지구촌을 지배하는 새로운 사상으로 자리 잡게 되었다. 현대의 과학은 자연의 정체와 작동 원리를 체계적으로 정리한 지식 체계로 우리 인류가 이룩한 가장 소중한 문화 유산이 되었다. 과학을 통해서 우리가 더불어 살아가고 있는 자연이 무엇으로 이루어져 있고, 어떤 상호작용을 통해서 작동하고 있는가를 이해할 수 있게 되면서 마침내 자연이 단순히 신비한 숭배의 대상이나 도저히 극복할 수 없는 공포의 대상이 아닐 수도 있다는 인식이 일반화되었다. 자연에 대한 이해가 가능하게 되면서 우리 인류의 삶에 나타난 변화는 엄청났다. 드디어 우리 인간이 신(神)의 지배에서 벗어나 스스로의 '존엄성'을 찾게 되었고, 모두의 권리와 개성이 존중되는 자유와 평등과 인권이라는 새로운 인식이 등장하게 되었다. 오늘날 우리가 부르짖고 있는 보편적인 '인간의 존엄성' 은 그렇게 확립된 것이다. 기술의 개발이 단순히 인간의 '존재적 위기' 를 불러온 원인으로만 볼 수 없다는 뜻이다.

그러나 과학의 발전은 아무런 대가 없이 이루어진 것은 아니었다. 자연에 감춰진 원리를 밝혀내기 위해서는 막대한 사회적 투자와 천재적인 창의성을 가진 과학자의 재능이 필요했다. 그러나 과학의 발전을 가장 힘들게 만들었던 걸림돌은 그런 발전에 대한 사회의 끈질긴 저항이었다. 과학 지식의 일반화는 사회를 지배하는 세계관과 사상의 획기적인 변화와 함께 정치적, 종교적 지배력의 약화를 요구했기 때문이다. 일부 지배층의 전유물로 막강한 사회 권력의 원천의 역할을 해왔던 과학의 대중화는 사회적 민주화를 가속화시키는 역할을 했다. 객관성을 앞세운 과학 지식은 사회 구성원 모두가 함께 공유할 수 있는 가치관의 기반이 되고, 합리성을 강조하는 과학적 사고 방식은 사회적 갈등을 원만하게 해결하는 수단이 되었다. 오늘날 과학 지식의 증진을 위한 사회적 투자와 사회의 과학화 수준이 선진국의 대표적인 상징으로 인식되고 있는 것은 우리의 그런 역사적 경험을 반영하는 것이다.

3. 과학커뮤니케이션의 목표

현대 과학과 기술이 우리의 생활을 근본적으로 바꿔 놓았음에도 불구하고 우리 사회에는 오히려 과학과 기술에 대한 불신이 더욱 심화되고 있는 형편이다. 과학적 사고방식을 강조하는 것이 '과학만능주의' 로 인식되고, 기술이 위험하다는 사실만을 강조하는 무책임한 '위험 사회론' 이 힘을 얻고 있는 것이 그 증거다. 신의 영역과 인간의 존엄성이 오래전부터 공존해왔던 것으로 착각하고, 이성을 마비시키는 근거 없는 신비주의에 빠져들기도 한다. 과학은 너무 어렵고, 기술은 너무 위험하며, 과학자들은 너무 오만하다는 잘못된 일반 인식이 그 원인이다. 심지어 현대 과학과 기술의 발전이 자연과 더불어 평화롭고 안락한 삶을 누리던 인류에게 심각한 존재의 위기를 가져오는 원인이 되었다는 주장이 힘을 얻고 있다. 결국 우리 사회에서 과학커뮤니케이션은 과학에 대한 이런 인식을 바로 잡는 것을 목표로 해야 한다.

1) 어려운 과학에 대한 불신 해소

오늘날 과학이 지나치게 세분되고 심화된 것은 사실이다. 실제로 오늘날의 양자론, 상대성 이론, 통계역학, 우주론, 생명과학, 지질학 등은 뉴턴의 고전역학과는 근본적으로 다르다. 뉴턴의 고전역학은 우리의 직접적인 경험을 통해서 확인할 수 있는 현상을 대상으로 하기 때문에 누구나 노력만 하면 비교적 어렵지 않게 이해할 수 있었다. 그러나 현대 과학의 대부분은 매우 복잡한 측정 장치를 통해서만 관찰할 수 있거나 논리체계에서만 존재하기 때문에 많은 사람들에게 비현실적이라고 인식되기도 한다. 물론 그런 자연 현상이 궁극적으로는 우리가 직접 경험할 수 있는 효과를 나타내기는 하지만, 근원적으로 우리 경험의 범위를 벗어나는 미시 세계 또는 거시 세계에서 비롯되는 것이어서 쉽게 이해하기 어려워진다. 더욱이 그런 현상에 대한 설명은 일반인들에게는 낯선 전문 용어와 수학 개념으로 채워질 수밖에 없다. 우리가 직접 경험할 수 없는 현상을 설명하는 일상적인 언어는 찾기 어렵다. 그런 과학을 일반인들이 쉽게 이해할 수 없는 것은 너무나도 당연한 일이다.

그렇다고 현대의 과학이 과거보다 특별히 더 어려워진 것은 절대 아니다. 과거에도 자연을 이해하는 일이 쉬웠던 것은 결코 아니다. 음양오행설과 사원소설은 당시 최고 수준의 철학자들도 쉽게 이해하고 받아들이기 어려운 이론들이었다. 더욱이 천문 지식처럼 생활에 유용하게 활용될 수 있는 지식들은 일반인들의 접근이 원천적으로 봉쇄되기도 했다. 중국을 비롯한 대부분의 고대 국가에서 천문 지식은 절대 권력을 가진 왕실의 가장 중요한 기밀 사항이었다. 태양력이 일반화되기 전에는 왕실의 천문 지식을 이용해서 제작한 책력(册曆)이 없으면 농사에 필요한 계절을 예측할 방법이 없었다. 그런 책력은 주변의 농경 국가들을 지배하는 수단으로 활용되기도 했다. 따라서 현대 과학이 '과거와 달리' 너무 어려워진 것이 문제라는 지적은 성립되지 않는다. 우리 삶의 터전인 자연을 이해하기 위한 과학은 과거에도 어려웠고, 지금도 어려우며, 앞으로도 계속 어려울 것이 분명하다.

오늘날 그런 과학 지식에 대해서 근본적인 변화가 일어나고 있다. 우리 사회에서도 중요한 화두가 되고 있는 '과학 대중화'가 바로 그것이다. 과거의 과학은 철저하게 지배 계급의 전유물이었다. 일반인에게 그런 지식을 알려줄 필요도 없었고, 그럴 의사도 없었다. 비록 불완전한 수준이었음에도 불구하고 과학 지식의 위력이 대단하다는 사실을 너무나도 분명하게 알고 있었기 때문이다. 사실 그런 전통은 원시 사회의 주술사로부터 끊임없이 이어져 온 것이다. 그런 입장에서 보면 오늘날의 과학 대중화는 놀라운 사회적 변화가 아닐 수 없다. 이제는 과학 지식이 과학자나 소수 지배자의 전유물이 아니라 모든 국민이 함께 나누어야 하는 공동의 자산이라는 것이다. 과학 지식을 독점하고 있던 과학자들이 자발적으로 그런 노력에 동참하려고 노력하는 것은 물론 사회 환경의 변화 때문이다. 과거 과학자들의 활동을 지원해주던 절대 권력이 민주화된 정부로 대체된 것이 그 직접적인 원인이다. 이제 사회적 합의가 없으면 막대한 사회적 투자가 요구되는 과학 지식의 증진을 위한 연구 활동은 불가능하게 되어 버렸다. 과학자들이 과학 대중화를 위해 자발적이고 적극적으로 노력할 수밖에 없는 환경이 되어 버린 셈이다. 과학 대중화를 통해 사회의 과학에 대한 인식이 개선되면 과학 활동에 대한 지원이 늘어날 것이라는 기대가 과학자가 과학 대중화에 적극적으로 참여하도록 만든 것이다. 과학자의 입장에서 과학 대중화는 자신들의 이익을 극대화할 수 있는 매우 효율적인 방법이기도 하다.

그러나 변화된 현대 사회에서 과학 대중화가 과학자만을 위한 것도 아니고, 그 책임이 과학자에게만 있는 것은 아니다. 사회 환경의 변화는 일반 국민에게도 변화를 요구한다. 과거에는 어떤 기술을 개발해서 어떻게 활용할 것인가의 결정은 오로지 절대 권력의 몫이었다. 수동적일 수밖에 없었던 일반 국민들이 그런 결정에 참여하는 것은 물론이고 자연에 대해 깊은 관심을 가질 이유도 없었다. 그런 선택이 크게 잘못되어서 그 피해를 고스란히 감당하게 되어도 어쩔 수가 없었다. 절대 군주나 권력자의 무능함을 탓할 수도 없는 입장이었다. 그러나 오늘날의 기술은 사정이 크게 다르다. 우리 사회가 어떤 기술을 개발해서 사용할 것인가의 결정에 우리 모두가 참여해야만 하는 형편이 되었다. 단순히 참여의 길이 열린 정도가 아니라 이제는 그런 결정에 능동적이고 적극적으로 참여하는 것이 민주 시민의 기본적인 의무가 되어 버렸다. 물론 그런 결정에는 상당한 수준의 과학 지식과 과학적 사고방식이 필요하고, 잘못된 결정의 결과는 국민 모두의 책임이 될 수밖에 없다. 과학이 어렵다고 불평만 할 수는 없게 되었다는 뜻이다. 이제 과학은 아무리 어렵더라도 우리 모두가 반드시 알아야만 하는 필수 지식이 되었다. 과학자들의 활동을 이해하기 위해서가 아니라 민주 시민으로서 우리 사회의 기술 활용에 대한 의사 결정에 참여하기 위해서 그렇다는 뜻이다. 오늘날의 과학은 여유가 있으면 배우는 선택의 대상이 아니다. 때문에 그런 과학을 불신해서 우리 사회가 얻을 수 있는 것은 아무 것도 없다.

2) 위험한 기술에 대한 불신 해소

우리가 활용하는 기술이 불완전한 것은 사실이다. 우리의 과학 지식이 충분하지 않은 탓도 있지만, 안전성이 보장되는 완벽한 기술을 구현하려면 무한히 많은 투자가 필요한 것도 우리 기술이 완벽하지 못한 직접적인 원인이다. 지난 2005년 우리 사회에서 문제가 되었던 '김치파동'의 경우가 그렇다. 이론적으로는 김치에 유해한 중금속이나 기생충 알이 전혀 들어있지 않은 김치를 만드는 일은 가능하다. 원료인 채소의 재배에서부터 수확, 운반, 생산, 유통에 이르는 모든 과정을 철저하게 위생적으로 관리하면 된다. 그런 관리가 현재의 기술로 불가능한 것도 아니다. 그러나 그렇게 생산된 김치는 어느 누구도 감당할 수 없을 정도로 비쌀 수밖에 없다. 위생 상태를 보장하기 위한 모든 과정에 사용되는 기술에는 비용이 필요하기 때문이다. 결국 기술의 위험 수준은 사회가 그 비용을 감당할 수 있는 수준에서 사회적 합의로 결정될 수밖에 없다. 그런 결정에는 생명의 존엄성에 대한 사회의 인식이 핵심적인 역할을 한다. 우리 인간의 생명을 존엄하게 여기는 사회에서는 상당한 비용을 들여서라도 안전한 기술을 사용한다. 그러나 생명의 가치를 높이 평가하지 않는 사회에서는 그런 비용이 공연한 낭비로 인식될 수밖에 없다. 사회가 인식하는 생명의 가치는 단순한 주장으로 평가되는 것이 아니라, 불완전한 기술의 활용에서 어쩔 수 없이 일어나게 되는 사고의 희생자에 대한 사회적 보상으로 결정된다. 아무런 투자 없이 안전이 보장되는 기술은 어디에서도 찾을 수 없다. 노벨 물리학상을 수상한 스티븐 와인버그의 '우주에는 공짜 점심이 없다' 는 주장이 바로 그런 뜻이다.

우리 사회가 유난히 인재(人災)로 비판받는 사고를 많이 경험하는 것은 현대의 기술이 근원적으로 위험하기 때문이 아니라 충분한 수준의 안전을 확보하기 위해 필요한 투자에 대한 사회적 인식이 부족하기 때문이다. 지하철 차량을 내화재(耐火材)로 만들고, 지하철 시설에 다양한 안전설비를 갖추는 일은 분명히 가능하다. 실제로 우리 사회도 완벽한 내화 성능을 갖춘 객차를 생산해서 외국에 수출하고 있다. 다만 그 가격이 우리가 사용하는 차량보다 월등하게 비싼 것이 문제일 뿐이다. 우리 사회가 사고로 희생되는 무고한 생명을 정말 안타깝게 생각한다면 지하철 요금을 더 부담하거나, 배차 간격이 긴 불편을 인내할 준비를 해야 한다. 그런 비용은 부담할 뜻이 없으면서 기술의 위험성만을 강조하는 것은 심각한 논리적 모순이다. 실제로 대구 지하철 사고의 비용은 전국의 지하철 차량을 국산의 안전한 고급형으로 바꾸는 비용과는 비교할 수도 없을 정도로 적었다. 우리가 입으로만 외치는 인명(人命)의 소중함을 실천에 옮기지 않고 있었다는 분명한 증거다.

그래서 현대 사회가 과거보다 더 위험하다는 위험 사회론의 주장은 근본적으로 잘못된 것이다. 위험 사회론에서 주장하듯이 기술의 안전성을 확보하기 위해서 더 많은 기술이 필요한 것이 아니라, 더 많은 비용이 필요한 것이다. 그런 비용을 부담할 능력이 없다면 어느 정도의 위험은 감수해야만 한다. 그것은 기술의 기본적인 속성이 아니라 기술의 혜택을 원하는 수요자가 결정해야 할 부분이다. 물론 기술의 안전성을 확보하기 위해 필요한 비용을 제시하는 일차적인 책임은 과학기술자들에게 있다. 그러나 어느 수준의 안전성을 요구할 것인가는 사회가 결정해야만 한다. 과학기술자와 사회 사이의 역할 분담이 원만하게 이루어지도록 만드는 일은 과학기술자만의 책임이라고 하기 어렵다.

새로운 기술을 처음부터 포기해버리면 그런 비용을 부담할 필요가 없을 것이라는 주장도 성립되지 않는다. 우리가 사용하는 모든 기술은 사회적 수요가 있기 때문에 개발된다. 사회적 수요가 전혀 없는 기술은 처음부터 기술이라고 평가받을 수도 없다. 따라서 사회가 요구하는 기술을 철저하게 외면하는 것은 사회적 수요를 무시하는 결과가 된다. 문제는 그런 사회적 수요가 아무런 이유 없이 발생되지 않는다는 것이다. 자신이 원하지 않는다는 이유로 사회의 기술 수요의 가치를 폄하하는 것은 객관적인 판단이라고 할 수 없다.

우리가 인공적으로 개발한 기술에는 아무도 예측하지 못하는 위험 요소가 포함되어 있을 수 있다. 특히 대규모 시설에 사용되는 기술에서의 예측 불가능한 위험 요소는 매우 심각한 결과를 가져올 수 있다. 그렇다고 해서 현대의 기술을 모두 포기하고 굶주림과 질병과 차별로 가득했던 암울한 과거로 돌아가야 한다는 주장은 성립되지 않는다. 더욱이 현대 사회가 위험 사회론에서 주장하듯이 과거와 달리 지극히 위험한 상황이 아니라는 사실은 급격한 인구와 평균 수명의 증가가 무엇보다 확실하게 증명해준다. 현대 사회가 정말 위험한 사회라면 그런 성과는 결코 있을 수 없기 때문이다. 우리의 현실에 대한 부정적인 인식은 대부분 앞에서 지적한 과거에 대한 잘못된 환상에서 비롯된 것이다. 일부 사람들이 집착하고 있는 전통의학은 70퍼센트에 이르던 유아 사망률을 낮추지도 못했고, 평균 수명을 40세 이상으로 향상시키지도 못했던 것이 분명한 역사적 진실이다. 그런 전통의학의 혜택을 받을 수 있었던 것도 극소수에 불과했었다. 자연에서 생산되는 천연 의약품의 양이 극도로 한정되어 있었기 때문이다.

3) 오만한 과학자에 대한 불신 해소

과학과 기술로 현대 사회의 모든 문제를 해결할 수 있다는 과학만능주의에 빠진 오만한 과학자들도 위험한 것이 사실이다. 물론 모든 과학자들이 그런 주장을 하고 있는 것은 아니다. 적어도 앞으로 상당한 세월 동안 과학과 기술은 사회의 모든 문제를 해결할 능력을 갖지 못할 것이 분명하기 때문이다. 사실 과학과 기술이 사회 문제를 해결하는 완벽한 수단이 될 가능성은 전혀 없다고 보는 것이 타당할 것이다. 자연을 대상으로 하던 과학이 우리 자신에게 관심을 갖게 된 것은 생명과학이 본격적으로 정립되기 시작했던 극히 최근의 일이다. 인간을 대상으로 하는 생명과학도 우리의 육체에서 일어나는 물리화학적 현상에 관심을 가질 뿐이다. 종교나 사회적 활동에 관련된 우리의 정신 세계를 분석할 수 있는 준비는 적어도 아직은 요원한 것이 분명한 사실이다. 일부 과학자들의 그런 주장은 과학에 대한 사회적 관심을 끌기 위한 장밋빛 청사진에 불과하다.

과학의 성과를 지나치게 부풀려서 우리의 판단을 흐리게 만드는 과학자도 경계해야 한다. 최근에 우리 모두를 부끄럽게 만들었던 황우석 박사가 대표적인 경우다. 황우석 사태의 핵심은 전문가의 평가를 받지 않은 불확실한 과학적 성과를 이용해서 과학에 대한 정확한 판단이 불가능한 정치인과 일반인을 현혹한 것이다. 그의 노력이 우리 사회에서만 한

정되었더라도 사태가 이렇게 심각하게 확대되지는 않았을 것이다. 그의 개인적인 욕심과 우리 사회의 무능함이 결합되어 결국에는 세계 과학계의 기반을 흔드는 과학적 범죄로 발전해버린 것이다. 과학 분야의 연구개발에 대한 인식이 절대적으로 부족한 정치인과 종교인들까지 가세하면서 사태가 걷잡을 수 없이 되어 버렸다. 황우석 사태는 부정직하고 비윤리적인 과학자가 우리 모두를 얼마나 부끄럽게 만들 수 있는지를 분명하게 보여주었다. 그나마 사태가 이 정도에서 마무리 된 것은 정말 다행스러운 일이다. 잘못된 생각을 가진 과학자가 역사의 발전을 가로막았던 경우도 여러 차례 있었다. 과학의 영향력은 처음부터 대단한 것이었다는 뜻이고, 이제 우리 모두가 잘못된 과학자의 근거 없는 주장을 절대 용납할 수 없는 것도 바로 그런 이유 때문이다.

4) 행복에 대한 인식 개선

현대의 우리 삶이 과거보다 훨씬 더 안전하고, 훨씬 더 건강하고, 훨씬 더 풍요롭고, 훨씬 더 평등하고, 훨씬 더 자유로운 것은 분명한 사실이다. 최근의 급격한 인구 증가와 평균 수명 연장이 무엇보다 확실한 증거다. 비록 완전하지는 않지만 그런 사실을 부정할 수는 없다. 전염병을 비롯한 각종 질병에 대해서도 그렇고, 자연 재해에 대해서도 그렇고, 심지어 인재(人災)에 대해서도 그렇다. 인구가 놀라운 수준으로 늘어났기 때문에 각종 재해나 사고에 의한 희생자의 절대 규모가 늘어난 것은 당연한 일이다. 그러나 고도의 문명이 흔적도 남기지 못하고 사라지거나, 흑사병의 경우처럼 인구의 수십 퍼센트가 한꺼번에 희생되는 일은 일어나지 않고 있다. 가장 최근에 있었던 1918년의 스페인 독감의 경우에도 희생자의 수는 많았지만 전체 인구에 대한 희생자의 상대적 비율은 지극히 낮았다.

자연 재해의 규모와 빈도가 늘어나고 있다는 주장도 아직은 분명하게 확인된 것이 아니다. 태풍의 경우가 그렇다. 태풍은 전 세계적으로 일 년에 겨우 백여 차례 발생하는 것으로 알려져 있고, 정확한 규모와 빈도에 대한 기록도 과거 수십 년에 한정되어 있을 뿐이다. 그런 자료를 근거로 하는 통계는 신뢰하기 어렵다. 지난 몇 년 동안의 황사 기록을 살펴보더라도 발생 시기와 횟수가 해마다 엄청난 수준으로 변화하고 있어서 일정한 경향을 찾기 어렵다는 사실을 쉽게 확인할 수 있다. 지구 온난화가 진행되고 있는 것은 분명한 사실로 확인되고 있지만, 정확한 원인은 아직도 밝혀내지 못하고 있다. 우리가 화석 연료의 사용을 줄여야 하는 것은 화석 연료의 사용에서 배출되는 온실 가스가 지구 온난화의 원인으로 밝혀졌기 때문이 아니라 -그럴 가능성이 전혀 없는건 아니지만- 이미 바닥을 드러내기 시작한 화석 연료를 대체할 새로운 에너지원을 개발해야 할 필요성이 절실하기 때문이다. 우리가 그런 연료를 개발할 능력을 가지고 있다는 사실 덕분에 지구 온난화에 대해 걱정할 수 있는 여유를 갖게 된 것도 사실이다.

그러나 우리의 삶이 과연 과거보다 더 행복한지의 문제는 분명하지 않다. 무엇보다도 행복이라는 개념이 지극히 주관적이고 철학적으로도 불확실한 것이기 때문이다. 물질적 풍요와 신변의 안전과 신체의 건강과 사회적 평등과 개인의 자유가 우리가 원하는 행복과 어떤 관계에 있는지가 분명하게 밝혀져 있지 않은 것이 문제가 된다. 그런 조건이 충족된다고 하더라도 모든 사람이 행복하게 느끼지 않는다는 사실은 분명하다. 물질적으로 가난하면서도 행복하다고 여기는 사람들도 많다. 행복 자체가 우리 삶의 상태를 확인시켜주는 결과가 아니라 개인의 건강과 사회활동의 수준을 결정하는 원인이라는 주장도 있다. 행복이 우리 삶의 수준을 평가하는 기준이 아니라, 행복이 우리를 더욱 건강하고 활동적으로 만들어주는 심리적 동인(動因)이 된다는 뜻이다. 확실한 것은 자연의 정체를 파악하고, 그것을 이용해서 편리한 기술을 개발한다는 것 자체가 우리의 행복을 뜻하지는 않는다는 사실이다. 과학과 기술이 가져다 준 혜택을 우리가 어떻게 활용해서 우리 삶의 질을 증진시킬 것인지는 우리

스스로의 몫이다. 과학자에게 행복을 요구할 수는 없는 노릇이다.

아직도 지구상에는 문명의 혜택을 누리지 못하고 원시 생활에 가까운 힘든 삶을 살아가는 사람들이 있다. 그런 사람들이 느끼는 '행복 지수' 가 문명 세계에 뒤떨어지지 않는다는 주장도 있다. 우리의 시각으로는 힘든 삶으로 보이지만 본인들은 만족스럽게 느끼고 있다는 것이 그런 주장의 근거다. 그런 사람들에게 과학과 기술의 혜택을 강요하는 것은 옳지 않다고 한다. 오히려 우리의 주관적인 판단이 물질적으로 넉넉하지는 못하지만, 정신적으로 만족스럽고 풍요로운 그들의 행복을 깨뜨릴 수도 있다는 것이다. 그러나 그런 주장은 지극히 비인간적이고 반(反)인륜적인 것일 수도 있다. 그런 행복 지수는 근본적으로 잘못된 것이다. 과거의 노예들도 나름대로 만족스러운 삶을 살았을 것이고, 행복하게 살았다고 볼 수 있다. 오늘날 인도의 최하층 계급에 속하는 사람들도 대부분 불평 없이 일생을 보낸다. 정말 그런 삶에 만족해서가 아니라 다른 수준의 삶이 존재한다는 사실조차 모르는 그들로써는 어쩔 수가 없는 길이기 때문일 가능성이 더 크다. 아들 중의 하나를 강제로 라마승으로 출가시켜야만 하는 히말라야 산악 지방 사람들의 경우 행복해서가 아니라 분명하게 닥쳐올 식량 부족에 의한 불행을 예방하기 위한 어쩔 수 없는 선택이다. 인도의 최하층 계급이나 히말라야의 주민들이 불평을 하지 않는다는 이유만으로 그들이 행복한 삶을 누리고 있다고 주장할 수는 없다. 지극히 주관적이고 불확실한 행복이라는 인식을 왜곡해서 자연에서 힘든 삶을 살아가는 사람들의 삶을 자의적으로 해석하는 것은 과학만능주의의 폐해보다 더욱 심각한 문제다.

4. 과학 교육의 중요성

현대 과학과 첨단 기술은 노력하지 않으면 절대 이해할 수 없는 것이다. 단순한 관심과 흥미만으로 현대의 난해한 과학을 이해할 수도 없다. 학교에서의 체계적인 교육이 반드시 필요할 수밖에 없다. 그렇다고 모두에게 과학자 양성에 필요한 교육을 실시할 수는 없다. 그런 교육은 효율면에서 바람직하지 않을 뿐만 아니라 과학자가 되지 않을 대부분의 학생들에게는 불필요한 낭비이고, 오히려 과학을 외면하게 만드는 부작용이 발생할 수도 있다. 원활한 과학커뮤니케이션을 위한 과학 교육은 다음과 같은 목표를 추구해야 한다.

1) '문과'와 '이과'의 구분이 없는 교육

문과와 이과의 구분은 일제 강점기에 교육 행정의 효율을 핑계로 도입된 아무 근거도 없는 지극히 불합리한 교육 제도로 이미 일본에서조차 사라진 낡은 교육 제도이다. 문과와 이과의 구분은 동서양을 막론하고 어디에서도 찾아볼 수 없는 기형적인 구분이다. 우리의 초중등 교육에서도 1997년에 확정된 제7차 교육과정에서부터 형식적으로는 문과와 이과의 구분이 사라졌다. 그러나 학교 현장에서는 물론이고 대학 입시와 사회의 일반적인 인식에서도 문과와 이과의 구분은 여전히 확실하게 존재하고 있다. 교육학자들이 반드시 버려야 할 구태(舊態)에서 벗어나지 못하고 있는 것이다. 심지어 대학에서도 문과와 이과의 구분은 명백하게 존재한다.

문과와 이과의 구분에 따른 폐해는 매우 심각하다. 다양한 개성을 가진 학생들을 임의적인 방법으로 '문과'와 '이과'로 구분하는 것부터가 비교육적이다. 문과와 이과의 구분 자체가 애매한 것이다. 문학적 재능을 가졌다고 문과형이라고 할 수도 없고, 수학을 잘 한다고 이과형이라고 구분할 수도 없다. 더욱이 태생적으로 문과적 적성만을 가진 학생도 없고, 이과적 적성만을 가진 학생도 찾기 어렵다. 대부분의 학생은 문과적 적성과 이과적 적성을 모두 가지고 있다. 따라서 모든 학생을 문과와 이과로 구분하는 것은 학생들이 가지고 있는 다양한 재능 중 상당한 부분을 포기하도록 만드는 것이 될 수밖에 없다. 개인의 다양성이 무엇보다 중요하다는 21세기에는 어떤 경우에도 용납할 수 없는 일이다. 불합리한 문과와 이과의 구분은 학생의 능력을 왜곡시킴으로써 현대 사회가 요구하는 다양한 인재의 양성은 물론이고, 업무의 다양성까지도 훼손하여 궁극적으로는 우리 사회의 경쟁력을 약화시키는 심각한 장애 요인이 되고 있다.

2) 융합형 과학 교육

현재의 과학 교육은 물리, 화학, 생명과학, 지구과학으로 엄격하게 나눠져 있다. 과학의 세부 분야는 전문적으로 과학을 전공하는 경우에 필요한 것일 뿐 과학에 대한 교양 수준의 상식을 요구하는 초중등 교육에서는 전혀 필요하지 않은 구분이다. 더욱이 물리, 화학, 생명과학, 지구과학의 교육 분량이 정확하게 같아야 한다는 주장은 교사 양성 기관의 이기주의적 발상에서 비롯된 결과일 뿐이고, 실제로 학생들에게는 불필요한 부담으로 작용하고 있는 것이 사실이다. 더욱이 인문학과 자연과학의 융합까지 요구하고 있는 현재의 시대적 요구를 고려할 때 과학 분야 내부에서의 과도한 세부 분야 구분은 학생들에게 정말 필요한 교육을 포기하는 길이 될 뿐이다.

결국 원활한 과학커뮤니케이션을 위한 과학 교육은 과학의 진정한 의미와 역할을 융합적 시각에서 인식시켜 줄 수 있어야 한다. 융합의 범위는 단순한 과학을 넘어 인문학과 예술까지를 아우를 수 있어야만 한다. 연약한 우리 인간이 오늘날과 같은 고도의 문명 생활을 할 수 있게 된 것은 현대 과학과 첨단 기술의 덕분이었다는 사실은 누구도 부정할 수 없다. 결국 현대 과학은 아무리 어렵고 힘들더라도 민주화된 과학기술 시대를 살아가는 모든 사람들이 반드시 배울 수밖에 없는 필수 상식이라는 점을 분명하게 인식시키는 노력이 필요하다. 지극히 위험한 자연 환경에서 우리의 생존을 보장해주는 기술을 개발하고 활용하기 위해서는 상당한 수준의 과학 상식과 과학 정신이 반드시 필요하다.

또한 역사적으로 과학은 우리에게 물질적 풍요만 가져다 준 것이 아니라는 사실도 강조해야 한다. 정말 중요한 사실은 과학과 기술이 가져다 준 물질적 풍요가 극심한 사회적 차별의 부당성을 모두에게 인식시키는 계기를 제공해주었다는 것이다. 결국 현재 우리 모두가 당연하다고 여기고 있는 자유, 평등, 민주, 인권의 개념은 현대 과학이 가져다 준 중요한 사회적 가치인 셈이다. 그런 개념의 일반화와 함께 민주 사회의 시민에게는 사회가 필요로 하는 새로운 기술의 개발과 활용에 대한 사회적 합의에 직접 참여해야 한다는 새로운 사회적 의무가 주어져 있다는 사실을 교육시켜야 한다. 이제 더 이상 우리를 위해 그런 어려운 결정을 대신 해 줄 절대 권력은 어디에도 존재하지 않게 되었다. 우리 스스로가 충분한 정보를 가지고 현명한 결정에 참여해야 하고, 그에 대한 책임도 우리 스스로가 짊어질 수밖에 없는 것이 우리의 현실임을 분명하게 확인시켜주어야 한다.

3) 과도한 개념 중심의 과학 교육에서 벗어나야

우리의 과학 교육은 물리, 화학, 생명과학, 지구과학으로 과도하게 구분되어 있을 뿐만 아니라 각 분야에서 철저하게 정리된 위계(位階)에 따라 개념을 교육시키는 것에 집착하고 있다. 사실 이러한 교육 방법은 과학에만 한정된 것이 아니다. 초중등학교의 모든 과목이 '개념 교육' 에 매달리고 있다고 해도 크게 틀리지 않는다.

그러나 개념 중심의 교육은 과학자를 양성하는 교육에서 필요한 것이다. 성직자를 교육시키는 방법과 일반 신도를 교육시키는 방법이 전혀 다르듯이 과학자를 양성하는 교육과 일반 교양으로써의 과학 교육도 분명하게 구분되어야 한다. 엄격한 개념과 논리를 중심으로 하는 과학에서 개념의 교육이 매우 중요한 것은 사실이다. 잘못된 개념으로는 현대의 과학을 정확하게 이해할 수 없다. 그렇다고 개념만 알고 있으면 현대의 과학을 모두 이해할 수 있는 것은 절대 아니다. 특히 교양으로써의 과학 교육에서는 과도한 위계적 개념 교육이 과학의 진정한 의미와 가치, 그리고 역할을 이해하려는 노력에 장애가 될 수도 있다.

과학을 쉽고 재미있는 '오락'의 대상으로 만들어서도 안 된다. 학생들이 어렵고 재미없는 과학을 싫어한다는 이유로 과학을 쉽고 재미있게 만들려는 노력은 과학 교육을 포기하는 일이다. 과학이 쉽고 재미있을 수는 없다. 체계적인 과학 교육이 필요한 것도 바로 그런 이유 때문이다. 과학을 쉽고 재미있게 만드는 것은 근원적으로 불가능하다. 가르치기 어려운 추상적인 개념을 빼고 나면 과학은 가르칠 이유가 없는 속 빈 강정이 돼버린다. 과학을 쉽고 재미있게 만들려는 불가능한 노력을 할 게 아니라 학생들이 어렵고 재미없는 과학을 쉽고 재미있게 배울 수 있도록 해주어야 한다. 그것이 진정 교사들이 해야 할 일이다.

5. 언론의 역할

과학커뮤니케이션에서 가장 중요한 것은 신문과 텔레비전을 비롯한 언론이다. 다른 경우와 마찬가지로 과학 보도에서도 정확성과 균형이 생명이다. 그러나 과학 보도의 경우에 정확성을 담보하기는 결코 쉽지 않다. 황우석 사태에서 확인할 수 있었듯이 「사이언스」와 같은 전문적인 학술지조차도 고의적으로 왜곡된 과학적 사실을 밝혀내지 못했다. 하물며 과학에 대한 전문성을 갖추지 못한 일반 언론에서 과학 보도의 정확성을 보장하기는 결코 쉬운 일이 아니다.

과학 보도의 균형도 쉽지 않다. 아직 사회적으로 활용해보지 못한 새로운 기술이 사회에 미치게 될 영향은 어느 누구도 쉽게 짐작할 수 있는 일이 아니다. 1990년대에 처음 등장한 인터넷이 불과 20여 년도 안 되는 사이에 인류 문명을 고도의 정보화 시대로 변화시켜 놓을 것이라고는 아무도 상상하지 못했다. 최근에 등장하고 있는 트위터와 같은 소셜 네트워크 서비스의 긍정적인 면과 부정적인 면을 균형 있게 보도한다는 것도 마찬가지 이유로 불가능하다. 줄기 세포 치료가 과연 현실적인 대안이 될 것인지를 짐작할 수 있는 사람은 어디에도 없다. 그리고 그런 치료가 일반화 되었을 때 사회적으로 어떤 문제가 발생할 것인지도 알 수 없다. 항생제와 각종 진단 기술의 발달로 수명이 늘어나면서 발생한 인구의 노령화 문제도 예상하지 못했던 것이다.

그렇다고 언론이 무책임하게 정확성과 균형감을 포기해버릴 수는 없다. 과학 보도는 언론계와 과학계가 서로를 존중하고 협조하는 환경 속에서 이루어져야만 한다. 스스로의 전문성을 최대한 확보해야 하는 것은 물론이지만 상대방의 전문성도 최대한 존중해주어야 한다. 자신들의 전문성을 향상시키려는 노력은 외면하고 과학자들이 필요한 정보를 제공해주지 않는다고 불평만 해서는 과학 보도의 한계를 극복할 수 없다.

과학 보도는 철저하게 학술지에 발표된 논문을 근거로 해야 한다. 과학기술계의 소통에 적용되는 윤리적 기준을 존중해줘야 하는 것이다. 과학 연구 성과의 검증은 결코 쉬운 일이 아니고 학술지의 검증조차도 완벽하지 않다. 그럼에도 불구하고 학술지를 통한 과학계의 일차적인 검증을 거친 결과는 그렇지 않은 경우보다 오류의 가능성이 확실히 낮다. 신뢰할 수 있는 논문을 근거로 하는 과학 보도는 과학계와 언론계의 원만하고 효율적인 역할 분담의 좋은 예가 되기도 한다. 그렇다고 무작정 '외국 학술지'를 숭배하는 보도 관행이 바람직한 것은 아니다. 학술지에 실린 논문은 과학적 검증의 첫 단계를 거쳤을 뿐이라는 사실을 분명하게 인식해야 한다.

균형 잡힌 보도를 위해 취재원의 다양화와 다원화에 노력해야 한다. 학술지에 발표되는 모든 결과가 과학적으로 중요한 의미를 가지고 있는 것도 아니고, 연구 결과에 대한 합의된 평가 기준이 있는 것도 아니다. 연구 결과의 과학적, 사회적 가치에 대한 평가는 다양할 수밖에 없다. 연구 결과의 가치에 대한 다양한 평가가 과학계의 '분열'이나 '반목'을 나타내는 것은 절대 아니다. 과학 기자는 과학계의 다양한 평가를 합리적이고 공정하게 전달해주는 균형감을 갖추어야 한다.

과학 보도에서 과장은 금물이다. 언론 보도가 사람을 중심으로 하는 것이 우리의 관행이지만, 과학자를 필요 이상으로 과장해서 '스타'로 만들려는 시도는 자제해야 한다. 최근 우리 언론에서 관행으로 굳어져 가고 있는 '우리 과학자' 중심의 보도는 결코 바람직하지 않다.

끝으로 과학의 지평을 폭넓게 소개해 주어야 한다. 과학은 언제나 우리의 사상과 생활을 근본적으로 변화시키는 원동력이었다. 그런 과학을 단순한 흥미의 대상이나 오락으로 전락시켜서는 안 된다. 과학의 가치를 훼손하는 보도는 철저하게 자제해야 한다. 과학이 우리 생존의 유일한 수단이라는 사실을 잊지 말아야 한다.

6. 결론

과학은 다른 학문 분야와 달리 과학자의 권위에 의해서 발전하는 것도 아니고, 사회적 합의에 의해 달라지는 것도 아니다. 그런 뜻에서 과학커뮤니케이션에서 정확하고 엄격한 과학 지식은 절대 무시할 수 없고, 그래서 과학커뮤니케이션은 어느 정도 일방적일 수밖에 없다. 과학자들이 인정하는 과학 지식이 과학커뮤니케이션의 기반이 될 수밖에 없다. 그러나 과학과 관련된 심각한 사회 문제가 과학 지식만으로 해결되는 것은 아니라는 사실이 중요하다. 과학 지식에 대한 이해의 수준이 같더라도 사회 문제에 대한 인식은 전혀 다를 수 있다는 사실을 인정해야 한다. 과학이 사회 문제의 핵심이 된다고 하더라도, 과학이 곧 사회 문제 전체가 되는 것은 아니라는 뜻이다. 다시 말해서, 사회적으로 문제가 되는 사회적 이슈에는 과학 이외의 다른 요소들도 복합적으로 포함되어 있다는 사실이 중요하다. 우리가 해결해야 할 과학기술 관련 사회 문제는 과학만으로 해결할 수는 없지만, 과학을 외면해버리고 해결할 수도 없다는 뜻이다. 어떤 경우이거나 현대 과학과 첨단 기술에 대한 왜곡된 인식에 의한 사회적 갈등과 분열은 현대 사회가 적극적으로 극복해야 할 심각한 사회적 과제이다. 과학에 대한 적극적인 이해를 통해 첨단 기술의 가능성과 위험성을 합리적으로 평가할 수 있는 사회적 수용성을 증대시키려는 노력이 바로 오늘날 우리 사회가 절박하게 요구하고 있는 과학커뮤니케이션이다.

2장

위험사회와 커뮤니케이션

원 용 진
서강대 커뮤니케이션학부 교수

1. 위험의 정치성

울리히 벡(U. Beck)의 위험사회론은 위험의 질적 차이로부터 시작한다. 전(前) 산업사회 위험은 그 이후의 초기 산업사회(혹은 1단계 산업사회)의 위험, 그리고 2단계 산업사회의 위험과 차이를 지닌다고 주장했다.[1] 그 주장은 〈전 산업사회 - 외부로부터의 위험〉, 〈초기 산업사회 - 통제 가능한 위험〉, 그리고 〈2단계 산업사회 - 제도화된 위험〉의 등식으로 설명할 수 있다.

전 산업사회의 위험은 자연적인 위협의 모습을 하고 있었다. 위험에는 인위성이 없었다. 위험을 늘 사회 외부적이며 초자연적인 힘과 결부된 것으로 인식하고 있었다. 그 같은 전 산업사회의 위험은 산업 사회에 들어서면서 사라지는 듯 보였다. 초기 산업사회가 위험을 해소할 능력을 지닌 것처럼 보였기 때문이다. 그 능력을 보여주려는 듯 새로운 산업사회는 이전과는 다른 지표들을 보여주기 시작했다.

우선, 사회를 민족국가와 동일시하는 습속을 만들어 냈다. 과학기술발

1) 벡은 몇 개의 저술에서 사회변화과정을 설명하기 위해 근대성, 산업사회, 위험사회 등의 개념을 혼용하고 있다. 전근대성-단순근대성-성찰적근대성, 전산업사회-초기산업사회-2단계산업사회, 전근대성-1차근대성, 2차근대성 등으로 단계화될 수 있다. 위험사회는 성찰적근대성, 2단계산업사회, 2차근대성 등의 위치에 놓일 수 있다고 보아도 무방할 것 같다.

전에 힘입어 대량생산도 해낼 수 있게 되었다. 완전고용이라는 이상도 품게 되었다. 계급적 대중정당도 만들어냈다. 남녀 역할 구분을 기반으로 한 핵가족도 탄생시켰다. 이처럼 새로운 산업사회는 전에 없던 근대성 지표를 양산해냈다. 이 지표는 과거 위험으로 인식되던 것을 제어하는데 어려움이 없을 거라는 알리바이 역할을 톡톡히 해냈다. 근대화의 진전은 그런 면에서 희망으로의 진입이었다. 빈곤, 결핍, 굶주림, 자연재해, 질병 등과 같은 위험을 점차적으로 – 더 빠른 속도로 – 제거하리라는 기대를 갖게 했다. 한 사회 내에서 뿐만 아니라, 전(全) 지구적으로 그 같은 위험을 감소시킬 수 있으리라 믿었다. 이로써 위험은 비일상적이며 통제 가능한 것이라 여기게 되었다. 위험을 단지 계산하는 과정에서의 실수, 우연, 가외변수에 의한 것으로 받아들였다. 근대는 모든 것을 예측하고 계산해내지만 때론 그 과정에서 예상치 못하게 우연찮은 실수가 생기니 그것이 곧 위험의 근거라고 규정했다. 그러므로 위험을 늘 통제 가능한 존재로 인식했다. 우연과 실수를 줄이면 위험은 당연히 제압할 수 있는 존재로 파악했다. '근대화–과학화–발전' 과 위험 간 관계를 우연적인 것으로만 설명하려는 습속이 생기게 되었다.

그들 간 관계를 우연적인 것으로 돌리는 관습은 오래 지속되지 못했다. 그들 관계가 필연적일 지도 모른다는 의구심이 점차 늘어났다. 위험에 대한 전혀 다른 인식이 등장한 탓이다. 여러 경험적 자료를 동원해 근대 사회의 위험은 우연적으로 양산된 실수가 아님을 밝혀낸다. 위험은 통제 바깥에 있는 존재일 수도 있다는 우려도 늘었다. 제 2단계 산업사회, 후기 근대 혹은 제 2의 근대에 들어서면서 근대성 자체가 주제, 질문 대상이 되었다(Beck, 53).[2] 산업사회, 근대성의 진전을 위험의 진원지로 인식한 것이다. 위험을 대상화시켜 그것을 억제하고 감소시켜줄 것이라

2) 울리히 벡, 〈위험사회 : 새로운 근대(성)를 향하여〉, (홍성태 역), 새물결, 1997. 이하의 글에서 이 책으로부터 인용된 내용은 쪽 수만 표기한다.

믿었던 사회 제도와 지식을 위험 생산의 주체로 주목하기 시작했다. 그뿐만이 아니다. 계산 가능하고, 예측 가능할 것이라 믿었던 영역은 계산 불가능성과 예측 불가능성의 영역일 수 있다는 의구심도 늘어났다. 과학, 지식, 근대화, 제도화가 위험을 양산해낼 것이라 우려했다. 그것 자체가 위험일 것이라는 믿음이 퍼져간 셈이다. 위험이 상존하는 '위험의 제도화' 가 정착한 것으로 파악했다.

'위험의 제도화' 가 이뤄진 곳을 일컬어 '위험사회' 라 칭했다. 위험사회를 언급하는 담론에 따라 그 함의는 달라질 수 있지만 대체로 다음과 같은 합의를 지니고 있는 것처럼 보인다. 위험사회는 1) 언제든 사회적 파국을 야기할 수 있는 위험이 사회에 정착되고, 2) 산업화, 근대화가 심화되면 될수록 더욱 복잡하고 걷잡을 수 없는 정도로 위험이 강화되고, 3) 이처럼 위험이 일상생활 내 제도로 자리 잡게 된 사회라는 함의를 갖고 있었다. 위험사회론이 펼치는 구분법에 따르면 지금 현재 우리가 살고 있는 이 시간(지금), 이 공간(여기)이 바로 위험사회다. 위험사회는 근대성의 심화를 축복하는 대신 불안의 눈초리로 지켜보고, 국면전환을 꾀하려는 노력을 펴는 시공간에 대한 새로운 규정이다. 과잉생산, 그에 맞춰 이뤄질 수밖에 없는 억압과 경쟁, 그리고 인간 희생, 동시에 발생하는 환경 파괴, 편의와 잉여를 꿈꾸며 꾸려놓았으나 인간을 위협하는 과학기술장치가 한데 어우러져 위험, 위험사회를 구성한다.

벡을 비롯한 위험사회론자들은 이처럼 현대 사회가 위험사회화되고 있다고 보면서 과거와는 질적으로 다른 위험을 드러낸다고 주장했다. 그들이 말한 위험의 질적 차이는 무엇을 말하는가? 위험의 성질에서 변화가 생겼다는 지적인 바 위험사회의 위험이 갖는 성격이 이전과는 다르다는 말이다.

벡은 우선 위험사회의 위험 특성을 다음 몇 가지로 꼽는다. "위험은 비가시적이라는 점, 만성적이라는 점, 보편적으로 편재해 있다는 점, 위험을 막는 장치들이 다시 위험이 되는 자기 원인적이라는 점, 전 지구적으로 네트워크화되어 있다는 점"의 특성을 갖는다(Beck, 54-7). 위험사회의 위험이 무서운 점은 그것을 추출해 명확히 예시할 수 없을 정도로 명료하지 않다는 점이다.[3] 우선 측정 가능한 위험과 측정 불가능한 위험 간 차이가 뚜렷하지 않다. 객관적이고 과학적인 위험분석과 사회적 위험인식 간에도 차이가 있어 위험을 명료하게 규정하기가 쉽지 않다. 위험과 비위험 사이의 경계도 명료하지 않다. 위험을 제거하기 위한 노력도 부메랑처럼 위험의 원인으로 되돌아오는 경우가 허다하다(Beck, 78). 위험의 원인과 결과 그리고 제거 수단 간의 구분도 뚜렷치 않은 셈이다. 위험의 대상과 비대상 간 구분도 뚜렷하지 않다. 부의 분배와는 달리 위험은 모두 같이 수용해야(공공수용 : expropriation)하기 때문이다(Beck, 81). 다시 말해 온 사회가 위험과 그 잠재성으로부터 전혀 자유롭지 못하며 위험 제어를 위한 마땅한 방안도 갖고 있지 않다. 이처럼 근대성 속의 위험은 그 바깥을 갖지 않는다. 위험한 것과 그렇지 않은 것이라는 '이것/저것'의 구분 대신, 위험한 것 '그리고' 또 위험한 것이라는 더하기의 원칙이 따라 다닌다.[4] 모두가 위험인 한 위험은 손에 잡히지 않은 그러나 언제나 곁에 있는 불명료한 존재인 셈이다.

2차 산업사회에서의 위험은 존재론적으로 보편성을 띤다. 위험은 어디나 존재한다는 말이다. 위험으로부터 비켜나 있는 것처럼 보이는 공간일지라도 전 지구화 경향의 진전과 함께 이뤄진 위험의 네트워크화 탓에 결코 위험을 비켜갈 수 없다. 위험은 존재론적으로는 보편적이지만 인식론적으론 특수하다. 위험에 대한 인식 정도, 위험에 대한 대처는 맥락에 따라 다르다는 말이다(Beck, 57, 59). 위험을 규정하는 집단에 따라 위험의 정도, 성격은 달리 규정된다. 위험을 대하는 태도나 위험을 막기 위한 시스템도 집단에 따라 다르다. 위험을 전달하는 체계, 위험관리 정책 또한 마찬가지다. 위험은 그를 느끼는 주체에 따라 달리 받아들여지는 셈

3) 울리히 벡, 〈정치의 재발견〉, (문순홍 역), 거름, 1998, 20쪽.

4) 앞의 책, 서문 참조.

이다. 사회적 '필요의 구체성에 따라 위험 인식은 억제' 되기도 하고 강조되기도 한다. 예를 들어 제 3세계의 경우, 위험을 경제적 필요성에 따라 은폐하거나 축소하는데 익숙하다. 위험 현실을 지적하는 담론들을 사치스럽거나 지엽적인 것으로 여기는 경향도 있다. 위험을 지적하는 담론들은 위험 규정력을 독점하는 국가에 의해 오히려 위험의 생산자라는 중상을 받을 가능성에 처해있기도 하다(환경단체들이 국가 프로젝트를 비판하면서 처하게 되는 곤란을 떠올려보라). 위험에 대한 경고도 때론 '증명되지 않은 것' 으로 간주해 사회로부터 격리하기도 한다(《PD수첩》 제작진들이 처했던 어려움이 여기에 해당한다). 심지어는 법적인 처분 대상이 되기도 한다. 이처럼 위험의 존재론적 보편성, 인식론적 특수성은 위험을 둘러싼 정치학의 가능성을 예고한다. 늘 존재하는 위험을 두고서도 누구는 위험하다고 경고하고, 누구는 위험하지 않다고 말함으로써 그들 간에 긴장과 갈등이 상존하게 된다는 말이다. 이러한 긴장과 갈등은 위험에 대한 인지 차이에 그치지 않고, 법적, 물리적 충돌의 정치로까지 이어진다.

2. 전통적 위험 커뮤니케이션 논의

위험사회의 위험이 갖는 두 가지 주요 성격(불명료성과 정치성)은 위험에 대해 새롭게 사고하는데 중요한 시사점을 갖는다. 우선 위험을 사회 구성적 산물로 이해하게 해주는 역할을 한다. 위험이 명료한 것인지 불명료한 것인지를 규정하는 데 있어 기준이 되는 것은 위험에 대한 사회적 인식과 이해다. 인식과 이해에 따라 위험의 사회적 성격은 정해진다. 이어 위험을 구성하는 과정에 어떤 주체가 어떻게, 어떤 의도로 참여하는가 하는 정치 과정이 동반될 수밖에 없다. 사회마다 갖는 위험에 대한 이해와 인식의 특수성은 그 정치 과정의 결과물이다. 위험이 불명료성으로부터 추출된 사회적 인식과 이해이며, 정치적인 결과라면 소통이 필수불가결하게 동원될 수밖에 없다. 위험을 규정짓는 전문가 집단 내의 소통, 그 집단과 일반 대중과의 소통, 그 중간에 서 있는 매체에 의한 소통, 대중 간의 위험에 대한 소통 등등이 위험을 둘러싸고 포진하게 된다. 각각의 소통이 벌이는 정치성에 따라 위험에 대한 인식이나 이해는 결정된다(Beck, 66). 위험과 관련된 전문가 집단, 정책집단, 매체의 개선, 그리고 위험 제어에서 큰 비중을 지니는 새로운 주체의 형성, 그리고 위험에 대한 불안으로 인해 형성되는 '불안 공동체', 그로부터 비롯되는 정치적 행위 과정에서도 소통은 빠뜨릴 수 없는 요소다.[5] 위험의 정치 과정에 투입되어 지형도를 바꾸어내는 주체 형성, 공동체 형성, 정치적 실천 형성에서 소통은 결코 무시될 수 없는 요소인 셈이다.

위험사회에 대한 담론이 늘면서 그를 구성하는 하위 요소들에 대한 담론도 형성되었다. 위험 커뮤니케이션 논의도 그 중 한 영역이다. 위험과 관련된 소통일반을 다루는 학문영역을 '위험커뮤니케이션론'이라 부른다. 이 영역은 위험사회론의 진전과 함께 상당한 연구결과를 축적해왔다. 지금까지 이뤄진 이 분야의 성과를 몇 개의 하위영역으로 분류할 수 있다.[6]

위험을 얼마만큼 대중매체가 다루고 있는지를 살펴보는 기술적인(descriptive) 연구가 그 첫 번째 범주다. 여기서는 위험의 전달에 관심을 둔다. 두 번째 연구 범주에는 위험에 대한 대중매체의 관점과 보도행태(performance)을 점검하는 연구 등이 포함된다. 여기서는 대중매체가

---

5) 브랜드는 이와 관련하여 소아(小我)에서 대아(大我)로의 주체 전환을 꾀하는 형성과제의 필요성을 강조한다. 세상을 크고 길게 보는 새로운 관점, 즉 빅 히어(big here)와 롱 나우(long now)가 합쳐진 롱 히어(long here)를 요청하고 있다(브랜드, 1999 : 208-9). 생태계, 자연, 환경의 문제에 인간이 연결 고리로 엮여진 이상 이를 해결해나가는 방식 또한 인간 주체의 변환, 변환을 위한 기제의 마련 등으로 이뤄질 수밖에 없다는 것이다. 스튜어트 브랜드, 〈느림의 지혜 - 세상에서 가장 느린 컴퓨터 속에 숨겨진 생각〉(1999), (박근서 역), 해냄, 2000.

6) A. Anderson, Media, Culture and the Environment, UCL, 1997 (김재범 역, 〈환경 저널리즘 : 언론보도를 위한 환경운동의 이슈 메이킹 전략〉 한울 아카데미, 2001, 127쪽)

위험에 대해 어떤 태도를 취하고 있으며, 실제 위험을 보도하는 방식이 어떤가를 점검한다. 세 번째 범주의 연구들은 위험을 둘러싸고 벌이는 대중매체, 기업, 정부, 그리고 시민사회 간 관계(협조, 갈등)를 다룬다. 이를 권력 기하학적(power-geometry) 관점이라고 부르기도 한다. 주로 대중매체의 위험 보도에 누가 크게 권력 행사를 하는가 등에 대해 관심을 갖는다. 네 번째 범주에는 위험과 관련해 시민사회가 펼치는 대중매체 전략 연구가 주로 있다. 환경 단체들의 언론과의 관계 맺기 전략, 보도 자료 작성 방식 등을 다루거나 평가하는 연구들이 여기에 속한다. 대(對) 미디어 퍼포먼스라고 해도 되겠다. 다섯 번째 범주에는 위험관련 대중매체 내용이 갖는 사회적 영향력 및 효과를 다룬 연구가 속해 있다. 이 연구들은 단기적인(manifest) 효과나 장기적인(latent) 효과를 측정하고 평가한다. 여섯 번째 연구 범주는 구성주의적(constructionism) 관점에 입각해서 대중매체가 위험을 구성하는 방식에 대한 연구를 포괄한다. 흔히 위험의 문화적 관점이라고 부르기도 한다. 사회가 지닌 위험 현실(reality)은 대중매체에 의해 구성되고, 그 구성과정에서 여러 사회 집단이 관여하게 된다는 입장을 기반으로 여러 집단들의 권력 경쟁과 그 결과로서 구성된 위험에 주목한다.

이상의 지형을 통해 위험 커뮤니케이션를 다음과 같이 규정할 수 있다 : "일반적으로 위험인지(認知), 위험관리, 그리고 위험수용의 문제를 다루고 …… 위험에는 어떤 유형이 있고, 그 위험은 얼마나 큰가, 이러한 위험을 최소화하기 위해서 무엇을 해야 할까, 어떤 결정행위와 연결된 위험은 수용가능한가" 등을 대중매체와 관련시켜 다루는 분야.[7] 그런데 이 같은 규정은 상당한 한계를 지닌다. 위험과 관련된 소통을 전통적 커뮤니케이션학에 기대고 있다는 점에서 한계를 드러낸다.

7) 한스 페터 페터스, 송해룡 (공저), 〈위험커뮤니케이션〉 (송해룡 역), 커뮤니케이션북스, 2001.

전통적 커뮤니케이션학은 오래 전부터 행정적(administrative) 커뮤니케이션을 다룬다는 비판을 받아왔다.[8] 송신자와 수신자의 위치를 고정시켜 놓고 송신자의 의도가 잘 전달되고 있는가, 그 효율성은 어떤가에 초점을 맞추었다는 비판이었다. 그럼으로써 송신자의 정체, 정당성은 질문하지 않고 지나쳐왔다는 지적을 받았다. 이 같은 이유로 인해 송신자의 행정적 편의를 도모하는데 집중하고 있다며 행정적 커뮤니케이션(학)이라는 명칭을 부여받았다. 많은 위험커뮤니케이션 연구도 그 같은 비판에서 자유롭지 못하다. 위험사회의 위험이 갖는 중요 성격인 '위험의 정치성' 을 살려내기에는 미흡한 면이 있다. 위험을 둘러싼 소통을 단순히 전달로만 사고해 온 점이 취약 부분으로 평가받고 있다. 전달을 성공적으로 했느냐 아니냐를 따지는 것에 그쳐서는 정치성을 살려낼 길이 없기 때문이다. 정치성이 끼어들 여지가 없다는 한계를 지닌다는 말이다. 위험에 대한 사실(facts)만 오고 갈 뿐 누가 위험을 구성하는지에 대한 의식을 좀체 언급하지 않는다.

전통적(행정적) 위험커뮤니케이션론의 약점은 거기에 그치지 않는다. 위험과 관련된 다양한 주체를 분절화시켰다는 혐의를 받는다. 위험 과정에 참여하고 있는 그들 간 관계에는 많은 관심을 기울이지 않는다. 상호작용성에 대한 설명이나, 주체들 간의 관계 설명을 정립하지 않았다. 간혹 하였다 하더라도 대중매체를 항상 중심에 세워왔다. 그래서 전통적(행정적) 위험커뮤니케이션론은 분절적이면서 대중매체 중심적이라는 비판을 피하기가 어렵다. 또한 위험을 부호화해서 어떻게 전달되는가 하는 생산자 중심의 전달(transmission) 메커니즘에 논의를 집중시키고 있다는 비판도 받게 된다. 달리 말하자면 위험 전문가들로부터 비롯되는 전문지식의 지위에 방점을 두고 그들을 객관적 지식의 생산자 즉 합리성

8) 아도르노는 전통적 커뮤니케이션학을 행정편의를 도모하는 행정적 커뮤니케이션학이라고 칭했고, 비판이론을 바탕으로 전개한 자신의 커뮤니케이션학을 비판커뮤니케이션학이라고 불렀다.

의 영역으로 전제하는 경향성을 띤다. 이는 주/객체의 분리를 명확하게 해둘 뿐 아니라 생산자와 수용자의 지위 구분을 숙명적인 것으로 고정시킨다.

이 같은 위험커뮤니케이션 패러다임은 위험과 관련된 이성적 진리를 전파하고 그것을 도구화하여 위험을 극복한다는 서사를 갖춘다. 위험관련 전문가 영역은 목적 합리성, 기술적 합리성, 도구적 합리성에 근접해 있으며 소통을 그들의 합리성을 실어 나르는 채널행위로 한정한다. 수용자는 소통 과정상 맨 끄트머리에 자리해 객체로만 존재한다. 소통 주체들 간의 분리, 생산자 중심, 이성적 진리의 전파, 그리고 주/객체의 분리와 고정화 등으로 대변될 수 있는 전통적(행정적) 위험커뮤니케이션론은 애초 자신의 출발 근거지인 위험사회론과 심한 갈등을 겪게 된다. 위험사회론이 갖는 중요 성격인 불명료성과 정치성을 포괄하지 못하는 허약함을 드러낸다.

소통을 통해 이성적 진리 전파가 이뤄지고, 그 결과 위험이 극복될 수 있다는 서사 혹은 기대는 위험사회론이 가장 경계하는 대상이다. 위험사회론이 펴는 근대성 비판의 대상이다. 위험사회론 주창자들은 재귀적 근대화론을 펴왔다. 재귀적 근대화는 기든스가 제기한 성찰적 근대화론과 유사하면서도 약간 다른 차이를 지닌다. 재귀적 근대화론은 우선 이성, 지식에 근거한 자기반성과 자기비판을 강조한다. 재귀적 근대화론은 반성과 비판에서 한 걸음 더 나아간다. 반성과 비판에다 자기 대면이나 자기 지양을 보탠다. 주체와 객체 간 간극을 최대한 줄이려는 노력이다. 자신이 위험을 감지하는 존재이기도 하지만 위험을 만들 수 있는 존재임을 숨기지 않는다. 벡에 따르면 재귀적이라 함은 이미 사회 내에 존재하고 있는 기본적인 요소 자체를 문제시하는 것이기도 하다.[9] 이미 언제나 우리 곁에 있는 당연한 것에 질문한다는 의미다.

9) 벡과 문순홍과의 대담에서 발췌. 〈정치의 재발견〉, 334-337쪽.

재귀적 근대화론을 펼치는 위험사회론이 소통을 통한 이성적 진리 전파에 동의하지 않는 것은 당연한 일이다. 이성적 진리 자체를 질문하자는 입장이기 때문이다. 이성적 진리와 그를 운반하며 소통하는 것에 도전하는 일이 재귀적 근대화론에 더 가깝다. 벡은 대중매체나 몇몇 권력이 지식, 정보를 독점적으로 가공, 소통하는 것에 주목해왔다. 그 같은 기관이나 소통방식 역시 위험사회 요소로 보아야 하며 재귀적으로 질문해야 한다고 주장해왔다. 심지어는 과학과 미디어에 의한 정보사회 자체도 위험사회의 한 측면으로 보았다. 위험이 대중매체를 통해 전달됨으로써 새로운 적대가 형성되는 바, 그것 또한 새로운 위험이라고 본 것이다. 즉 위험을 정의하는 전문가 집단, 그들이 생산한 내용을 전파하는 대중매체와 그것을 받아들이는 집단 간에는 갈등이 수반될 수밖에 없음에 주목하였다(Beck, 93). 재귀적 근대성에 입각한다면 위험커뮤니케이션 논의에서 생산자 중심의 전달에 초점을 맞추는 일은 중단해야 한다. 소통은 이해관계의 선(線)에 따라 이뤄지고 그로 인해 적대적 관계가 형성된다. 어느 한 편은 소통을 통해 권력의 지위를 누리고 다른 한 편은 권력이 구성해낸 위험을 받아들인다. 혹은 위험을 받아들이는 쪽에서 스스로 위태로운 처지에 몰렸음을 인지하고 그런 처지에 몰린 사람들끼리 자신들의 방식에 맞춘 새로운 방식의 소통을 만들어 내기도 한다. 그리고 그 소통을 통해 새로운 공동체를 만들기도 한다. 또한 위험을 둘러싼 불안이 만들어 낸 새로운 방식의 소통과 공동체를 기반으로 해 세계 시민사회 연대도 형성한다. 재귀적 근대성에 입각한 쪽에서는 위험커뮤니케이션도 당연히 그 같은 지점에 천착해야 한다고 주장한다(Beck, 95).

전통적(행정적) 위험커뮤니케이션 연구가 위험의 정치성에[10] 대한 이해를 결여하고 있음은 앞서 지적했다. 위험과 관련된 소통을 행정적 편

10) '정치적인 것' 에 대해서는 벡과 이후에 논의할 한나 아렌트는 매우 비슷한 의견을 가진 듯하다. 벡은 정치적인 것을 '공동체의 구성원들이 모두 공동성의 순간을 즐길 수 있다' 고 표현하였고, 아렌트는 '서로 다른 사람들이 함께 어울려 살면서 서로 다른 개성을 드러내는 가운데 공동의 생활을 유지하는 방법을 찾는 것' 이라고 규정했다.

의로 국한시킴으로써 위험의 정치성을 정확성, 효율성으로 바꾸어버린다. 행정적 편의와 관련된 정확성, 효율성은 편의를 추구하는 측의 사적인 이익과 관련된 것이지 결코 정치적인 것이 될 순 없다.[11] 전통적 위험커뮤니케이션 연구는 사적인 이익과 관련된 사안을 공적인 영역으로 옮겨놓음으로써 진정한 '공적'인 것이 공적 관심사에서 멀어지게 한다. 위험의 정치성을 사상시켜 또 다른 위험을 만들어내는 셈이다.

위험커뮤니케이션 연구가 정치성을 획득키 위해서는 패러다임의 전환이 필요하다. 위험 소통의 정치성 회복과 위험 실천을 위해서는 필수적인 일이다. 패러다임 전환이 아닌 부분적 수정은 미봉책에 그칠 뿐이다. 패러다임 전환으로 형성될 새로운 모습의 위험커뮤니케이션 연구는 사적인 이익이 공적인 영역으로 진출하고 있음을 폭로할 수 있어야 한다. 동시에 위험과 관련된 다양한 주체가 다양한 모습으로 소통에 참여하고 있으며 그 과정에서 위험이 억압, 배제, 증폭, 선택, 은폐, 변환되는 우여곡절을 겪는다는 사실을 설명해야 한다. 소통에 활용된 언어가 전달적 기능만을 행하는 것이 아니라 대화, 경쟁, 타협, 유대 등과 같은 정치적 행위를 유도하고 있음에도 주목해야 한다.

3. 위험을 새롭게 소통하기 : 위험 커뮤니케이션의 새 패러다임

위험과 소통, 위험커뮤니케이션 논의에서 정치성을 배제하지 말 것을 앞서 주장했다. 더 이상 합리적 이성의 전달, 혹은 관조의 문제로만 위험소통을 국한해선 안 된다는 말이다. 전통적 패러다임에 머물 경우 위험을 둘러싼 정치성이 소통과정에서 사라질 뿐 아니라 정치적이지 않은 것들이 정치적인 문제로 자리 잡게 될 우려가 있다.

한계점을 극복한 새로운 패러다임의 위험커뮤니케이션은 어떤 모습이어야 할까? 위험을 새롭게 소통하기 위한 방안은 무엇이어야 할까? 전달

11) 벡과 문순홍의 대담중 발췌. 〈정치의 재발견〉, 373-4쪽.

적 소통, 주/객체의 분리 소통, 진리추구 소통, 철학적 태도의 소통이 아니어야 함은 앞서 주장한 바 있다. 새로운 패러다임은 대화적 소통, 평등의 소통, 진실을 위한 소통, 정치적 태도의 소통을 포괄해내는 것이어야 한다. 도구적 이성에 대한 비판을 견지하고, 이성을 소통적 합리성으로 재해석해내고, 언어철학적 관점에서 소통을 정리해낸 하버마스를 이 지점에서 끌어들이는 것은 적절해 보인다. 위험을 소통하는 일을 논의하기 전에 이미 위험사회론과 하버마스 간에는 어느 정도 상동성이 있다. 위험사회론이 제기한 재귀적 근대성과 하버마스가 제기했던 근대성 비판(과 완성)은 공히 현재의 근대성 비판에 기반을 두고 있다. 그런 점에서 근대적 소통에 천착해왔던 하버마스를 새로운 패러다임 논의에 연결시키는 일은 무리스러운 일은 아닌 듯하다.

근대 이성 개념에 대한 믿음을 버렸던 선배들과는 달리 하버마스는 이성에 대해 새로운 이해를 구하고자 했다. 계몽적 이성이 그 도구성 탓에 계몽과 해방 대신 억압과 굴레에 연루됨을 목도한 후 이를 비판한 것이 선배들의 태도였다. 하버마스는 일단 거기까지는 선배들에 동의한다. 하지만 선배들이 이성이라는 개념에 대해 불충분한 이해를 했음을 하버마스는 지적했다. 아직 이성을 포기할 단계가 아니라는 점을 강조한다. 포기 대신 더 많은 이해를 요청했다. 선배들에 비해 생산적 논의를 펴 나갈 준비를 한 셈이다. 그 같은 신념으로 하버마스는 이성의 도구성이 아닌 이성의 소통적 힘에 주목할 것을 주장한다.

그는 우선 그 동안 이성비판 철학에서 이성을 주체 중심으로 놓았던 폐해를 먼저 지적했다. 주체 중심으로 이성을 사고함으로써 주체는 객체에 인식론적 폭행을 가한다. 객체를 인식과 행위의 대상으로만 삼게 되었다. 그런 탓에 주체와 객체 간에는 분리가 생기고, 주체는 그 분리를 당연하게 여긴다. 둘 간 관계를 주종적이거나 혹은 대립적인 것으로 인식한 결과 소통을 통한 주객체간 상호작용을 외면한다. 하버마스는 이를 극복하기 위해 소통과 이성을 결부시킨다. 언어철학을 활용해 소통 개념을 이성 해석에 포함시키고, 이성개념을 재해석해 나갔다. 소통을 통한 합리성 추구 해석은 전통적 커뮤니케이션론, 위험커뮤니케이션론이 사상시켜왔던 면들을 포괄하려 한다. 진리 형성과정, 말하는 자의 도덕성, 대화가 이뤄지는 상황의 적절성 등을 커뮤니케이션 과정에 대한 관찰을 통해 점검해볼 수 있는 가능성을 열었다. 소통과정에서 사라졌던 정치성을 복원하는 계기를 마련해준 것이다.

소통적 합리성 개념을 포괄한 패러다임으로 전환하면 위험커뮤니이션 논의는 어떤 모습을 갖추게 되는 걸까? 위험과 관련해 구체적으로 어떤 새로운 질문을 할 수 있게 된 것일까? 그리고 사상되었던 정치성을 어떻게 복구해낼 수 있을까? 우선 예로 들 수 있는 연구 테제는 위험에 대한 진실이 구성되는 과정에서의 소통문제다. 위험과 관련된 진실은 소통을 통해서 구성된다는 점에서 전문가 집단, 매개 집단, 그리고 수용 집단 간 관계를 일방향적이고 단선적인 것으로 설명할 수 없다. 그들은 수직적 관계에 놓여있지 않다. 상호배타적이지도 않다. 끊임없이 상호작용, 협력하는 관계로 보아야 한다. 위험과 관련된 객관적, 과학적 진실은 그 자체로서 과학성을 내재적으로 지니지 않는다. 그것이 어떻게 사용되는가에 따라 과학적이 되기도 하고, 비과학적이 되기도 한다.[12] 위험과 관련된 각종 제도 간의 소통을 통해 과학적 진실은 인정, 변환, 거부된다. 과학과 비과학의 경계는 반증가능성 등과 같은 이성적 기준에 의해 사전에 설정되는 것이 아니다. 하버마스도 과학과 관련된 토론에서 과학자들의 암묵적 지식은 대중과 함께 나누어질 수밖에 없다고 밝힌 바 있다. 즉 하버마스 식으로 과학, 위험 커뮤니케이션을 논의할 경우 위험, 과학적 진실은 정치적인 논의 대상이 된다.

다음으로 – 새로운 패러다임의 등장 탓에 – 위험 규정을 독점하는 전

12) B. Latour, Science in Action, Cambridge, MA : Harvard University Press, 1987, p. 15.

문가 집단 (과학자 집단이 대표적 예)의 도덕성에 대한 구체적인 질문을 던질 수 있다(Beck, 67, 71). 위험사회론은 진리를 독점하고자 하는 전문가 집단의 폐쇄성을 중요 문제로 제기한다. 위험전문가는 자신들이 생산해내는 위험관련 담론이 일정 지위(orthordox)를 유지하도록 자신의 바깥과 구분되는 용어와 제도를 생산하고 활용한다(Beck, 110). 남이 갖지 않은 상징적 자본을 활용해 지위를 유지하려는 의도다. 이처럼 상징적 자본의 활용을 통해 자신들의 특수한 규범을 형성한다. 특수한 규범 아래 만들어진 지식이 사회에서 힘을 갖도록 하기 위해서는 또 다른 권력을 행사한다. '보증된 지식(certified knowledge)' 으로 사회가 인정토록 권력행사를 하게 마련이다.[13)]

담론 생산자들은 권력행사를 위해 다양한 방식을 활용한다. 우선 과학적 연구가 갖는 보편성 (보편주의)을 강조한다. 그리고 자신들의 지식은 늘 사회와 이익을 함께 한다는 공유주의를 포장해낸다. 이미 던져진 과학적 진실은 지속적으로 회의의 대상이 된다는 집단적 회의주의를 표방한다. 연구에서 불편부당함을 전제한다며 무이해성(disinterest)을 드러내기도 한다. 어떤 식으로든 특정한 편에 서서 이득을 취하지 않는다는 태도를 공표한다. 이 같은 방식을 통해 과학적 진실은 투명하고, 객관적이며, 보편적이란 이미지를 구축한다. 물론 그들의 바깥에 있는 진실은 규범이라는 보호막으로부터 혜택받지 못하게 한다. 그들의 바깥에서 만들어진 진실을 보증 받지 못하는 비과학적 진실로 규정한다. 기존 위험 커뮤니케이션 논의는 이 같은 규범이나 규범이 갖는 권위에 도전하지 않았다. 오히려 그것들을 당연시하고 이를 올바르게 전달하고 수용하는 일, 즉 기술적인 측면에 더 많은 관심을 보여 왔다. 특정 규범을 가진 과학자, 전문가 집단이 진실을 찾아내고, 이를 대중에게 잘 전달하는 일에

---

13) R. Merton, The Sociology of Science, Chicago : University of Chicago Press, 1973.

초점을 맞추어왔다. 하지만 새로운 패러다임에서는 이를 위험규정의 독점이라 비판한다. 지금까지 위험을 규정해온 방식을 의심하며, 그 의심-질문-비판 테제를 연구 전면에 내건다. 그리고 그것의 권력행사, 도덕성, 정당성을 질문한다. 과학자들 간 소통이 이뤄지는 방식을 의심하고 그것의 목적성을 드러내는 것이다.

새로운 패러다임으로는 전통적 위험 커뮤니케이션론이 침묵을 지켰던 위험 전문가 집단과 대중 간 소통상황의 적절성을 질문해낼 수 있다. 서로의 화용론적 위치를 점검하면서 '전달자-수용자' 관계가 숙명적인 것이 아님을 밝히고 그 관계가 상황적이며 민주적일 가능성을 연다. 그리고 그 가능성을 위한 노력이 어떻게 이뤄져야 하는지, 전혀 다른 관계 맺기를 통해 그 관계의 양태도 변화시킬 수 있음을 드러낼 수 있다. 전통적 위험커뮤니케이션 논의는 대중매체에 역점을 두면서도 대중매체가 주요 매개체가 되는 소통상황 자체는 의문시하지 않았다. 대중매체를 객관적 소통 도구로 의심 없이 받아들였던 탓이다. 그 결과 소통과정에서 주/객체는 고정되고 만다. 고정된 주/객체 관계에서 대중매체는 주체 편에 서려 한다. 전문가 집단이 생산해낸 정보를 전파하는 대중매체는 자신을 대중의 편이 아닌 전문가 집단에 동일시하는 경향이 있다. 정보 전달자, 지식 전파자로 동일시한다. 전문지식의 재현을 통해 전문가 집단과 일체감을 형성함으로써 얻는 이득에 대한 유혹이 큰 탓이다. 전문가 집단이 생산한 내용에 대한 적절한 이해 부족도 한 몫을 한다. 상업성을 이유로 전문적 지식을 대중적 용어로 전환하는 등의 노고를 펼치기도 하지만 대중매체는 그가 처한 여러 정황 탓에 '생산자-수용자' 라는 기존의 화용론적 지위를 역전시키는 데까지 이르진 않는다. 이 같은 상황을 반복하면서 전문가 집단의 폐쇄성을 보전하게 된다. 뿐만 아니라 자신들을 대중보다는 전문가 집단 주위에 배치하는 효과를 얻는다. 위험과 관련한 한 대중매체는 전문가 집단과 함께 생산자라는 범주의 역사적 블록을 형성해낸다.

환경문제와 관련한 소통적 상황을 관찰해보면 이 같은 문제점은 쉽게 드러난다. 환경, 자연, 생태 등에 대한 대중매체 내용은 자신의 기반인 대중과 일정한 거리를 둔다. 대중과 미디어가 한 편이 되어 그 문제를 해결할 수 있다고 여기지 않는다. 대신 환경, 생태 문제를 일으킨다는 혐의를 받는 자본, 국가와 역사적 블록(historical bloc)을 형성하는 모양새를 띤다. 대중매체 내용은 그로 인해 구조적 한계성을 갖는다. 대중매체는 구조적 접근보다는 관심을 끌만한 에피소드 중심으로 그러한 문제들을 다룬다. 그 같은 문제는 언제나 고쳐질 수 있는 것으로 규정한다. 대중매체는 이를 반복하게 되면서 환경, 자연, 생태계 문제를 개인적인 문제로 인식하고, 반복 생산한다. 그 문제를 사적인 것으로 조명하거나 개인적 비윤리성으로 인한 것으로 귀결시키는 경향성을 띤다. 그로 인해 자연, 환경 문제 등은 때로는 왜곡되기도 하고, 환경 단체 등이 겨냥했던 것과는 정반대의 결과를 자아내기도 한다. 환경 단체들이 대중매체로부터 멀어질수록 운동의 선명성이 더 살아날 수 있는 것으로 결론짓기도 하는 것도 그런 탓이다. 그럴수록 대중매체는 시민사회나 대중으로부터 더 멀어지는 악순환을 맛보게 된다. 대중이 느낀 바대로 자신의 언어로 말하는 위험과 대중매체가 말하는 위험은 거리가 더 멀어진다. 하지만 대중매체는 그에 대한 자의식이 있지 않다. 재귀적이지 않은 셈이다. 자신을 주체로서 전문가나 사회 내 권력의 편에 두고 대중을 늘 비전문가로 규정한다. 위험을 구성해냄에 있어 선택과 배열을 필수적으로 거치는 대중매체는 위험 관련 전문지식 생산자의 바깥인 비전문집단 혹은 대중을 배제하거나 검열한다. 그들의 '비전문적 담론'을 전문적 담론의 라이벌로 선택하지 않는다. 기껏해야 또 하나의 가능성으로 담론의 말미쯤에 언급하는 정도에 그치고 만다. 그럼으로써 대중의 목소리는 늘 위험담론에서 말석을 차지하거나 얼굴 없는 존재로 남게 된다. 대중매체의 프레이밍(framing)의 결과다.

새로운 패러다임은 이 같은 소통상황에 대해 질문한다. 특히 대중매체가 재봉건화된 공론장으로 작동함을 폭로한다. 체계(자본, 국가 등)가 생활세계(시민사회의 일상)로 침범해 들어온다고 경계한다. 사적인 것들이 공론장을 점거하는 것도 비판한다. 그리고 대중이 자기 방식으로 담론을 펴는 새로운 공론장을 구성해야 하는 당위성, 가능성도 제안한다. 주/객체의 자리를 고정하거나 수직적 위계에 배치하지 않는다. 수용자의 화용론적 지위를 고정하지 않는다. 수용자도 적극적인 생산자로 바뀔 수 있고, 그럼으로써 위험에 대한 사회적 인식을 바꾸는데 주요 역할을 하는 존재로 파악한다. 결국 새로운 패러다임은 과학에 씌워진 신비화를 벗겨내고, 위험인식을 제고시키며, 사회가 일상적 위험을 인지하는 역사를 만들어낸다(Beck, 113).

이처럼 소통적 합리성 개념 도입에 따른 패러다임 전환은 문제설정을 교정할 뿐 아니라 위험커뮤니케이션에 정치성도 부여하게 된다. 단선적인 소통 과정을 쌍방적이고 합의적인 형태로 바꾸어 낸다. 그리고 위험이 사회적으로 구성될 수밖에 없다는 구성적 인식을 더욱 강조한다. 뿐만 아니라 현재 이뤄지고 있는 위험관련 커뮤니케이션이 갖는 한계와 그것이 자아낼 또 다른 위험을 경계해내는 효과를 낸다. 사적인 것이 공론장에 개입되는 순간을 포착해내고 그를 비판하는 일이 가능해지는 것이다. 소통과정에서 일방적으로 수용적 위치에만 배치되었던 존재를 능동적인 참여의 주체로 전환해내는 노력도 부각할 수 있다. 그럼으로써 위험과 관련된 대응적 담론과 전문적 지식에 대항하는 일이 가능해진다. 디지털 전자혁명으로 이 같은 가능성은 현실화되고 있기에 더더욱 패러다임의 전환은 값진 성과를 얻어내게 된다. 전문가 집단의 위험에 대한 헤게모니에 반발하는 대안적 전문가 집단, 그들과 결합한 새로운 대중적 지식인(popular intellectuals), 그리고 여태껏 수용적 위치에 만족하고 있었던 대중들이 각각 연대하여 위험과 관련된 정치학의 지형을 바꾸어 내는 일을 추적하고 논의할 수 있게 된다.

4. 더 새로운 패러다임의 요청[14)]

위험 커뮤니케이션 논의의 패러다임 전환은 전통적 패러다임 논의를 개선하는 의미에 그치지 않는다. 위험을 소통하는 과정을 둘러싼 주체를 재배치하고 사상되었던 정치성을 살려내는 전혀 다른 접근법으로 진입한 사건으로 보아야 한다. 소통적 합리성에 입각한 위험커뮤니케이션 패러다임은 이전의 전통적 위험 커뮤니케이션론에 비해 진일보한 것은 사실이다. 획기적으로 인식론적 전환을 꾀하게 해주었다. 소통의 효율성 강조 자체가 위험을 초래할 수 있다는 반성적 사고를 전하기에 충분했다. 주/객체 분리를 벗어나 진정한 소통으로 상호작용이 일어날 가능성을 점쳤고, 이성에 담긴 소통 능력의 발휘를 강조해 도구적 이성을 넘어설 여지를 보여주었다.

그러나 이 또한 몇 가지 한계가 없는 것은 아니다. 먼저 구체적으로 한계를 논의하기 위해 공론장을 예로 들어보자. 소통적 합리성 패러다임에서는 위험이 진정한 공론장에서 논의되지 않고 있다며 안타까움을 표시했다. 진정한 공론장의 부재는 체계의 영향력 탓이다. 체계(자본과 국가, 그리고 시장)에 의해 흡수된 공론장이 사적인 것을 소통시키는 허울뿐인 공론장이 되고 말았음을 지적한다(공론장이 봉건주의 시대의 모습으로 회귀한 것이라며 '공론장의 재봉건화'라 불렀다). 이처럼 공론장, 소통의 이성성을 강조하는 패러다임은 과거 패러다임에 비해 정치성을 포괄하게 된 이점을 갖게 되었다. 새로운 공론장이 망가진 정치적 배경과 그를 새롭게 세우기 위한 정치적 노력을 포괄했다. 하지만 새로운 패러다임은 정치성을 충분하고 적절하게 포괄하지 못했다는 한계점을 지닌다.

하버마스의 소통 정치성은 기존 패러다임의 숙명적인 화용론적 지위

14) 아렌트에 대한 논의는 김선욱, 〈한나 아렌트 정치 판단 이론 : 우리 시대의 소통과 정치윤리〉, 푸른숲, 2002 중에서 제 6장, "판단이론의 소통개념과 그 특징"에 힘입은 바가 크다.

를 대립적 지위 혹은 지위의 민주화로 승화시켜내긴 했다. 하지만 새로운 공론장 형성 내에서 발생할 이질성(heteroglossia)을 포괄해내진 못한 아쉬움을 지닌다. 기존 패러다임에서의 생산자와 수용자간의 대립각이나 민주적 지위회복에는 관심을 보였지만 객체에서 주체로 변화한 새로운 담론 주체들 간의 내부적 차이나 다양성에 대해서는 침묵을 지켰다. 그런 점에서 하버마스의 공론장 논의가 부르주아 공론장에 국한된다거나 남성 중심적이라는 지적은 타당하다. 하나의 결로만 시민사회를 받아들이는 것 또한 전제적이라는 비난을 피할 수 없다.

위험을 소통하기 위한 새로운 공론장의 탄생은 바람직하고 필수적인 것이긴 하지만 소통적 합리성만으로 그 탄생과 활동을 보증받지 못한다. 대중담론은 전문적 담론과 대중매체의 변형된 위험 담론과 맞선다. 그러나 맞서는 대중담론이 획일적이진 않다. 주관적이고, 비전문적이며, 생활세계에 기반을 둔 대중적 위험 담론의 생산자들은 동질성 보다는 이질성을 더 많이 지니고 있다. 위험을 경험하는 대중은 분화되어 있다. 이질성으로 인하여 위험과 자신을 관련짓는 방식은 다양해질 수밖에 없다. 생활세계의 다양한 모습에 따라 대중들은 서로 다른 커뮤니케이션의 능력(competence)을 보이기도 한다. 벡이 주장한 대로 개성성(혹은 개인주의화)이 강화되고 있는 것이 위험사회의 특성이라는 주장에 동의하고 보면 표현방식이 다양한 것은 자명한 일이다. 이성적 합의를 도출하기 위해서는 이성적 합의, 타협이라는 요소가 필요하지만 이를 가능하게 하기 위해서는 서로 다른 표현방식에 대한 인정을 선결하는 일이 더 중요하다. 차이와 다양성에 대한 인정이 전제되어야 한다. 정치성이란 – 하버마스 식으로 말하자면 – 소통을 통해 이성적 합의를 구하고, 그를 통해 소통적 공동체를 만드는 일이다. 이처럼 이성적 합의, 소통을 통해 정치성을 이해하는 방식은 개성성의 표출, 차이, 다양성, 경쟁이라는 테제 앞에서는 움찔거릴 수밖에 없다. 하버마스의 구상이 관념적이거나 허구적 구성으로 그칠 가능성이 있음을 현실 세계가 보여주는 셈이다.

이에 하버마스의 패러다임을 넘어서는 새로운 패러다임에 대한 요청이 대두되었다. 위험을 둘러싼 커뮤니케이션의 정치성, 곧 위험의 '정치적인 것'을 재구성할 또 다른 위험커뮤니케이션 패러다임을 요청하는 목소리가 많아진다. 개성성, 다양성을 정치적인 것과 한데 결합시킬 가능성에 대한 요청이다. 체계와 생활세계 간의 대립이 아니라, 체계와 수많은 생활세계 간 대립 그리고 생활세계 간 대립에 주목하자는 제안이다. 하버마스가 공론장 논의를 위해 아이디어를 빌려왔던 한나 아렌트(H. Arendt)로부터 어느 정도 답을 전해 받을 수 있다. 아렌트는 하버마스에 앞서 공론장 논의를 폈다. 그의 논의는 하버마스의 소통적 합리성과 유사성을 보여주면서 소통 논의를 새로운 국면으로 연장시킬 가능성을 열어준다. 하버마스 또한 여러 곳에서 자신의 공론장 논의가 아렌트의 공공성, 공론장 등에서 온 것이라 말한 바 있다.

아렌트에 따르면 진정한 공론장은 사적인 것들의 침투를 허용하지 않는다. 오로지 공적인 논의를 펴는 공간이다. 아렌트는 강한 톤으로 사적인 것과 공적인 것을 구분하고, 전자를 사회적인 것, 후자를 정치적인 것이라 칭한다. 사회적인 논의 대상은 분명한 기준이나 준거가 있어 옳고 그름을 분명히 명시할 수 있는 것들이다. 여기서는 다양성을 부정하고 하나의 관점이나 절대적 척도를 인정할 수 있다. 사회적인 논의 대상에는 어떤 것을 포함시킬 수 있을까? 아렌트의 인간 행동 분류에서 사회적인 것의 구체성을 찾을 수 있다. 아렌트는 인간 행동을 노동, 작업, 행위로 구분했다. 혼자서 혹은 가정적으로 해결해야 하는 먹고사는 문제(경제)를 사적이고 사회적인 것으로 보았다. 먹고살기 위해 지속적으로 전승해야 할 기술, 노동, 작업 또한 사적이고 사회적인 것이라 했다(먹고사는 일을 토론해서야 제대로 된 사회가 아니라는 뜻도 있다). 그에 비해 정치적인 것은 타인 앞에서 자유롭게 자신을 표현하고 소통할 가치를 지닌 것을 의미한다. 아렌트는 이를 '(정치)행위'라 불렀다. 정치적인 것은 차이와 다양성에 관한 것이므로 이에 해당하는 인간행동인 행위는 자신의 개성 표출이다. 인간 행위가 자신의 개성 표출이고, 그것이 정치적인 것이라면 정치적인 것이 가능하기 위해서는 개성과 표현을 인정하는 일이 전제되어야 한다. 따라서 정치적이기 위해서는 이성적 소통보다는 인정 문제가 더 큰 문제로 대두된다. 인정은 인간을 단순히 지적인 존재로 국한시키지 않고 인간의 모습을 존재하는 그대로의 모습, 즉 다양하고 개성을 가진 인간들로 파악하는 행위를 말한다. 자연스레 진정한 의미의 소통은 타인에 대한 관점을 인정하고 그를 통해 생각의 확장을 확보하는 일이 된다. 그럼으로써 인간을 존재 그대로 인정해내는 정치성이 완성된다. 진정한 공론장에서는 인간 존재를 인정하는 정치성을 펴야 한다는 말을 하고 있는 셈이다. 공론장은 누가 누구에게 무엇을 전하는 곳이 아니라 서로를 인정하고, 그러한 인정을 통해 다양성을 키워가는 곳이다.

하버마스가 소통을 통한 합리성의 구축에 관심을 보였다면 아렌트는 소통과 유대에 더 많은 관심을 보였다고 말할 수 있다. 이를 위험, 위험커뮤니케이션과 연계시켜보자. 아렌트는 위험을 구체적으로 적시해내고 위험을 구성하며 전달하는 노력을 덜 중요하게 여길 것이다. 대신 위험에 대한 인식 차이와 다양함을 인정하고 위험이 인간을 위협하고 있다는 공동인식을 형성해가는 것에 방점을 찍을 것이 확실하다. 아렌트를 그렇게 이해할 경우 위험을 소통하는 일에 대한 이해의 폭은 훨씬 넓어진다.

유대를 위한 소통은 차가운 이성적 토론뿐만 아니라 부드러운 문화적 행위도 포괄한다. 이는 소통의 능력(competence)차를 극복하고 소통할 수 있는 가능성을 여는 일이기도 하다. 관조하고 성찰하는 것(이성적 활동)을 넘어서 현실에서 움직이는 삶을 포괄하는 그대로의 삶을 통해 인간 유대를 형성하는 계기가 될 수도 있다. 아렌트가 제안할 새로운 패러다임 안에서는 서로 다른 위험 감정을 토로하고 이를 인정하고 위험에 맞서는 유대를 형성하는 일이 주요 테제가 된다. 차이와 다양성의 인정을 통해 소통과 유대를 형성하는 위험커뮤니케이션의 작동은 공생의 감각을 체화하는 일에 가깝다. 이때 위험과 관련해서 이성의 작동이 아닌 유대의 작동, 감성의 작동, 감각의 작동, (옳고 그름이 아닌) 싫고 좋음의 작동이 일어날 가능성이 크다. 다양성과 차이의 인정, 유대와 소통은 이성을 통해 관계를 맺기보다는 감각적인 것, 미적인 것, 판단적인 것과 관련을 맺기 때문이다. 이질적인 사회구성원, 집단끼리 벌일 소통은 이성적 대화를 넘어선 인간적 유대, 미적 유대가 되어야 함을 알 수 있다.

한나 아렌트를 경유한 더욱 새로운 위험커뮤니케이션 패러다임은 소통의 효율성 극대화와 소통적 이성의 극대화를 넘어서서 감각, 감성 공유의 극대화를 강조한다. 이는 사회적 삶 전체를 재조직화하기 위한 전혀 새로운 소통을 요청한다. 그런 의미에서 새로이 제안된 위험커뮤니케이션 패러다임은 문화와 커뮤니케이션(communication as culture)을 구분하지 않고 같은 범주 속으로 넣을 수 있는 가능성을 제안한다. 이상적 소통이란 다양성과 차이를 담고 있는 문화적 과정 안에서 상호인식과 공유의 폭을 넓혀 가는 과정으로 정의될 수 있다. 그럼으로써 소통의 문제는 문화와 맞닿게 된다. 소통을 잘 하는 일, 그럼으로써 공존의 삶을 모색하게 되는 일은 현재적 삶이 벌어지는 문화의 재조직화를 요청하게 된다. 경제적 합리성(노동과 작업)에 함몰된 일상적 삶을 넘어서서, 미적 감수성, 육체적 감각 등이 극대화되는 일상적 삶을 구축해나가는 일이 소통을 정점으로 끌어올리고 공동체 인식에까지 이르게 한다. 더욱 새로운 패러다임 내의 위험커뮤니케이션은 모두가 위험에 처해있다는 공동체 감각 형성을 목표로 그 공동체성을 체화할 수 있는 유대의 제도와 프로그램 (위험과 관련된 다양한 개성적 표현들을 체화하는 프로그램) 마련, 위험으로부터 비켜나 있어 보이는 삶의 제시 등의 과제를 안게 된다.

5. 미메시스(Mimmesis)

자연에 복종하며 살아가던 노예에 지나지 않던 인간은 문명을 이루면서 노예의 시대에 종지부를 찍는다. 이제 인간은 예전의 노예 신세를 벗어나 주체가 되는 시대를 맞게 된다. 자연을 객체로 두게 되면서 인간 주체는 전에 없이 소중한 것을 잃게 된다. 주체가 되는 반대급부로 객체(자연, 세계)와의 일치감을 상실한다. 아도르노는 이를 두고 미메시스(mimesis) 시대로부터 신화의 시대, 이후 야만의 시대로의 돌입이라고 칭했다. 세계와 자아와의 일치감의 상실은 자아의 혼동이라는 간단한 사건에 그치지 않는다. 자신의 모태를 잃는 큰 사건이다. '노예의 시대', '문명의 시대'를 지나 '풍요의 시대'를 맞고 있다지만 그 시대는 곧 '인간 상실의 시대'와 겹치는 아이러니적 시대이기도 하다. 루카치는 다음과 같은 유명한 묘사를 통해 자연과 인간이 하나로 존재하던 때를 노래한다. 아니 '인간 상실의 시대'에서는 결코 이룰 수 없는 일치를 예찬한다. 예찬 받을 만 했으므로.

> "별이 빛나는 창공을 보고, 갈 수가 있고 또 가야만 하는 길의 지도를 읽을 수 있던 시대는 얼마나 행복했던가? 그리고 별빛이 그 길을 훤히 밝혀 주던 시대는 얼마나 행복했던가? 이런 시대에 있어서 모든 것은 새로우면서도 친숙하며, 또 모험으로 가득 차 있으면서도 결국은 자신의 소유로 되는 것이다. 그리고 세계는 무한히 광대하지만 마치 자기 집에 있는 것처럼 아늑한데, 왜냐면 영혼 속에서 타오르는 불꽃은 별들이 발하고 있는 빛과 본질적으로 동일하기 때문이다."[15)]

문명의 시대, 풍요의 시대가 야만의 시대이자 인간 상실의 시대로도 불리는 이유는 인간 말살이라는 측면 뿐만 아니라 환경 위기, 생태 위기의 시대로 돌입했기 때문이다. 자연의 위기, 환경의 위기, 생태의 위기는 인간의 위기를 포괄하는 큰 개념이다. 인간이 자연인 한 환경 위기, 생태 위기는 인간 재생산의 위기이기도 하기 때문이다. 성장의 한계를 경고하는 보고서(예 : 로마 클럽 보고서)들이 등장하고 자연조차도 한계를 지니고 있음을 밝히는 주장들이 속속 펼쳐진다. 자연의 한계, 성장의 한계에 대한 인식은 자연을 지배하는 방향에서 벗어나 자연, 환경과 더불어 인

---

15) 게오르그 루카치, 〈소설의 이론〉 (1920), (반성완 역), 심설당, 1985.

간이 어떻게 살아갈 것인가를 모색하는 자연과의 연관이라는 생태론적 전환을 가져온다. 이제 인간은 경제인에서 벗어나 생태인으로 주체 전환해야 한다는 주장도 설득력을 얻고 있다.[16] 인간 외의 것과 더불어 살아가는 생태인으로의 전환은 인간만을 사고하고 인간 중심적으로 살아가고자 하는 소아(小我)가 아닌 대아(大我)로의 변환을 의미한다.

환경과 자연의 중요성에 대한 강조는 근대 이후 인간 주체에 대한 심각한 재고를 요청한다. 서구 근대에서의 인간의 주체화는 인간의 대상화 혹은 인간의 위기를 초래하게 되었는 바, 새로운 형태의 인간 주체 형성은 더 이상 미룰 수 없는 시급한 과제가 되었다. 앞서 설명한 바와 같은 소아에서 대아로의 전환을 꾀하는 형성 기제가 필요하게 된 것이다. 세상을 크고 길게 보는 새로운 관점, 즉 빅 히어(big here)와 롱 나우(long now)가 합쳐진 롱 히어(long here)가 요청되고 있다(브랜드, 1999 : 208-9).[17] 생태계, 자연, 환경의 문제에 인간이 연결 고리로 엮여진 이상 이를 해결해나가는 방식 또한 인간 주체의 변환, 변환을 위한 기제의 마련 등으로 이뤄질 수밖에 없다. 주체 형성과 관련된 여러 사회 제도들과 자연, 환경 문제를 동시에 거론하는 이유도 바로 여기에 있다.

주체전환을 위한 소통, 위험 소통을 하는데 드는 참여활동은 대개 가변적인 방식으로 이뤄진다. 정해진 설명틀에 의한 규칙에 따르진 않는다. 오히려 위험은 복잡한 방식으로 소통되며 위험을 소통하기 위한 효율적인 룰은 정해진 게 없다. 이러한 복잡성을 받아들이는 일은 필요하다. 그래야 위험을 소통하는 다양한 활동, 위험을 논의하는 장이 다른 장

---

16) 경제란 말과 생태란 말은 같은 어원을 지니고 있다. 경제는 집이라는 의미를 가진 오이코스(oikos)라는 말에서 파생된 오이코노미아(oikonomia) 즉 집의 경영을 의미한다. 생태는 오이콜로기(oikology) 즉, 집의 과학을 뜻한다. 여기서 집이란 자연을 의미한다고 보아도 무방하다. 경제는 자연을 정복하고 경영하는 것에 대한 관심이고, 생태는 자연에 대한 과학 즉 자연의 본질, 근본원리에 대한 관심이다.

17) 스튜어트 브랜드, 〈느림의 지혜 - 세상에서 가장 느린 컴퓨터 속에 숨겨진 생각〉(1999), (박근서 역), 해냄, 2000, pp. 208-9.

과 맺는 복합적인 관계를 손쉽게 재단하거나 예측해버리려는 기대를 갖지 않게 된다. 위험과 관련된 모든 주제들, 그 안에서 움직이는 모든 소통방식을 파악하고 제어하는 일은 현실적으로도 불가능하다. 이 같은 태도는 무엇이 위험의 사안이고 무엇이 위험을 둘러싼 소통인지에 대해 아무 것도 발언할 수 없다는 무기력한 선포처럼 들릴 수도 있다. 하지만 무기력해지는 것은 실제 위험을 둘러싼 소통 활동과 독립적으로 작동하여 이를 파악하고 제어할 수 있는 기준이다. 대신 위험 소통에 참여하는 행위를 판별할 수 있는 이론적이고 도덕적인 위상은 협력을 통해 문제를 주제화하고 해결해나가는 과정 자체에 내재하게 된다. 우리는 무엇보다 협력과 연대에 주목해야 할 필요가 있다. 주체와 객체 간 미메시스뿐 아니라 다양한 주체 간 미메시스를 이야기하지 않고서는 더 이상 위험을 나눌 수 없다. 위험은 전하는 것이 아니라 같이 느끼고, 나누고, 부담해야 하는 공동의 빚이 되었다. 위험커뮤니케이션은 공동의 빚임을 아는 일과 전혀 별개의 일이 아니다.

참고문헌

김선욱, 〈한나 아렌트 정치 판단 이론 : 우리 시대의 소통과 정치윤리〉, 푸른숲, 2002

게오르그 루카치, 〈소설의 이론〉 (1920), (반성완 역), 심설당, 1985.

울리히 벡, 〈위험사회 : 새로운 근대(성)를 향하여〉, (홍성태역), 새물결, 1997.

울리히 벡, 〈정치의 재발견〉, (문순홍 역), 거름, 1998, 20쪽.

스튜어트 브랜드, 〈느림의 지혜 – 세상에서 가장 느린 컴퓨터 속에 숨겨진 생각〉 (1999), (박근서 역), 해냄, 2000.

앤더슨 〈환경 저널리즘 : 언론보도를 위한 환경운동의 이슈 메이킹 전략〉 (김재범 역) 한울 아카데미, 2001.

한스 페터 페터스, 송해룡 (공저), 〈위험커뮤니케이션〉 (송해룡 역), 커뮤니케이션북스, 2001.

B. Latour, Science in Action, Cambridge, MA : Harvard University Press, 1987, p. 15.

R. Merton, The Sociology of Science, Chicago : Uni, of Chicago Press, 1973.

2부

과학 저널리즘의 이해

3장

과학뉴스의 딜레마와 새로운 과학뉴스

박 성 철
한국방송통신전파진흥원 융합정책연구부장

1. 어려운 과학, 재미있는 야구

물리학, 화학, 생물학, 지구과학 …… 과학하면 제일 먼저 떠오르는 것들이다. 학생시절, 과학수업을 통해 접하게 된 과학의 세부 분야다. 그러나, 이 과학의 '사례' 들이 과학을 설명해 주지는 못한다. 과학이란 무엇일까? 과학은 어떤 것들을 가리키는 것일까? 우리는 많은 정보 또는 지식과 접한다. 과학 또한 그러한 정보 내지 지식의 한 종류임에는 틀림없다. 그렇다면 다른 정보, 지식과는 어떤 차이가 있을까?

야구는 경기규칙이 복잡한 종목 가운데 하나다. 투수의 부정행위 가운데 하나인 보크(balk)를 가려내기는 쉽지 않다. 경기규정집은 보크 판정이 내려지는 경우를 무려 13가지 상황으로 설명한다. 보크가 선언된 공을 타자가 친다면 어떻게 될까?[1] 물리학의 열역학 법칙만큼이나 복잡하고 어려운 것이 야구 규칙이다. 그러나 야구경기는 많은 사람들이 즐긴다. 수 만 명의 관중을 야구장으로 모여들게 하는 것이 야구인 반면, 학

1) 타자가 친 공이 만일 보크가 아니었을 경우 아웃이 되는 상황이라면 그 순간 볼 데드가 되고 주자들은 한 루씩 진루가 허용되고 타자는 다시 타격을 하게 된다. 타자가 친 공이 안타, 실책 등으로 진루가 허용되거나 또는 타자는 치지 않았으나 사사구가 된 경우 보크와 관계없이 인플레이 상태로 타자와 주자가 모두 진루하게 된다(한국야구위원회 경기규칙 8.05 참조).

생 열 명의 눈길을 잡아두기조차 쉽지 않은 것이 과학이다.

야구와 과학은 둘 다 복잡하고 어렵다는 속성을 갖는다. 그러나, 야구에는 사람들이 열광하고 환호성을 지르는데 비해, 과학은 지루해하고 외면한다. 복잡하고 어렵다는 것만으로 설명할 수 없다는 뜻이다. 과학은 야구와는 다른 어떤 속성이 있거나, 다른 차원의 복잡함 또는 어려움이 있는 것이다. 그것은 바로 '개념(concept)' 과 '이론(theory)' 이다. 과학에는 있고 야구에는 없다.

개념과 이론은 과학을 야구와는 다른 복잡함과 어려움으로 인도한다. 야구는 복잡한 경기규칙을 가지고 있다. 그러나 그 많은 규정들은 모두 눈으로 볼 수 있는 다양한 현상들에 대한 설명이다. 축구는 골키퍼와 나머지 모든 선수의 두 유형의 플레이어만 구분하면 된다. 하지만 야구는 투수와 포수, 타자, 수비수가 각기 다른 역할을 하기 때문에 그로부터 다양한 경우의 수가 발생할 수 있다. 그것들을 하나하나 나열하여 설명하다보니 긴 규정집을 만들게 된 것이다.

하지만 과학은 그렇지 않다. 다양한 현상들을 일일이 설명하지 않는다. 그것들을 묶어서 일거에 설명할 수 있는 새로운 말을 지정하거나 만들어 낸다. 예를 들자면 '에너지(energy)' 가 그렇다. 말이 수레를 끄는 것, 난로 위 주전자의 물이 끓는 것, 형광등에서 빛이 나는 것 등이 모두 에너지의 작용에 의해 나타나는 것이다. 그러나 과학은 이것들을 나열하는 대신 '에너지' 라는 새로운 용어를 이용해서 총칭한다. 그 새로운 용어가 바로 '개념' 이다.

개념을 이용하는 이유는 무엇보다 다양하고 많은 현상들을 일거에 설명할 수 있기 때문이다. 즉 설명력을 높일 수 있기 때문이다. 난로 위 주전자는 그 현상밖에 설명하지 못한다. 형광등의 빛은 다시 설명해야 한다. 이렇게 개별적인 현상들을 하나하나 설명하다 보면 끝이 없다. '에너지' 라는 개념은 '일(work)' 을 하는 다양한 현상들을 한 묶음으로 설명할 수 있다. 또 난로의 뜨거움이나 형광등의 밝음처럼 일의 수행과 관련 없는 다른 속성들은 가려주는 효과가 있다. 즉 '일의 수행'이라고 하는 공통된 속성만을 뽑아냈기 때문에 명확한 설명이 가능해진다.

개념의 이용은 설명의 범위를 확장하고 더 명확한 설명을 가능하게 했다. 반면 개념의 이용은 야구규칙과는 차원이 다른 이해의 어려움을 동반하게 된다. 보이지 않고 만질 수 없는 것이기 때문이다. 단지 다른 사람의 머리 속에서 창안된 것을 내 머리 속에 그대로 떠올린다는 것은 쉽지 않은 일이다. 과학이 어렵게 느껴지는 것은, 아니 어려운 이유는 바로 이 개념의 등장 때문이다.

이론은 이러한 개념들 사이의 관계를 설명해 놓은 것이다. 예컨대 아인슈타인의 상대성이론은 질량(m)과 에너지(E) 사이의 관계를 설명한 것이다. 개념이 머리 속에 그려내기 어려운 것이라면, 여러 개의 개념을 복잡한 관계로 엮어놓은 이론은 더욱 어려울 것이 틀림없다. 각 개념을 충분히 이해하지 못했다면 당연히 이론을 이해하는 것은 불가능할 것이다.

그런데 문제는 그 자체로 어려울 수밖에 없는 과학을 외면할 수도 없다는 것이다. 과학이 과학자 집단의 전유물이 아니라 일반인의 일상생활에까지 지대한 영향을 미치고 있기 때문이다. 영향 정도가 아니라 과학에 의존하지 않고는 일상생활을 지속하기 어렵다고 하는 편이 나을 것이다. 1940년대 중반 개발된 애니악(ENIAC) 컴퓨터는 소수 전문가의 전유물이었다. 전문적인 교육과 훈련을 거친 몇몇 사람들만 그 기계를 다룰 수 있었다. 그러나 이제는 대다수 직장인과 학생의 책상 위에 컴퓨터가 놓여졌다. 컴퓨터를 다루지 않고는 학업이나 직장생활이 거의 불가능하다. 이것이 과학을 대하는 현대인의 딜레마인 것이다.

2. 거의 불가능한 커뮤니케이션

우리는 날마다 수많은 메시지를 접한다. 매일 사람들과 이야기하고 그들의 이야기를 듣는다. 다른 사람에게 이야기를 하는 것은 그들을 이해시키고 공감하게 하고 설득하기 위해서다. 하지만 의외로 다른 사람의 이야기를 듣고 공감하는 경우는 많지 않다. 어느 순간 공감했을 때 깜짝 놀란다. 이제까지 공감하지 않고 있었기 때문이다.

설득되는 경우도 거의 없다. 여당 지지자인 사람이 야당 후보의 연설을 듣고 지지후보를 바꾸는 경우는 거의 없다. 우리가 설득되는 것은 메시지의 내용 때문이 아니라 그 상대방과의 관계 때문이다. 더 정확히 말하면 설득되는 것이 아니라 설득되는 것처럼 보이는 것뿐이다. 어머님이 하시는 말씀이기 때문에, 자식의 말이기 때문에, 내가 좋아하는 연예인이기 때문에, 내가 신뢰하는 정치인이기 때문에 설득되려고 하는 것이고 설득된 것처럼 보이는 것이다.

많은 사람들이 상대방을 설득하기 위해 대화를 하고 커뮤니케이션을 한다. 하지만 대부분의 경우 실패한다. 설득은커녕 정확한 의미전달조차 이르지 못하는 경우가 대부분이다. 말하는 사람이 전달하고자 하는 머리 속의 그림과 그 말을 들은 사람이 듣는 머리 속에 떠올리는 그림을 비교해 보자. 두 그림이 대강이라도 겹쳐지는 경우는 많지 않을 것이다.

이처럼 커뮤니케이션은 인간의 일상적 활동임에도 불구하고 애초의 목표를 달성하기는 매우 어렵다. 그런데 그 커뮤니케이션의 소재가 '과학'이라면 더욱 난감한 일이 된다. 일상적 대화도 정확한 의미의 전달이 어렵다고 했는데, 개념과 이론이 포함된 과학이라면 상대방을 잘 이해시키거나 설득하는 것은 거의 기대하기 어렵게 된다. 즉, 가장 다루기 어려운 토픽 가운데 하나인 '과학'과 성취률이 낮은 인간의 활동 가운데 하나인 '커뮤니케이션'이 합쳐진 매우 난감한 작업인 것이다.

또한 다른 영역과 달리 과학커뮤니케이션은 이야기(토픽)의 생산자로서 과학자 집단이 갖는 비중이 크다. 정치와 관련된 커뮤니케이션에서 정치인은 소재를 제공해 줄 뿐이다. 그러나 과학과 관련된 이야기는 과학자의 과학활동과 그 결과물로부터 비롯된다. 즉, 다른 어떤 영역보다도 과학자에서 일반인으로 향하는 일방향적 성향이 강하다.

과학커뮤니케이션에서 과학자가 차지하는 비중은 클 수밖에 없다. 그런데 그 과학자들은 일반인들과는 다른 세계에 산다. 이것이 과학커뮤니케이션이 어려울 수밖에 없는 또 하나의 이유인 것이다. 이것을 설명하기 위해서는 앞서 설명한 현상, 개념, 이론의 관계를 이해해야 한다. 예컨대, 아래쪽에서부터 현상, 개념, 이론으로 구성된 커다란 산을 상상하면 이해에 도움이 될 것이다.

일반인은 '현상'의 세계에 발을 딛고 산다. 산의 아래부분이다. 눈에 보이고 손으로 만질 수 있는 구체적 대상들이 존재하는 영역이다. 반면, 과학자는 '이론'의 세계인 산의 꼭대기 부분에 있다. 현상으로부터 일반화와 추상화의 과정을 거쳐 창안해 내는 것이 개념과 이론이다. 산등성이의 일반인과 산꼭대기의 과학자는 서로 만날 일이 없다.

산의 아래쪽에 있는 일반인들이 힘들더라도 산을 오르거나, 산꼭대기의 과학자들이 아래쪽으로 내려오지 않으면 둘은 만날 수 없다. 멀리 떨어진 두 사람이 아무리 큰 소리로 외친들 많은 이야기를 자세히 나누기는 어렵다. 그뿐만 아니라 과학자가 사는 이론의 세계와 일반인이 사는 현상의 세계는 전혀 다른 세상이다.

이 둘의 소통을 위해서는 매개자가 필요하다. 산의 중턱에 서서 양쪽의 이야기를 전달해 주고 각자의 언어로 옮겨주는 역할을 해야 한다. 각자가 쓰는 언어 자체가 다르기 때문에 더욱 어렵다. 물론 과학자를 산 아래쪽으로 내려오도록 하고 현상 세계의 언어를 쓰도록 하면 된다. 또는 일반인들로 하여금 산중턱으로 올라오도록 하고 이론 세계의 언어를 배우도록 하면 된다. 그러나 과학자들은 그럴만한 여유를 갖기 어렵고 일반인들이 산을 오르기에는 너무 힘에 부친다.

그 매개자의 역할을 해왔던 것이 대중매체인 신문과 방송, 과학도서, 과학잡지, 과학박물관 등이다. 그 중에서도 신문과 방송은 과학자와 일반인 사이의 중개자로서 가장 큰 비중을 차지해왔다. 대중매체는 일반인들이 쉽게 접근할 수 있으면서도 강력한 사회적 전파력을 갖췄다는 점에서 크게 기여했을 것이다.

대중매체가 과학을 다루는 방법은 크게 두 가지로 나눠볼 수 있다. 뉴스로서 과학을 다루는 것과 콘텐츠로서 과학을 다루는 것이다. 전자는 신문이나 방송의 뉴스 또는 시사보도 프로그램을 예로 들 수 있다. 후자는 방송에서 과학을 소재로 하는 다큐멘터리나 드라마를 예로 들 수 있을 것이다.

이 글에서는 신문과 방송이 뉴스로서 다루고 있는 과학에 초점을 맞추고자 한다. 이들 대중매체가 과학의 소통에 어떤 역할을 수행했으며, 과학의 원활하고 효율적인 소통을 위해 어떻게 변화해야 할 것인지 살펴보고자 한다.

3. '황우석' 보도와 과학뉴스

우리나라의 종합일간지 기자 가운데 '과학부 기자'는 없다. IMF 이후 신문사들이 구조조정을 하는 과정에서 과학부를 없애버렸기 때문이다(김영욱 · 박성철, 2005). 산업부나 사회부에 더부살이를 하고 있는 한두 명의 '과학담당 기자'만이 있을 뿐이다. 조직과 인력이 축소되면서 자연스럽게 '과학면'도 줄어들었다. 과학면을 아예 없애버린 신문도 있다. 이제 과학뉴스는 경제면이나 국제면, 인물면에서 간신히 명맥을 유지하고 있다.

과학은 이제 호기심의 대상이 아니다. 하루하루의 일상을 과학에 의존해서 유지하고 있다. 에어컨과 자동차가 없는 세상을 상상하기 어렵고 컴퓨터와 인터넷이 없이 업무를 처리하기 힘들다. 과학은 이처럼 편리와 효율을 가져다 준 반면 그 부산물로 인해 다양한 문제들을 발생시키기도 한다. 자동차 사고로 인한 물리적 피해로부터 인터넷 중독, 환경오염에 이르기까지 개인과 사회에 크고 작은 문제들을 일으킨다.

그러한 문제들의 해결에 다시 과학의 도움을 요청하고 그 성과를 활용한다. 자동차 사고를 줄이기 위해 자동차에 첨단기술을 이용한 안전장치를 장착하고 도로의 구조를 개선하는 것이다. 이처럼 과학은 현대인의 생활수준을 향상시켰다는 점에서, 크고 작은 문제 발생의 원인이라는 점에서, 그 문제들의 해결방안을 제시해 준다는 점에서 긴밀한 관계에 있다. 과학에 대한 의존성과 영향력은 점점 더 커지고 있는 것이다. 그렇다면 자연스럽게 과학은 언론에게 주목의 대상으로 등장할 가능성이 높다. 그러나 이런 기대와 달리 한국의 언론매체는 과학에 좀처럼 주목하지 않고 있다.

그 이유는 여러 가지일 것이다. 과학뉴스가 수용자의 관심을 이끌어내기에는 적절하지 않다고 판단했기 때문일 수 있다. 혹은 과학을 뉴스로 다루는 데 상당한 어려움이 있기 때문일 수도 있다. 무엇보다도 시간과 공간의 제약을 기본조건으로 하는 뉴스의 속성상 과학지식을 다루기는 쉽지 않다. 또한 일반인들이 관심을 기울이거나 주목하지 않는 분야라는 점도 크게 작용했을 것이다. 그러나 한동안 황우석 연구팀의 계속되는 놀라운 연구 성과는 과학뉴스를 새로운 시각에서 바라보게 만들었다. 과학도 훌륭한 '뉴스'가 될 수 있다는 것을 실제로 보여 준 것이다.

경험도 없고 준비도 되지 않았던 한국 언론은 황우석 보도를 '과학' 뉴스가 아닌 과학 '뉴스'로 다뤘다. 과학 토픽의 특수성이 고려되기 보다는 뉴스로서의 보편성이 우선되었다. 무엇보다도 연구결과를 충분히 이해할만한 과학적 지식이 부족했던 것으로 보인다. 황우석 연구팀의 연구 성과를 보도했던 기자들 스스로 전문지식의 부족이 황우석 취재의 큰 장애였다고 고백하고 있다(박재영 등, 2008). 줄기세포의 존재가 어떻게 확인되는지, 테라토마가 무엇인지, 2004년의 연구 성과와 2005년의 연구 결과가 어떤 차이가 있는 것인지 정확히 알지 못했다.

언론사나 기자의 입장에서 그런 과학적 세부 내용이 중요한 것이 아니었다. '우리나라'의 훌륭한 과학자가 '세계적인' 연구 성과를 냈으며 조만간 '불치병을 고칠' 수도 있다는 기대에 초점이 맞춰졌다. 연구결과를 확인하고 과학적 의미를 살펴보기보다는 전무후무한 과학 취재원으로부터 어떻게든 경쟁사보다 빨리 정보를 입수할 것인가가 유일한 관심사였다.

다른 뉴스들과 다를 것이 없었다. 과학자의 연구결과는 그것 자체로 하나의 '사실'로 여겨졌기 때문이다. 다른 사건기사들처럼 경쟁사와의 속보경쟁과 특종만이 목표였다. 다른 뉴스들과 똑같은 뉴스가치에 의해 판단하고 결정하는 과정을 거칠 뿐이었다. 논문게재나 동료연구자를 통한 확인과 검증은 관심 밖이었다. 이런 상황에서 한 방송국 시사프로그램의 심층취재[2]는 오히려 이례적인 것이었다.

황우석 연구팀의 연구결과에 대한 의혹이 제기되어 '사태'로 확대되는 과정에서도 이러한 취재보도 행태는 지속되었다. 여기에는 취재진의 과학지식의 부족도 중요한 요인으로 작용한다. 기존의 정치 분야나 경제 분야와는 달리 관련 지식이 전무하다시피한 상황에서 언론사나 담당기자가 선택할 수 있는 전략은 대단히 제한적이었다. 심층취재를 위해 취재원을 탐색하고 확보하는 것조차 쉽지 않았다. 오히려 연구결과에 대한 구체적 문제제기는 네티즌들에 의해 이루어졌고 언론들은 이를 받아쓰기에 급급했다.

전문지식의 부족이 불확실성을 증폭시키는 상황에서 그들이 취할 수 있는 전략은 첫째 다른 언론사의 보도를 적절히 따라가는 것이었고, 둘째 이미 익숙한 기존의 보도 틀에 끼워넣는 것이었다(김희원, 2006). 사태의 향방을 예측할 수 없을 뿐 아니라 과학적 사실에 대한 확인도 어려운 상황에서 그들이 선택한 방법은 가능한 '과학적'인 부분은 손대지 않는 것이다. 관행화된 뉴스 처리 방법인 '사건' 뉴스의 취재보도 방법을 그대로 적용하는 것이었다. 결국 황우석 사태는 검찰 출입기자가 다루는 무수한 사건기사 중의 하나로 마무리되었다(이근영, 2006).

그러나 황우석 보도의 경험은 과학뉴스를 살펴볼 좋은 기회를 제공해 주었다. 전대미문의 '사태'로 확대되었기에 가능했는지도 모른다. 과학자를 어떻게 만나고 어떤 과학뉴스를 어떻게 전달해야 하는지에 대해 다

---

2) "황우석 신화와 난자 매매 의혹" 편(2005년 11월 22일)과 "PD수첩은 왜 재검증을 요구했는가" 편(12월 15일)을 보도한 MBC 〈PD수첩〉팀의 취재를 가리킨다.

시 고민하게 해 주었다. 또한 과학뉴스에 대한 새로운 접근이 필요하다는 것을 일깨워 주었다. 과학뉴스가 과학자와 그의 연구실만을 지키고 있어서는 안 된다는 것이다. 이미 과학이 과학자의 연구실에서 벗어나 우리의 일상생활 속에 들어와 있기 때문이다. 이것은 과학뉴스의 미래를 논의하는 중요한 출발점이 될 것이다.

그러나 그간 국내에서는 과학뉴스 전반에 대한 포괄적 논의는 거의 이루어지지 않았다. 과학보도의 경향에 대한 연구(김동규, 1997)와 연구성과 보도의 프레임 연구(김찬석, 2008) 정도가 있을 뿐이다. 그리고 생명과학 같은 개별 분야 또는 토픽에 대한 보도 분석(권상희, 2006; 김수정 · 조은희, 2005 등)이나 황우석 보도에 대한 분석(반현, 2006; 최영재, 2006 등)이 최근에 이루어졌을 뿐이다. 과학뉴스에 대한 이론적, 개념적 논의는 없다시피 하다. 다음 절에서는 과학뉴스의 기본적 개념과 특성에 대해 간략하게나마 다루려고 한다.

4. 첨단 과학뉴스와 교과서 과학뉴스

연구자들은 과학뉴스의 범위와 영역을 매우 다양하게 정의하여 왔다. 이것은 먼저 '과학'을 어떻게 정의하는가와 관련된다. 과학은 여러 학문 영역 가운데 실증적 연구방법을 사용하는 영역을 가리킨다. 학문 영역을 크게 인문학, 사회과학, 자연과학, 공학으로 구분한다고 하면, 인문학을 제외하고 나머지 세 영역을 과학의 범주에 포함시킬 수 있을 것이다. 즉 과학은 탐구 대상이 아니라 탐구 방법의 차이에 따라 구분된다.

사회과학과 자연과학의 구분과, 과학 자체에 대한 관심인지 다른 토픽에 대한 해설의 기능인지에 따라, 과학뉴스는 다음과 같은 네 가지의 유형으로 구분할 수 있다(Ruß-Mohl, 1987).[3)]

첫째, 과학, 의학 및 기술에 관한 내용을 다루는 전통적 관점의 과학뉴

3) 김영욱 · 박성철(2005)의 14-15쪽의 내용을 참조하였다.

스이다. 과학에 관심이 있는 독자 내지 시청자를 대상으로 목표수용자로 하며, 연구결과의 발표와 같은 시의적인 뉴스도 있으며, 최근 과학계 성과를 교양적 차원에서 소개하기도 한다.

둘째, 시의성 있는 사건이나 토픽에 대한 보도에서 이해를 돕기 위해 그와 관련된 과학, 의학 및 기술에 관한 해설이나 설명을 담은 뉴스다. 미국 쇠고기 수입확대와 관련해서 광우병의 발병원인과 전파경로, 증상 등에 관해 설명하는 뉴스가 여기에 해당한다.

셋째, 사회과학 분야의 최근 연구결과나 논쟁을 소재로 하는 뉴스다. 첫째 경우와 마찬가지로 학계의 새로운 연구결과와 같은 뉴스도 해당되며 책 소개나 교양적 성격의 뉴스도 포함된다.

넷째, 시의성 있는 사건이나 토픽에 대한 보도에서 이해를 돕기 위한 뉴스 중 경제학, 사회학, 정치학 등 사회과학적 내용을 포함하는 뉴스다. 예를 들면 금융위기에 대한 설명, 자살증가에 대한 분석 등을 다룬 뉴스가 포함된다.

사회과학을 포함하는 넓은 의미의 과학은 다시 탐구대상과 방법을 보다 구체적으로 가름으로써 세부영역으로 나눌 수 있다. 세분화의 정도에 따라 무수히 많은 분야로 구분할 수 있으며 그 경계 또한 모호하다. 그러나 일반적으로 통용되는 과학의 영역은 자연과학과 공학 분야를 가리킨다. 여기에 인간의 신체와 건강을 다루는 의학을 포함하며, 인간과 사회를 연구대상으로 하는 사회과학은 제외한다.

이때 '과학'은 자연과학과 공학의 구분 대신에 순수과학과 응용과학이라는 다른 이름으로 불리기도 한다. 자연과학이 자연의 법칙을 탐구하는 과정에서 얻어지는 지식이라면, 공학은 자연과학의 성과를 인간의 삶에 응용하기 위한 지식이라고 보기 때문이다. 의학은 별도로 구분하기도 하지만 공학의 범주에 포함시키기도 한다.

때로는 '과학'을 더욱 좁게 정의하여 자연과학의 영역만을 지칭하는 것으로 쓰이기도 한다. 이 경우 과학의 발견과 성과들을 인간의 삶에 이용하기 위한 노력들을 '기술'로 구분한다. 그러나 '과학'은 자연과학과 기술, 공학을 모두 포괄하는 의미로 더 많이 사용된다. 따라서 일단 '과학뉴스'를 과학과 공학, 기술과 관련된 내용을 다룬 뉴스로 느슨하게 정의할 수 있다.

이렇게 정의한 과학뉴스는 내용에 따라 크게 네 가지 영역으로 구분할 수 있다. 첫째, 최근의 연구 성과(frontier science)에 관한 뉴스다. 최신의 과학 연구 활동에 주목한다는 점에서 과학뉴스의 핵심적 영역이라 할 수 있다. 이 뉴스의 가장 큰 특징은 과학자를 주된 취재원으로 하고 새로운 과학지식을 다룬다는 점이다. 일반적으로 좁은 의미의 과학뉴스는 바로 이 영역의 뉴스를 가리키는 것이다.

이러한 첨단과학 뉴스는 취재원의 범위가 대단히 제한적이다. 직접적 취재원은 해당 연구에 참여한 과학자로 한정되며 이에 대해 의견을 줄 수 있는 추가적 취재원 역시 대단히 제한적이다. 따라서 이러한 취재원을 찾아내고 접근하는 것 자체가 상당한 노하우와 경험을 필요로 한다. 그리고 새로운 연구결과는 논쟁의 대상일 수 있으며 이후의 검증과정에서 다른 평가를 받기도 있다.

둘째, 교과서 과학(text-book science)을 다룬 뉴스다. 여기에 포함된 과학지식은 오랜 기간 반복적 검증과정을 견뎌내고 과학자들 사이의 컨센서스를 획득한 것들이다. 이러한 뉴스는 새로운 정보라기보다는 기존 과학지식의 전달을 통해 과학에 대한 이해(understanding)와 식자율(scientific literacy)을 증진시키는 효과를 기대할 수 있다. 시사적 사건이나 자연현상에 대한 이해를 돕기 위한 해설뉴스가 여기에 포함된다.

첨단 과학뉴스가 새로운 사건으로서의 '시의성(timeliness)'에서 뉴스가치를 찾는다면, 교과서 과학뉴스는 적절한 시점으로서의 '시기성(timing)'에 초점을 맞춘다. 예컨대 늦여름에는 태풍의 발생과정에 대한 기사가, 가을에는 단풍의 메커니즘에 대한 기사가, 겨울에는 동물들의 겨울잠에 대한 기사가 교과서 과학뉴스로 종종 등장한다.

셋째, 과학정책과 과학교육에 관한 뉴스다. 즉 연구 활동과 성과를 제외한 과학계의 소식을 다룬 뉴스들이 여기에 해당한다. 과학 연구개발 분야의 투자예산에 대한 뉴스, 국책연구소의 조직개편이나 지원에 대한 뉴스, 연구비의 분배에 대한 뉴스, 초 · 중 · 고 과학교육에 대한 뉴스 등을 사례로 들 수 있다. 이 뉴스들은 앞의 두 영역의 뉴스들과는 구분된다. 즉 과학을 소재로 할 뿐, 정치 · 경제 · 사회 분야의 뉴스와 유사한 특성을 나타낸다.

넷째, 과학자(scientist)에 관한 뉴스이다. 물론 여기에는 공학자(engineer)나 기술인(technician)도 포함된다. 과학자 개인의 삶과 생활에 초점을 맞춘 뉴스이다. 일반 독자는 복잡하고 이해하기 어려운 연구 결과보다는 그들의 도전과 성취를 더 흥미롭게 여긴다. 예를 들어《네이처》에 실린 논문의 내용보다 대학원생이 한 해에 두 번이나 저명저널에 논문을 게재했다는 점에 주목한다. 그렇기 때문에 과학자를 다루는 뉴스는 언론의 입장에서도 상당한 뉴스가치를 갖는다.

이상으로 내용에 따라 네 개의 영역으로 과학뉴스를 구분하였다. 물론 이것은 대략적이고 편의적인 구분이지만, 대부분의 과학뉴스를 포괄할 수 있다. 특히 주목해야 할 것은 첫 번째와 두 번째 영역에 속하는 과학뉴스들이다. 이 뉴스들은 기존의 혹은 새로운 '과학지식'을 포함한다는 점 때문에 뉴스의 수집과 취재, 보도과정에서 다른 분야의 뉴스들과는 현격한 차이를 나타낸다. 이에 비해 세 번째와 네 번째에 속하는 뉴스의 경우, 소재만 달라졌을 뿐 다른 영역의 취재보도 과정과 큰 차이가 없다. 다음 항목에서 다루려는 과학뉴스의 특징은 바로 이 첫 번째와 두 번째 영역에 해당하는 뉴스들에 초점을 맞춘 것이다.

5. 과학적 뉴스가치를 외면하는 과학뉴스

기존의 과학보도와 관련한 논의에서 가장 비중 있게 다루어지는 것은 앞의 뉴스구분에서 첫 번째 영역에 해당하는, 첨단과학의 연구 성과에 대한 뉴스이다(Burkett, 1986: Friedman, Dunwoody & Rogers, 1999 등). 이 영역 뉴스의 가장 큰 특징은 뉴스가치(news value)의 판단이 지극히 어렵다는 것이다. 정치 · 경제 · 사회 등 다른 분야의 경우, 사건의 발생과 동시에 직관적인 뉴스가치의 판단이 가능하다. 예컨대 교통사고의 발생은 피해정도와 사상자의 수, 사상자가 누구인가 등에 따라 즉각적으로 뉴스가치가 결정될 수 있다. 사회, 정치, 경제 분야의 뉴스의 경우, 언론인들은 자신의 경험적 감각에 의존해 직관적으로 뉴스가치를 판단한다.

언론사의 뉴스가치 결정은 매우 체계적으로 이루어진다. 담당기자, 데스크, 편집국장으로 이어지는 위계적 질서 속에서 정교한 뉴스가치의 판단이 이루어지는 것이다. 담당기자의 보고와 데스크의 취재지시, 편집회의와 내부논의 과정을 거치면서 하나의 사건이 갖는 뉴스가치가 결정된다. 뉴스가치는 신문 지면의 경우 내에서 기사의 위치와 크기, 방송뉴스의 경우 꼭지의 수와 순서에 그대로 반영된다. 이것이 곧 언론사의 게이트키핑(gate-keeping) 시스템인 것이다.

그러나 새로운 과학적 연구 성과는 직접적 내지 즉각적으로 뉴스가치를 판단하기 어렵다. 연구결과의 의미와 가치는 전적으로 해당 세부 분야의 동료 전문가들만이 파악할 수 있다. 언론사의 입장에서는 뉴스가치의 판단을 이들에게 의존할 수밖에 없다. 그러나 이들조차 연구결과의 신뢰도를 검증하고 이론적 타당도와 현실적 유용성을 확인하는 데 상당한 시간과 노력이 필요하다.

즉, 과학자들에게 개별적으로 새로운 연구결과의 뉴스가치에 대한 평가를 기대하기는 거의 불가능하다. 자신의 연구에 바쁜 과학자들이 그런 개별적 평가에 응해줄리 만무하다. 과학이 점차 세분화되고 있는 상황에서 연구결과를 평가해 줄 해당 분야의 연구자를 찾는다는 것 자체가 쉽지 않은 일이다.

결국 뉴스가치를 스스로 판단하기 어렵고 과학자들에게 직접 요청하기도 여려운게 현실이다. 때문에 대안이 필요한데, 그 대안의 하나가 바로 '학술저널(academic journal)'이다. 과학자들이 자신들의 연구 성과를 공유하고 평가하기 위해 만든 것이 학술저널이다. 학술저널의 논문심사과정은 곧 동료평가(peer review) 과정을 체계화한 것이라 할 수 있다. 물론 이 과정은 과학적 타당도와 신뢰도를 확인하고 평가하는 것으로 언론사의 뉴스가치 판단과는 차이가 있다. 심사과정에서 학술적으로 대단히 높은 평가를 받은 연구결과도 뉴스가치는 낮을 수 있으며, 학술적 가치는 높지 않은 연구결과 중에도 뉴스가치가 높은 경우가 있을 수 있다.

또한 황우석 사태에서 보는 것처럼 학술저널의 심사가 완벽한 것도 아니다. 저널에 게재된 논문이 이후에 조작되었거나 잘못 평가된 것으로 드러나 취소된 경우도 적지 않다(Judson, 2004). 하지만 저널의 동료심사과정은 하나의 연구결과가 의미 있는 지식으로 인정받기 위한 최소한의 확인이며 검증과정이다. 따라서 과학적 연구결과에 대한 뉴스가치의 판단은 최소한 이 과정을 거친 연구결과로 한정할 필요가 있다.

그런 점에서 황우석 박사 연구팀의 복제소 영롱이 보도나 광우병 내성소 보도는 대단히 희화적인 사건이다. 연구 당사자의 발표와 주장만을 근거로 하였을 뿐, 이전이나 이후 단 한 건의 논문으로도 발표되지 않았다(강양구 · 김병수 · 한재각, 2006). 가장 기본적인 검증 절차를 거치지 않은 연구결과를 언론이 과감하게 기사화한 것이다.

과학적 내지 학술적 가치조차도 논문을 통해 면밀한 심사과정을 거친 후에야 '부분적이고 제한적인' 판단을 할 수 있을 뿐이다. 학술지의 심사를 거쳐 논문이 게재된 이후에도 장기간에 걸친 반복적 검증과정을 견뎌냈을 때 비로소 의미 있는 과학지식으로 인정받게 된다. 앞서 말한 것처럼 학술저널의 게재 자체가 연구결과의 타당성이나 신뢰성을 보장해 주는 것은 아니다. 그러나 이 과정을 통해 의미 있는 연구결과로서 검증의 대상이 되는 것이다.

이처럼 첨단 과학뉴스는 뉴스가치의 판단이 언론사 내부의 게이트키핑 시스템이 아닌 외부에 의존하게 된다. 특히 연구 결과의 평가과정을 체계화한 학술저널에 크게 의존하게 되면서 《사이언스》, 《네이처》, 《셀》 등의 저명 과학저널들은 과학뉴스의 주요 취재원으로 등장하게 되었다. 이러한 외부의존성은 공급자 중심의 뉴스생산 시스템을 고착화시켰다. 저널들은 권위를 부여받게 되었고 이를 바탕으로 언론들을 통제하기 시작했다. 과학 연구 성과 뉴스에 대한 저널의 엠바고 시스템은 단적인 사례가 될 것이다(Kiernan, 2006).

첨단 연구 성과 뉴스가 다른 토픽과 구분되는 또 하나의 특징은 뉴스로 다루기 어렵다는 점이다. 복잡하고 어려운 과학지식을 포함하고 있기 때문이다. 형식적인 면에서도 그렇고 내용적인 면에서도 그렇다. 우선, 형식적인 면에서 뉴스로 가공하기 어렵다. 신문 지면의 공간적 제약과 방송뉴스의 시간적 한계 때문이다. 긴 시간 동안 풀어서 설명해도 이해하기 쉽지 않은 내용을 몇 마디로, 그것도 알기 쉽고 재미있게 요약하는 것은 거의 불가능에 가깝다.

연구의 배경과 과정을 상세하게 설명하려다 보면 어려운 개념과 용어를 별도로 설명해야 하고 그러다 보면 기사가 길어지고 제한된 지면을 넘기기 쉽다. 방송뉴스는 더욱 심각하다. 몇 년간 수 십 명의 연구원이 이루어낸 연구 성과라 할지라도 20~30초 내외의 짧은 리포팅으로 압축해야 한다. 결국 내용을 대폭 줄이거나 생략할 수밖에 없는데, 연구의 당사자인 과학자들은 단순한 압축이나 생략이 아니라 부정확하고 왜곡된 보도로 변질된다고 비판한다.

또 사진이나 영상자료의 확보가 어렵다는 것도 기사화를 어렵게 하는 요소다. 특히 방송뉴스의 경우 영상자료의 확보가 필수적이지만, 추상적이고 이론적인 내용의 연구일수록 영상의 구성은 어려워진다. 예컨대, 물리학의 '끈이론(string theory)'에 대한 연구결과를 보도하는 경우를 상상하면 쉽게 이해할 수 있을 것이다. 시청자의 이해를 돕기 위해서는 컴퓨터와 각종 장비를 이용하여 모의실험을 하고 그래픽 화면을 이용해야 한다. 그러나 비용과 기술이 필요할 뿐만 아니라 뉴스의 속성상 시간적 제한도 크다. 연구 성과 보도에 자주 접하는 연구원의 실험 장면이나 인터뷰 장면은 이러한 어려움을 반영하는 것이다.

또한 내용적인 측면에서 볼 때 연구 성과 뉴스는 수용자의 관심을 끌기 어렵다. 수용자는 해당 뉴스가 자신과 어떻게 연관되는지를 파악하기가 쉽지 않기 때문이다. 경제 뉴스는 자신의 살림살이나 벌이와, 사회 뉴스는 사회적 위험을 통해 쉽게 연관 짓는 데 비해, 과학뉴스는 수용자들이 자신과 어떤 관계가 있는지 알아채기 어렵다. 수용자의 일상생활과 직접적 관련성이 낮기 때문에 자신과는 관계없는 것으로 생각하기 쉽다. 즉, 수용자의 관여(engagement)가 발생하기 어려운 뉴스인 것이다.

이처럼 과학뉴스는 독자의 주목을 유인하는 데 여러 가지 어려움에 직면하게 된다. 과학뉴스의 담당자들은 보다 쉽게 독자를 유인할 방법을 찾게 된다. 그중 하나가 과학 이외의 요소에서 뉴스가치를 부각시키는 전략이다. 첫 번째가 '최초'의 연구결과임을 강조하는 것이다. 표제에서부터 세계 최초 혹은 국내 최초의 성과임을 내세우지만, 그것은 특정한 조건에 한정된 것이어서 결과적으로 연구결과를 과장하거나 왜곡하게 된다.

두 번째는 연구결과의 경제적 파급효과를 제시하는 것이다. 미래의 시장규모, 생산유발효과, 수입대체효과 등을 수치로 제시함으로써 현실적으로 유용한 연구결과임을 강조한다. 이것은 지나치게 과학을 경제의 도구로 보는 오류를 범하게 된다. 그리고 이러한 추정치들은 수많은 전제조건들의 변화에 따라 실제와 큰 차이를 가져오기 때문에 무리한 확대해석일 가능성이 높다.

세 번째는 '한국인'의 성과임을 강조하고 애국주의에 호소하는 것이다. 실제로 분석 결과 연구자의 국적에 따라 연구성과를 다르게 평가하는 것으로 나타났다(김영욱 · 박성철, 2005, 87−90). 특히 황우석 보도에서도 애국적 열망에 호소하는 보도행태가 두드러졌던 것으로 분석되었다(강명구 등, 2007).

네 번째는 과학을 재미있는 읽을거리로 다루는 것이다. 이 경우 구체적 과학지식이나 사회적 논란 가능성 등은 소홀히 다루어지기 쉽다. 재미에 초점을 맞춰 독자를 유인하는 이런 기사는 과학지식을 전달하기보다는 과학 자체에 대한 잘못된 인식을 심어줄 가능성이 높다.

이처럼 과학뉴스의 과학적 뉴스가치는 외면되고 주변적 단서에 의한 뉴스가치가 부각될 경우 일시적 주목은 받을 수 있을 것이다. 그러나 이러한 뉴스는 과학에 대한 이해증진에도 기여할 수 없을 뿐만 아니라 부정확한 보도, 과장된 보도로 이어질 가능성도 크다. 더 심각한 것은 이러한 뉴스가공 전략이 언론사 내부에서 조장되기도 한다는 것이다. 언론사 내부의 게이트키핑을 돌파하는데 이러한 주변적 단서가 훨씬 유용하기 때문이다. 예컨대 사회부 소속의 과학담당기자가 데스크에게 이번 연구결과의 과학적 의미를 설명하기보다 '최초' 임을 강조하는 것이 훨씬 쉽고 잘 먹힌다는 것이다(과학기술부, 2005).

다른 분야와 달리 과학뉴스의 게이트키핑 시스템은 제대로 작동하지 못하고 있다. 한국 언론은 게이트키핑의 능력도 갖추지 못했고 필요성도 절감하지 못하고 있다. 황우석 사태는 이를 보여 주는 적나라한 증거가 되었다. 학술저널과 제한된 소수의 과학자들로부터 제공되는 뉴스를 단순 전달하는 데 급급했다. 이것은 언론으로서의 중요한 기능 가운데 하나인 비판과 감시 기능을 과학뉴스에서는 찾아보기 어렵게 만들었다.

6. 과학기자의 딜레마

과학뉴스는 '과학지식' 을 포함하는 '뉴스상품' 이다. 과학지식으로서 갖추어야 할 조건이 있으며 이것과는 별개로 뉴스상품으로서 요구되는 조건들이 있다. 곧 이 두 가지 조건을 두루 잘 갖추었을 때 좋은 '과학뉴스'가 될 수 있다. 그런데 문제는 이 두 가지 조건이 서로 맞부딪칠 가능성이 크다는 것이다. 우선 과학지식이 갖추어야 할 가장 중요한 조건은 '정확성'이다. 연구결과가 어떤 조건에서 얻어진 것인지 빠짐없이 정확하게 제시해 주어야 한다. 왜냐하면 제시된 방법을 따르면 어떤 연구자나 동일한 결과를 얻을 수 있어야 하는데, 초기조건이나 변수의 작은 차이에 의해서도 전혀 다른 결과에 이를 수 있기 때문이다.

반면에 뉴스상품은 정확성보다 '신속성'에 더 강조점을 둔다. 드러난 결과나 현상을 '먼저' 보도한 뒤, 상황을 파악하고 구체적인 배경이나 과정을 언급해야 한다. 사고가 발생하면 '사고의 발생' 자체만이라도 먼저 1보로 전해야 한다. 사고의 규모나 원인 등은 추후 확인한 후 차례로 전하면 된다. 이를 파악하느라 1보의 전달을 늦추어서는 안 된다. 신속한 보도는 경쟁사와의 차별성을 드러낼 수 있는 좋은 기회이기도 하다. 또한 '뉴스는 가장 빨리 상하는 상품'이라는 말처럼 아무리 중요한 뉴스도 시기를 놓치면 뉴스가치가 급격히 떨어지기 때문이다. 신속한 뉴스의 전달을 위해 최적화된 것이 언론사의 취재 · 보도시스템이기도 하다.

과학뉴스의 취재현장에서 과학지식으로서의 '정확성'과 뉴스상품으로서의 '신속성'을 조화시키기는 쉽지 않다. 무엇보다 새로운 연구 성과의 정확성을 짧은 시간 내에 확인하고 검증하는 것은 불가능하다. 과학적 연구결과에 대한 평가와 검증은 장기간에 걸쳐 반복적이고 누적적으로 이루어지기 때문이다. 동료 연구자의 심사과정을 거친 논문게재는 최소한의 검증절차인 셈이다. 따라서 논문게재 이전의 연구결과를 보도하는 것은 대단히 위험하고 무책임한 행동이다.

학술저널에 게재된 연구결과를 보도하는 경우에도 신속성과 정확성의 가치는 여전히 충돌한다. 신속성의 측면에서 학술저널의 발표시점에서 멀어질수록 뉴스가치는 급격히 떨어진다. 되도록 저널의 출간은 발행사의 엠바고 해제와 동시에 보도해야 한다. 그러나 언론사마다 한두 명에 불과한 과학기자가 전문화되고 세분화된 다양한 과학 분야의 연구

성과들을 하루 이틀 사이에 이해하고 기사화하기는 쉽지 않다.[4] 자문을 위해 각 해당 분야의 연구자들을 찾아내는 것부터 만만치 않은 과제다. 시간에 쫓기는 기자는 결국 연구자의 보도자료에 거의 대부분을 의존하게 된다.

이러한 과학뉴스의 속성은 과학기자가 현실적으로 딜레마적 상황에 놓여 있음을 암시한다. 과학지식으로서의 정확성에 초점을 맞추려고 하면 신속한 보도가 어려워 뉴스로서의 시의성을 놓치게 되고, 뉴스상품으로서의 신속성에 초점을 맞추려고 하면 정확성에 허점이 생기게 된다. 상충하는 두 가지 조건을 충족시켜야 하는 딜레마적 상황인 것이다. 이 난감한 상황을 빠져나가는 방법은 무엇일까?

가장 손쉽게 택할 수 있는 현실적 전략은 정확성과 신속성의 두 가지 조건 가운데 하나를 포기하는 것이다. 즉 첫 번째 전략은 뉴스로서의 신속성을 포기하고 정확한 과학지식에 초점을 맞추는 것이다. 충분한 시간을 확보하여 여러 과학자들에게 자문도 구하고 공부도 해서 기사를 쓰는 것이다. 이 경우 최근의 개별적 연구 성과에 주목하여 짧은 시간에 기사화하기는 어렵다. 기존의 누적되고 검증된 연구 성과를 바탕으로 자연·사회현상이나 사건을 해석하고 설명하는 쪽으로 흐르게 된다. 풍력에너지의 활용을 소개한 기사, 단풍의 원리를 설명한 기사, 질병·버릇의 유전적 요소를 설명한 기사 등[5]이 여기에 해당한다. 이런 기사들은 일주일에 한 번 고정 배치되는 신문의 과학면에서 쉽게 찾아볼 수 있다.

또 하나의 전략은 과학지식으로서의 정확성을 양보하는 대신 뉴스상

---

4) 일반적으로 《Science》와 같은 대형 저널들은 '언론인 회원'을 별도로 두어 게재될 논문에 대한 보도자료를 배포한다. 기자들은 사전에 배포된 보도자료를 바탕으로 저널 발행일까지의 취재시간을 확보할 수 있다. 그러나 이 경우도 충분한 취재시간을 확보할 수 있는 것은 아니다. 과학이 세분화되면서 해당 연구의 전문가를 찾는 것조차 쉽지 않은 일이기 때문이다.

5) 순서대로 《조선일보》 2007년 11월 1일자, '꺼내 쓰세요, 바람의 힘', 11월 6일자, '시련 받는 단풍이 더 아름답다', 《중앙일보》 2007년 11월 9일자, '질병·버릇도 유전 'DNA의 힘' 쌍둥이 연구로 밝혀'를 사례로 든 것이다.

품으로서의 신속성을 살리는 것이다. 다른 뉴스들처럼 일반적 사실의 전달에 초점을 맞추는 것이다. 연구 과정이나 배경을 자세히 설명하고 정확한 과학지식을 전달하기보다 연구결과를 중심으로 압축하여 서술하는 것이다. 이런 기사들은 국제면이나 인물면 때로는 사회면 등에서 쉽게 찾아볼 수 있는 과학기사들로, '어느 과학자가 저명 저널에 논문을 실었다' 는 스트레이트 기사 같은 것이 여기에 해당한다. 주로 국내외 과학자가 성취한 최근의 개별적 연구 성과를 다룬 기사들이다.

이 두 가지 전략은 한쪽의 속성에 집중하는 대신 다른 한쪽을 외면했다는 점에서 원천적인 위험을 내포한다. 채택한 속성이 뉴스가치를 상승시키기보다 외면한 속성의 부재가 더 크게 부각될 가능성이 있다. 두 가지 전략은 각기 다른 한계와 문제에 직면하게 되는데, 첫 번째 과학지식에 초점을 맞추는 전략은 독자들의 주목을 유인하는 데 실패하기 쉽다. 사람들이 신문이나 방송뉴스에 기대하는 것은 '뉴스' 이지 '과학지식' 이 아니기 때문이다. 따라서 과학에 특별한 관심을 가지고 있는 사람이 아니라면 눈여겨보지 않을 가능성이 크다. 즉 이런 기사는 기자와 신문사만이 자족하는 읽히지 않는 기사가 되기 쉽다.

두 번째 뉴스상품에 초점을 맞추는 전략은 곧 과학자들이 언론에 대해 부정적 인식을 갖도록 만드는 주된 요인이 된다. 국민들의 과학에 대한 이해증진을 기대하기도 어렵고, 오히려 잘못된 인식이나 오해로 이어질 수도 있다. 대개의 경우 연구의 중간과정이나 배경이 과감히 생략되고 과장된 평가와 해석으로 마무리하기 때문이다. 과학적 측면보다는 '한국 최초' 라든가 '미래 시장가치' 등 다른 요소들에 뉴스가치를 두는 경우가 많다. 과학 연구 성과를 과장하고 왜곡하는 전형적인 과학보도의 문제점이 드러날 가능성이 크다.

한국 언론의 과학보도는 이러한 두 가지 편향으로부터 자유롭지 못하다. 그렇다고 이러한 문제로부터 벗어나기 어려운 특별한 조건에 있다고 보기도 어렵다. 앞의 두 가지 전략 가운데 어느 것을 취할 것인가에 대한 조직적 차원의 고민 자체가 없었던 탓이다. 오직 과학담당기자 개인의 능력과 선택에 맡겨두었을 뿐이다. 과학을 전공했고 과학의 정확성에 관심 있는 기자는 '과학지식'에 초점을 맞췄고, 과학지식보다 저널리스트의 훈련에 더 익숙한 기자는 '뉴스상품'을 쫓았다.

신문사 간부와 경영진의 관심에서 비껴나 있었던 탓에 어떤 기사든 크게 문제되지 않았다. 이제라도 과학뉴스가 어떤 지향을 가질 것인지에 대해 팀 단위, 개별 언론사 단위에서부터 심도 있는 논의가 필요하다. 일상생활에서 과학의 영향력이 커질수록 과학뉴스에 대한 수용자의 기대와 요구는 커질 것이기 때문이다. 흥미로운 것은 언론사가 과학뉴스에 대해 어떤 전략을 취하는가에 따라 요구되는 과학기자의 조건도 달라진다. 어떤 과학뉴스를 지향해야 하는지에 대해 컨센서스를 이루지 못한다면 과학기자의 조건에 대한 사회적 논의는 뜬구름 잡기가 되기 쉽다.

예컨대 '과학지식'에 비중을 둔다면 이공계를 전공하고 과학적 기본지식을 갖춘 자원이 적절할 것이고, '뉴스상품'에 치중한다면 과학지식보다는 저널리즘적 훈련에 더 주안점을 두어야 할 것이다. 과학지식의 전문성과 저널리즘적 전문성에 대한 논쟁 이전에 과학뉴스가 나아갈 방향에 대한 진지한 논의가 필요한 이유다.

7. 새로운 과학뉴스를 찾아서

한국 언론에게 황우석 사태는 과학저널리즘을 새롭게 발견할 계기를 마련해 주었다. 1990년대 후반 언론사의 구조조정 이후 외면되어 왔던 과학이 '뉴스'가 될 수 있음을 확인시켜준 것이다. 그러나 애당초 황우석 뉴스는 과학적 연구결과의 내용보다는 '한국의 세계적 과학자 탄생'에 더 초점이 맞춰져 있었다. 과학은 사라지고 사건만 있었던 것이다. 사태가 확산되면서 사건보도의 프레임은 더욱 지배적인 보도방식으로 자리잡는다(최영재, 2007). 단적으로 서울대의 조사와 검찰의 수사가 진행되면서 취재의 중심축은 과학담당기자가 아니라 서울대 출입기자와 검찰 출입기자를 중심으로 옮겨가게 된다.

이것은 한국 언론의 오랜 보도관행에서 자유롭지 않음을 보여 주는 것이면서 동시에 과학뉴스에 대한 준비와 경험이 없음을 드러내는 것이다. 한국 언론은 황우석 보도뿐 아니라 대부분의 토픽들을 사건뉴스로 처리하는 데 익숙해져 있었다. 과학뉴스에 대한 고민과 경험이 부족한 상태에서 갑작스럽게 부딪히게 된 황우석 사태를 과학뉴스의 특수성보다 사건뉴스의 관행으로 다룬 것은 당연한 결과인지도 모른다.

초기 MBC 〈PD수첩〉의 보도로 연구결과에 대한 의혹이 제기되었을 때, 다른 매체들은 그에 대한 의미 있는 추가 취재나 보도를 실행하지 못했다. 오히려 〈PD수첩〉의 보도에 의혹을 보낼 정도였다. 이에 대해 논평할 새로운 취재원을 확보하지도 못했고 의혹에 대한 추가적 근거들을 제시하지도 못했다. 연구결과의 평가와 검증과정이 어떻게 이루어지는지 설명하지도 못했을 뿐 아니라 외국의 연구윤리 위반사례 하나 적절한 시기에 보여 주지 못했다.

초기에는 황우석 박사와 연구팀의 입만을 바라보다가, 사태가 확산되자 서울대 조사위원회와 검찰의 발표만을 전달할 뿐이었다. 오히려 외국의 사례를 제시하고 의혹에 대한 구체적 증거를 들이댄 쪽은 네티즌들이었다. 황우석 사태는 과학보도의 참여자들에게 많은 교훈을 남겼지만 구체적인 현장의 변화로 이어지지는 않고 있는 것 같다(박재영 외, 2008).

황우석 보도와 광우병 보도를 비교해 보자. 황우석 보도는 과학자의 연구 활동에서 비롯된 과학뉴스의 대표적 유형에 포함된다. 이에 비해, 광우병 논란에 관한 뉴스는 연구 활동과 직접 관련된 것이 아니지만 '과학'을 포함하고 있다. 사람들은 광우병을 이해하기 위해 과학지식이 필요하며 그 위험의 정도를 판단하기 위해 과학자의 견해를 듣고 싶어 한다. 따라서 언론매체들은 광우병에 대한 연구결과와 사례에 대한 과학적 분석, 과학자의 인터뷰를 다루지 않을 수 없다.

일반 국민들은 미국의 쇠고기가 수입될 경우 직접 광우병의 위험에 노출된다고 생각한다. 위험의 정도가 심각하다고 생각할수록 위험을 피하거나 줄이기 위한 정보를 찾을 것이다. 이때 대중매체는 중요한 정보원이 된다. 일반인이 과학지식을 얻는 가장 주된 정보원이기 때문이다(한국과학문화재단, 2006). 따라서 광우병 보도는 연구 성과를 다룬 다른 과학뉴스보다 수용자의 주목 정도와 가능성이 더 높다. 자연히 과학지식의 이해증진에도 더 큰 기여를 했을 가능성이 높다. 위험회피를 위한 정보를 추구하고 탐색하는 동안 정교한 사고(思考)과정을 시도할 것이기 때문이다.

두 사례는 과학저널리즘에 대한 근본적 시각의 변화가 필요함을 암시하고 있다. 기존의 과학저널리즘은 과학자 커뮤니티와 그들의 연구 성과에 대한 뉴스를 전달하는 것에 초점을 맞춰왔다. 연구 성과가 응용되어 일반인의 생활에 직·간접적인 영향을 미치게 되기까지는 여러 단계와 상당한 시간이 필요한 탓에 관여(engagement)를 발생시키기가 쉽지 않았다. 결국 독자들의 주목을 유도하는 데 실패하고 외면을 초래했다. 일반대중을 상대로 하는 매체는 이러한 뉴스가 제대로 자리 잡기 어렵다.

기존의 저널리즘 논의에서 '과학'은 하나의 대상으로 여겨졌다. 이제 개별화된 취재 대상으로서가 아니라 취재의 '접근 방법'으로서 과학을 바라볼 필요가 있다. 이미 과학은 우리의 일상생활에 깊숙이 침투해 있다. 거의 대부분의 사건들에 과학이 연관되어 있을 뿐 아니라 어떤 사건도 과학을 외면하고는 이해하고 분석하기 어렵다. 대개 대형 사건이 터지면, 정치·경제·사회분야의 취재부서들은 각자의 관점에서 사건을 다룬다. 그러나 과학적 측면에서 접근하는 기사는 많지 않다. 사건에 대한 정치적, 경제적, 사회적 분석은 익숙하지만 과학적 접근은 해본 적도 없을 뿐 아니라 어렵다고 여기기 때문이다.

2007년 서해안에서 발생한 '허베이 스피리트호 기름유출 사고'를 예로 들어보자. 지역경제와 피해보상과 같은 경제적 측면, 정부의 대책과 각 정당 및 정치인들의 반응 등 정치적 측면, 지역민의 반응과 봉사활동과 같은 사회적 측면 등 다양한 관점에서 엄청난 양의 기사가 쏟아졌다. 그러나 과학적 측면에서 심층적으로 접근한 기사는 찾아보기 어려웠다. 유출된 기름의 제거방법이나 장기적으로 발생할 것으로 예상되는 피해 등에 대해 전문적 정보원을 바탕으로 치밀하게 접근한 기사는 거의 없었다. 몇몇 환경전문기자들의 기사가 눈에 띄었을 뿐, 대부분 보도자료를 옮긴 수준이었다. 이에 비하면 미국 쇠고기 수입은 광우병 위험이 핵심적 의제로 부각되면서 부분적으로나마 과학적 접근이 이루어진 경우다.

다시 말해 과학자의 개별 연구 성과에만 기댈 것이 아니라 시사적 사건을 과학적 측면에서 접근하는 과학뉴스를 만들자는 것이다. 이렇게 되면 사건의 시의성에 편승함으로써 새로운 뉴스를 찾는 독자의 기대에도 부응하게 되고, 관심이 집중된 토픽과 연결되기 때문에 지식전달의 효율성도 높아질 수 있으며, 문제의 해결방안과 연결되어 과학에 대한 긍정적 생각을 유도할 수도 있다. 과학보도가 가지는 딜레마와 한계를 극복할 수 있는 대안이 될 수 있다.

하지만 이러한 과학뉴스가 만들어지기 위해서는 선행되어야 할 것이 있다. 먼저 기자 스스로 아이템을 발굴하는 '선제적 취재'가 이루어져야 한다는 점이다. 과학자의 입만 바라보거나 연구소의 보도자료만을 기다려서는 안 된다. 최근의 토픽 내지 이슈들과 과학기술을 연결할 수 있는 기사거리들을 끊임없이 탐색하고 그 분야의 핵심 과학자들을 취재원으로 확보해야 한다. 과학자로부터 시작하는 과학기사가 아니라 기자로부터 시작하는 과학기사를 만들자는 것이다.

8. 과학뉴스의 재탄생

앞에서 과학저널리즘을 '대상'의 관점에서가 아니라 '도구'의 관점에서 바라볼 것을 제안하였다. 즉 연구 성과를 비롯한 과학계의 소식을 전하는 과학뉴스에서 벗어나야 한다는 것이다. 세상의 사건, 사고들을 과학적 관점과 방법으로 분석하고 해석하는 저널리즘의 도구로서 접근해야 한다는 것이다. 이러한 변화는 현대사회의 환경변화에 따라 자연스럽게 진전될 것으로 보인다.

첫째, 현대사회에서 일상생활에 대한 과학기술의 영향력이 급격하게 증가하고 있다. 첨단 과학기술에 의지하지 않고는 일상생활을 지속하는 것이 불가능하다. 과학은 제한된 범위의 과학기술인 커뮤니티를 넘어서 대부분의 일반인들도 일상적으로 경험하고 있다. 과학이 일반인들의 일상적 생활전반에 지대한 영향을 미치고 있는 것이다. 이러한 과학기술을 언론매체가 외면할 수 없다.

둘째, 현대사회에서 발생하는 많은 '문제(problem)' 들은 과학기술과 연관되어 있다. 환경오염과 같이 과학기술이 부산물로 파생시킨 문제가 있는가 하면, 원활하게 작동하던 과학기술 도구나 시스템이 중단됨으로써 발생하는 문제가 있다. 이러한 문제의 원인과 배경을 보도하기 위해서는 거기에 연관된 과학기술을 다루지 않을 수 없을 것이다. 그것의 해결방안 또한 과학기술에 의존할 수밖에 없다는 점에서도 그렇다.

셋째, 시민들의 교육수준과 참여의식이 크게 향상되었다는 점이다. 전반적 교육수준의 향상에 따라 과학식자율(scientific literacy)도 상대적으로 높아졌다. 신문의 과학기사나 방송의 과학다큐멘터리는 수용자들로부터 어렵고 재미없다고 외면당하는 장르였다. 그러나 이제 적어도 과학뉴스를 이해할 수 있는 수용자층이 훨씬 두터워졌다. 이들은 민주화과정을 직접 경험하면서 높은 참여의식을 가진 집단이기도 하다.

넷째, 온라인 매체들이 급속히 성장하고 있다는 점이다. 이들은 속보성의 측면에서 기존 매체와 크게 차별화된다. 속보성에 관한 한, 온라인 매체에 비해 신문을 비롯한 전통적 매체들은 경쟁 상대가 되지 못한다. 결국 전통적 매체들은 '심층성' 으로 경쟁력을 갖추는 전략이 필요하다. 이미 주요 신문들은 심층기획기사를 1면의 머리기사로 배치하고 있다. 심층성을 확보하는 데 과학적 분석과 접근은 매우 중요한 수단이다.

과학기술은 일상생활에 깊숙이 침투해 있기 때문에, 수용자들은 그것을 이해할 필요가 있으며 그 능력을 갖추고 있어야 한다. 그뿐만 아니라 기존 매체들이 온라인 매체와 경쟁하기 위해서는 과학을 무기로 심층성을 내세울 수밖에 없다. 이러한 조건은 앞에서 언급한 과학뉴스와 과학저널리즘의 변화가 막연한 것이 아님을 가늠하게 해준다. 물론 이것은 여러 조건들이 얼마나 충족되었는가에 따라 변화의 속도가 달라질 수 있으며 변화의 방향도 차이가 있을 것이다.

무엇보다도 언론사의 적극적 대응이 필요하다. 이는 온라인 매체의 활성화로 인한 매체시장의 급격한 변화에 대한 효율적인 대응방안이 될 수 있다. 그러기 위해서는 지금처럼 산업부나 사회부에 소속된 한두 명의 과학담당기자로는 불가능하다. 정치 · 경제 · 사회 분야의 취재조직에 버금가는 규모의 과학부(팀)가 구성되어야 한다. 일본 《아사히신문》과 《요미우리신문》의 과학담당 취재부서에는 40여 명의 기자가 배치되어 있다. 특히 《아사히신문》의 '과학의료부'는 산하에 기초과학팀, 과학기술행정팀, 의료팀을 포함해서 5개 팀이 편재되어 있다(日本科学技術ジャーナリスト会議, 2004).

둘째, 과학담당 기자의 전문성 향상을 위한 적극적 투자가 뒤따라야 한다. 과학기자의 전문성에 관해서는 과학기술 지식에 대한 전문성과 저널리즘적 전문성 가운데 어떤 것에 초점을 맞출 것인지에 대해 다양한 논의가 있었다(Friedman, Dunwoody & Rogers, 1986). 그러나 문제는 어떤 전문성과 관련해서도 투자나 지원이 이루어지지 않았다는 점이다. 자신이 맡고 있는 담당분야의 최근 흐름에 대한 기초적 이해는 갖춰야 할 것이고 과학 분야의 취재와 기사작성에 대한 노하우도 체계적으로 전수되어야 한다.

셋째, 다양한 취재원의 등장에 대비해야 한다. 과거 과학뉴스는 외국의 학술지들과 몇몇 저명한 과학자들을 중심으로 취재했다. 연구성과와는 관계없이 언론매체에 빈번하게 등장하는 과학자(visible scientist)가 있었고 그들의 권위는 곧 뉴스가치로 연결되었다. 그러나 황우석 사태와 광우병 사태에서 경험했듯이 사이버공간을 주 무대로 하는 새로운 전문가집단이 등장하고 있다. 황우석 연구팀 논문의 결함을 지적한 것은 '브릭(BRIC)'[6]이라는 생명과학 사이트의 젊은 연구자들이었다. 쇠고기 협상과 광우병 대책의 허점을 앞장서 지적한 것은 토론 커뮤니티인 '아고라'[7]의 논객들이었다.

넷째, 과학자와 언론인 사이의 체계적 네트워크 구축이 시급하다. 과학기술이 극도로 세분화, 전문화되어감에 따라 특정 연구 내지 특정 사안에 정통한 연구자를 찾기가 쉽지 않다. 기자 개인의 경험과 노하우만으로는 한계가 있다. 구체적인 세부 분야별로 과학자 개인에 대한 자료를 축적하고 기자의 요구에 따라 이들과 연결시켜 주는 시스템이 필요하다.

이러한 조건들이 얼마나, 어떻게 충족되는지에 따라 과학뉴스의 양태는 다소 달라질 것이다. 그러나 과학뉴스가 지금보다 훨씬 더 큰 비중을 차지하게 될 것임은 틀림없다. 과학에 대한 의존 없이 인간의 삶이 유지되기 어려울 뿐 아니라 많은 문제들을 발생시키는 배후와 그것의 해결 가능성까지 과학에 있기 때문이다.

---

6) Biological Research Information Center의 약자로 포항공대 생물학전문연구정보센터이다(http://bric.postech.ac.kr). 황우석 사태 당시 이 사이트의 게시판에 사이언스 게재 논문의 구체적 문제점을 지적하는 글들이 올라와 사태의 전개에 큰 영향을 미쳤다.

7) 주요 포털 가운데 하나인 '다음(daum)'의 토론 사이트이다. (http://agora.media.daum.net/)

참고문헌

강명구 · 김낙호 · 김학재 · 이성민(2007), 「애국적 열망과 숭고한 과학: 진실추구를 억압한 저널리즘」, 『한국언론학보』 51권 1호, 59－90.

강양구 · 김병수 · 한재각(2006), 『침묵과 열광: 황우석 사태 7년의 기록』, 서울: 후마니타스.

과학기술부(2005), 『과학기술정책과 이미지 홍보를 연계하는 기획 홍보 방안 연구』.

권상희(2006), 「과학뉴스 연구: 생명공학 뉴스의 장기적인 보도경향 연구」, 『한국언론정보학보』 32호, 7－48.

김동규(1997), 「한국 신문의 과학기술 보도 분석」, 『한국언론학보』 42권 2호, 5－43.

김수정 · 조은희(2005), 「생명과학에 대한 한국과 미국의 뉴스프레임 비교 연구」, 『한국언론학보』 47권 2호, 109－139.

김영욱 · 박성철(2005), 『과하 보도와 과학 저널리즘』, 서울: 한국언론재단.

김찬석(2008), 「과학기술 연구 성과의 뉴스 프레임 연구」, 『한국광고홍보학보』 10권 2호, 98－123.

김학수(2007), 「공동체 문제 가깝게 하기를 통한 과학커뮤니케이션 가능성 연구」, 『한국언론학보』 51권 4호, 181－198.

김희원(2006), 「불확실성 사건에 대한 언론사의 보도전략」, 서강대학교 석사학위논문.

박재영 · 전형준 · 이규연 · 이진영(2008), 「황우석 사건의 교훈: 기자들은 무엇을 배웠으며 과학보도는 어떻게 변했다고 인식하는가」, 『한국언론학보』 52권 2호, 226－253.

반 현(2006), 「황우석 사건과 텔레비전 뉴스」, 원용진 · 전규찬 편, 『신화의 추락, 국익의 유령』, 서울: 한나래, 151－210.

이근영(2006), 「과학보도의 사건기사화」, 『관훈저널』 봄호, 33－28.

이덕환(2006), 「과학저널리즘의 한계와 원칙」, 『관훈저널』 봄호, 11－18.

최영재(2006), 「사건 뉴스 프레임의 덫에 걸린 황우석 보도」, 원용진 · 전규찬 편, 『신화의 추락, 국익의 유령』, 서울: 한나래, 21－146.

한국과학문화재단(2006), 『과학기술 국민이해도 조사』.

日本科学技術ジャーナリスト会議 編(2004), 『科学ジャーナリズムの世界』, 京都: 化学同人.

Burkett, Warren (1986). News Reporting: Science, Medicine, and High Technology. The Iowa State Univ. Press.

Friedman, Sharon M., Dunwoody, Sharon, & Rogers, Carol L. (eds.) (1986). Scientists and Journalists: Reporting Science as News. New York: Free Press.

Friedman, Sharon M., Dunwoody, Sharon, & Rogers, Carol L. (eds.) (1999). Communicating Uncertainty: Media Coverage of New and Controversial Science. Mahwah, NJ: Lawrence Erlbaum Associates.

Judson, Horace Freeland (2004). The Great Betrayal: Fraud in Science. Harcourt.

Kiernan, Vincent (2006). Embargoed Science. University of Illinois Press.

Kim, Hak－Soo (2007). PEP/IS: a new model for communicative effectiveness of science. Science Communication, 28(3). 287－313.

Ruß－Mohl, Stephan (ed.) (1987). Wissenschaftsjournalismus. Ein Handbuch f?r Ausbildung und Praxis. List.

4장

과학, 과학기사, 과학기자

이 근 영
한겨레신문사 사회부문(과학담당) 선임기자

1. 과학과 과학기사

1) 과학저널리즘

과학기사가 무엇인지 일반인에게 물으면 많은 사람들이 '한국 최초 우주인 탄생', '사과 게놈 해독 완성', '혈관 치료로봇 세계 첫 생체실험 성공' 처럼 과학기술 성과에 대해 보도한 기사들을 꼽는다. 아이패드나 전자책 등 정보통신(IT) 관련 기사도 상당 정도 과학기사로 인식하지만, 환경이나 의료 · 건강에 관한 기사를 과학기사로 보지 않는 사람들도 적지 않다. 이는 정부 부처별로 별도의 출입 기자를 배치해 정보를 생산하는 한국 언론사의 취재운영 방식과 과학, 정보통신, 환경, 의료 · 건강 정보를 별도 지면이나 프로그램을 통해 제공하는 편집 · 편성 방침이 독자 · 시청자에게 각인됐기 때문일 가능성이 크다. 또 언론사들은 많은 경우 이런 관행에 따라 과학담당 기자와 정보통신, 환경, 의료 · 건강을 담당하는 기자를 사회부, 경제부, 문화부 등 각각 다른 부서에 배치하고 있다.

반면 독일의 〈디벨트〉(〈Die Welt〉) 등 주요 신문들은 과학면을 매일 1개면씩 배정하고 있는데, 이 지면에는 과학기술뿐만 아니라 환경, 정보통신, 의학 정보가 모두 실린다. 또한 독립된 과학부에 이들 정보를 다루는 담당기자들이 모두 소속돼 있다.

과학은 '자연과 현상에 대한 체계적인 지식'[1]으로 정의되고, 기사(news)는 '최신 사건에 대한 보고'[2]를 뜻하기 때문에, 과학기사는 '자연과 현상에 대한 새로운 체계적인 지식에 대한 보고'라고 풀이할 수 있다. 이런 의미에서 과학기사라 함은 과학기술뿐만 아니라 정보통신, 의학, 환경, 기상 등 물질 세계와 자연현상을 다루는 모든 영역을 포함하는 것이 옳다고 본다. 과학기사를 과학자와 기자, 그리고 독자의 상호작용의 측면에서 보면 '기자가 과학자를 주된 취재원으로 해서 일반적인 독자들을 대상으로 작성한 기사를 매스미디어를 통해 전달하는 것'이라고 정의할 수도 있다.(국가과학기술자문회의, 2006, 6쪽)

과학기사도 언론이 추구하는 저널리즘의 한 구성 요소이기 때문에 이의 지배를 받는다. 저널리즘은 "이 세상을 체계적이고 지속적으로 관찰해서 독자가 삶의 문제를 해결하고 이 세상을 이해하는 데 필요한 (모든) 시의적인 정보를 선택해서 (최대한) 진실하며 진지한 방식으로 정기적으로 제공하는 활동"(김영욱 · 박성철, 2005, 22쪽)이라고 정의되기도 한다. 달리 표현하면 '(정확한) 정보의 (신속한) 전달'을 통해 어젠다를 형성함으로써 수용자(독자 · 시청자)들의 공동체에 대한 관심과 이해를 증진시키고, 이런 과정을 거쳐 여론이 형성되고 궁극적으로 공동체가 문제해결을 위한 행동에 나서도록 하는 행위라고 정리할 수 있다. 단순한 정보의 전달과 저널리즘이 다른 것은 저널리즘에는 비평과 비판이 스미어 있다는 점이다. 과학저널리즘은 자연과학, 의학 및 (첨단) 기술의 문제를 다루는 저널리즘의 한 영역이기에 예외일 수 없다.

독일에서 만난 한 언론인도 비슷한 생각을 토로했다. 그는 과학저널리스트가 지녀야 할 첫 번째 덕목으로 '회의주의'(Be a skeptic)를 꼽았다.

---

1) 온라인 브리태니커 백과사전(Encyclopedia Britannica) "any system of knowledge that is concerned with the physical world and its phenomena"

2) 온라인 미리엄웹스터 사전(Merriam-Webster Dictionary) "a report of recent events"

일본 〈마이니치신문〉 과학기자 출신으로 도쿄대 교수를 지낸 마키노 겐지도 과학저널리즘의 조건에서 '감시견(watch dog) 기능'을 특히 강조했다.(일본과학기술저널리스트회의, 2004/2010, 25쪽)

한국에서 과학저널리즘은 2004년 황우석 사건 이전과 이후로 갈린다 해도 과언이 아니다. 4년 전 '구석기 유물 날조 사건'[3]이 일본 과학저널리즘에 큰 충격을 주었던 것과 유사하다. 황 사건 이전의 과학저널리즘은 국민들에게 좀 더 많은 과학 정보를 제공해 과학기술에 대한 국민의 관심과 과학적 소양(scientific literacy)을 높여 사회의 진보적 향상에 기여하는 것을 추구했다. 과학자 또는 과학자 사회에 대한 신뢰가 높았으며, 과학적 성과는 언론의 중요한 속성인 감시와 검증에서 비켜나 있었다. 유전자조작생물체(GMO)나 방사성폐기물 처분 등 사회적 논쟁을 일으킨 과학적 이슈도 없지 않았지만, 과학기사는 과학자 또는 과학자 사회의 업적을 소개하는 내용이 대부분이었다.

그러나 황 사건은 과학자 사회가 더 이상 성역이 아닐 수 있다는 사실을 드러냈고 저널리즘이 과학자 사회가 내놓는 성과에 대해 엄격한 비평과 검증의 잣대를 들이대는 계기가 됐다. 과학저널리즘 스스로도 자기검열의 강도를 높여 한국과학기자협회[4]는 '과학보도 윤리선언'을 발표하기도 했다.[5]

---

3) 2000년 11월 5일 일본 〈마이니치〉신문에 의해 폭로된 아마추어 고고학 연구자 후지무라 신이치의 과학적 사기 사건. 후지무라는 몇십년 동안 구석기 유물들을 잇따라 발견했다고 발표해왔으나, 〈마이니치〉의 특종보도를 계기로 일본고고학협회가 특별조사를 벌인 결과 모두 날조된 것으로 밝혀졌다.

4) 1984년에 설립한 과학담당기자들의 단체로 현직 과학·의학담당기자 130명을 포함해 전현직 과학 언론인으로 구성돼 있다. 정보통신과 환경을 담당하는 기자들은 제외돼 있다.

5) '과학보도 윤리선언'에는 과학기술연구의 성과물은 최대한 신중하게 보도하되, 이해관계가 없는 국내·외의 관련 전문가의 견해를 반드시 확인할 것, 국제 과학저널의 엠바고는 존중하고, '세계 최초', '국내 최초' 등의 표현을 삼갈 것 등의 내용이 들어 있다.

2) 과학기자≒과학커뮤니케이터

'(정확한) 정보의 (신속한) 전달' 이 언론의 구실이지만, 과학기자가 정확한 정보를 얻고 신속하게 전달하기에는 제약이 있다. 먼저 정확한 정보를 얻기에 과학이라는 주제는 전문적이고, 복잡다기하며, 구체적이지 않아서[6] 과학기자가 모든 영역의 정보를 이해하기에 한계가 있다.

특히 한국 언론사들은 기자들을 주로 한 차례의 시험을 통해 직접 채용하고, 부서나 담당 영역도 자주 순환시키기 때문에 한 영역에서 전문지식을 쌓기가 어렵다. 과학담당 기자도 예외가 아니어서 문과 출신 기자들이 담당하는 경우도 적지 않다. 과학담당 기자 수도 언론사별로 수

---

6) 과학은 추상성, 전문성, 복잡성이라는 성격을 지니고 있어 과학기자들이 공중(public)에게 직접 전달하기가 어렵기 때문에 이들에게 좀더 쉽게 설명해줄 매개자 곧 과학커뮤니케이터가 필요하다.(김학수, 1999)

추상성(abstractness) : 과학의 추상성은 과학적 지식이 현상을 가장 간략하게 기술 또는 설명하려고 노력하기 때문에 생긴다. 과학은 현상을 개념화하고, 그 개념들을 집합해 이론을 세우는 작업이다. 이런 과학의 추상적 특징이 과학보도에도 그대로 이어질 수밖에 없음이 과학보도가 갖고 있는 특징이면서 어려움이기도 하다. 이런 추상성이 과학보도 담당자에게 전달될 수 있어야 함은 물론이지만, 무엇보다 난관은 그것이 또한 일반대중에게도 전달될 수 있어야 한다는 점이다. 이 다리 놓음을 좀더 원활하게 하기 위해 과학보도 담당자에게 좀더 전문적으로 정제된 과학정보를 만들어주는 사람들이나 기관이 필요할 수도 있다. 특히 오늘날처럼 과학보도 담당자가 모든 분야에서 넓은 소양을 가질 수 없는 상태에서 그런 다리들의 연결은 더욱 절실한 편이다.

전문성(specialty) : 과학의 지식추구 과정은 탐구 대상의 분기화로 말미암아 매우 전문적이게 됐다. 분화의 산물이 전문용어(jargon)이다. 이런 축적된 지식은 정보에 접근하는 방식을 교육하는데 상당한 기간이 필요할 정도가 됐다. 과학보도 담당자들도 이런 이중적 전문성에 숙달되지 않으면 과학보도가 전문성을 띠지 않을 수 없다. 여기서도 보도대상이 지나치게 전문적 지식으로 이뤄져 있다면, 과학보도 담당자는 그것을 해석해줄 중개인을 필요로 할 수 있다. 그럴 경우에 그 중개인은 어떤 특정 분야의 전문성에 익숙해야 할 것이며, 아울러 일반대중과 연결시키는 과학보도의 특성도 감안할 줄 알아야 할 것이다.

복잡성(complexity) : 과학적 지식의 대부분은 단순한 구조로 이뤄져 있는 것이 아니라 복잡한 구조로 형성돼 있다. 과학보도 또한 복잡성을 피할 길이 없다. 과학보도 담당자가 복잡성의 구조를 파악하는 데 도와주는 중개인이 필요할 수 있다. 그 중개인은 특정 분야의 복잡성에 남다른 이해를 갖고 있어야 함은 물론이고, 그것을 과학보도 담당자에게 적절히 전달해줄 수 있는 역량도 갖추고 있어야 할 것이다.

십 명씩 되는 미국, 유럽, 일본과 달리 한 두 명에 불과하다. 이과 출신 기자라 하더라도 자신이 전공한 분야가 아니면 이해력은 크게 떨어질 수밖에 없다. 일반적인 커뮤니케이션에서는 정보의 생산자(과학자)와 수용자(공중 · public) 사이에 단일의 커뮤니케이터(매개자)가 필요하지만 과학정보의 전달을 위해서는 제1의 커뮤니케이터(미디어)에게 일차 가공된 정보를 전달해주는 제2의 커뮤니케이터(매개자)가 필요하다. 이를 그림으로 나타내면 다음과 같다.

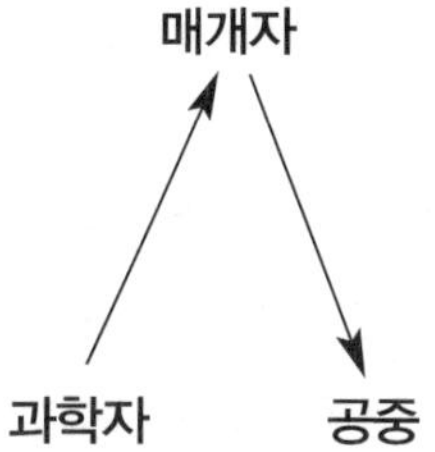

그림1

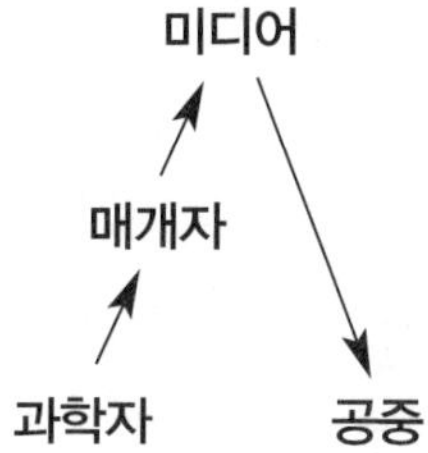

그림2

구체적으로 과학기자들은 과학정보를 전달할 때 그 정보의 정확성을 직접 판단하기에 한계가 있기 때문에 반드시 다른 전문가에게 확인할 필요가 있다는 것이다. 이런 과정을 통해서만 왜곡 · 과장된 정보나 거짓정보를 전달하는 위험에 빠지지 않을 수 있다.

이 글에서는 동료과학자에게 확인하는 과정을 통해 왜곡 · 과장된 정보가 바로잡힌 몇 가지 사례를 들어 과학기사 작성에서 확인 과정이 얼마나 중요한지 살펴본다. 또한 비평과 비판의 기능을 잊었을 때 과학담당 기자들이 빠지기 쉬운 오류들도 소개한다.

과학기자들은 신속한 정보를 전달하는 데도 제약이 있다. 언론들은 속성상 같은 정보를 다른 미디어보다 빨리 독자나 시청자에게 전달하려 한다. 그러나 과학정보 특히 연구성과는 다른 과학자가 같은 실험을 하더라도 똑같은 결과가 나오는 반복재현성이 검증됐을 때라야 과학자 사회에서 정보로서의 의미를 갖는다. 그러기에 동료평가와 학회 · 저널 등을 통한 공개적 검증이 중요시되고 이런 형식을 취하지 않은 정보는 '쓰레기' 취급을 받는다. 과학저널리즘에서는 다른 취재 분야와 달리 취재원(과학자)을 직접 취재한다고 해서 당장 쓸 수 있는 '뉴스'가 나올 수 없다는 얘기다. 과학자들을 취재하다 보면 자신이 연구해 밝혀낸 새로운 발견에 대해 설명을 해주면서도 학회나 저널에 발표하지 않은 것이니 보도는 하지 말아 달라고 부탁하는 경우가 종종 있다. 특히 저널에 실리는 논문들에는 대부분 엠바고(보도시점 유예)가 정해져 있어, '신속한 보도'가 아예 원천봉쇄되어 있기도 하다. 엠바고를 둘러싸고 과학 취재 현장에서 벌어지는 현상들도 과학기자들만이 겪는 독특한 경험이다.

과학이 '사실을 바탕으로 원리를 찾는 행위'라면 과학기사는 '사실을 바탕으로 진실을 찾는 행위'라고 할 수 있다. 사실(facts)과 진실(truth)의 구분을 비유적으로 풀이하자면 기상청의 '설악산 결빙' 발표를 예로 들 수 있다. 기상청이 "설악산에 첫 얼음이 얼었다"고 발표할 때 예보관이 직접 설악산 정상에 올라가 얼음을 확인하는 것은 아니다. 설악산 날씨는 정상(1,708m)이 아닌 중청봉(1,665m)에 설치한 자동기상관측장비(AWS)에서 측정한 수치들을 기준으로 한다. 기상청은 그 기온이 영상일지라도 '결빙'을 발표한다. 기자가 확인할 수 있는 것도 이들 수치뿐이다. 기상청의 발표만 믿고 '설악산에 첫 얼음'이라고 보도할 수 있을까? 답은 '그렇다'이다. 우선 기온은 지표면에서 1.5m 높이의 백엽상에서 잰 수치로, 지표면은 이보다 낮은 기온일 가능성이 크고 맑은 날이라면 복사현상으로 땅바닥의 기온은 더욱 낮아질 것이다. 또한 중청봉(1,665m)은 설악산 정상(1,708m)보다 43m가 낮다. 이런 사실들을 종합하면 자동기상관측장비의 기온 값이 0.8도나 0.6도 등 영상이라 하더라도 "설악산(정상)에 얼음이 얼었다"는 발표는 진실을 담고 있을 가능성이 높다.

과학은 '사실을 바탕으로 원리를 찾는 행위'이기 때문에 이 정도의 추론도 용납되지 않는다. 그런 만큼 학회나 저널에 공표된 과학적 성과는 기자들이 추가적인 사실 확인 없이 안전하게 기사화를 할 수 있다. 과학이 지닌 추상성 · 전문성 · 복잡성 때문에 기자의 직접적 확인이 쉽지도 않다. 진실하지 않은 연구 성과는 동료과학자의 적극적인 검증 없이는 드러나기 어렵다. 과학기자에게 제2의 매개자(과학커뮤니케이터)가 필요한 이유다. 황우석 사건은 이런 과학커뮤니케이터들의 도움이 없었다면 밝혀지지 않았을 것이다. 이 글의 마지막 부분은 황우석 사건에서 활약한 과학커뮤니케이터들의 역할 분석을 통해 과학기자와 과학커뮤니케이터의 바람직한 관계 설정을 그려보는 데 할애한다.

2. 취재 현장과 과학저널리즘

1) 동료과학자 확인의 중요성

신문이나 방송의 과학기사는 대부분 과학담당기자나 의학담당기자들에 의해 보도된다. 그러나 과학자들이 속한 집단은 국가 출연연구소뿐만 아니라 대학과 기업연구소 등 다양하기 때문에 이들 기관의 보도자료는 해당 기관을 출입하는 기자들에게 우선적으로 제공된다. 대학 출입기자는 대부분 사회부 소속의 경찰 출입기자들이 겸하고 있다. 기업연구소는 해당 기업을 출입하는 경제부 기자들을 대상으로 설명회를 연다. 대학이나 기업을 대상으로 취재를 하는 기자들은 과학 관련 이슈의 취재에 익숙하지 않다. 복잡하고 전문적인 과학 관련 보도자료는 거의 무시되거나 거꾸로 거의 그대로 옮겨지는 경우가 많다. 그만큼 정보의 정확성에 대한 검증에 허점이 생길 가능성이 커진다. 일부 과학자의 과장되거나 왜곡된 성과 발표가 그대로 보도되더라도 당장 사회적 물의가 빚어지는 것은 아니다. 하지만 일차적으로 수용자인 독자나 시청자들에게 과학에 대한 왜곡된 인상을 심어준다. 물론 이런 왜곡된 인상이 바로 나타나는 것도 아니고 수용자가 정보가 왜곡됐다는 것을 알아차리기까지는 적지 않은 시일이 필요하다. 이런 과장 · 왜곡 보도가 언론에 직접적으로 심각한 영향을 주는 것은 언론이 과학자 사회에서 신뢰를 잃어 간다는 데 있다. 과학자들은 종종 자신들의 노력이나 업적이 언론에서 정당하게 평가받지 못한다는 불만을 나타낸다. 이는 단순히 과학기사 숫자가 적다든지, 과학 관련 지면이 적게 배정된다는 데 대한 지적만이 아니다. 일부 과학자들의 연구성과가 동료들이 평가하는 이상으로 크게 보도되는 데 대해서도 과학자들은 곱지 않은 눈길을 보내고 있는 것이다. 과학 취재에서 정확한 정보를 얻기 위해 동료과학자의 확인 과정이 필요한 사례를 몇가지 들어본다.

(1) 논문 속에 숨은 진실

2007년 초 한 대학에서 보도자료를 배포했다. 자료는 주로 대학 출입을 하는 사회부 소속의 사건 담당 기자들의 이메일로 전달이 됐다. 일부 과학기자들에게도 보도자료가 전해졌지만 기자회견 현장에는 주로 해당 대학 출입기자들이 참석했고 과학 담당 기자들은 극소수였다. 발표 내용은 "인간 제대혈(탯줄 혈액) 안에서 분리한 성체줄기세포를 인슐린을 분비하는 세포로 분화시켜 당뇨병 치료에 전기를 마련했다"는 것이었다. 연구팀은 "제대혈 줄기세포에 대한 연구가 세계적으로도 경쟁이 치열한 지금, 세계 최초의 가시적 성과라는 데 의의가 있다"고 자평하는 내용도 보도자료에 담았다. 방송들은 당일 저녁에, 신문들은 다음날 아침신문에 연구팀이 발표한 내용을 그대로 보도했다.

오랫동안 과학을 취재한 기자들은 어느 과학자가 자신의 연구 성과를 발표하면 가능한 한 동료과학자의 평가를 덧붙여 보도하려 한다. 언론사들이 과학기사에 배정하는 지면이나 방송시간이 넉넉지 않기 때문에 동료과학자의 평가를 기사에 넣는다 해도 편집과정에서 살아남는다는 보장은 없지만 복수 취재를 하는 것이 관행처럼 돼 있다. 당시에도 연구팀이 발표한 성과가 어느 정도 중요한 것인지를 동료과학자들에게 묻는 과정에서 연구팀의 발표가 상당히 과장됐다는 사실을 알게 됐다. 한 동료

과학자는 실험 과정에 인슐린이 들어간 배양액을 사용한 점을 지적하면서 연구팀이 생성했다는 세포에 들어 있는 인슐린이 배양액에서 유래한 것인지 세포 스스로 만들어냈는지를 증명하는 부분이 논문에 빠져 있다는 것을 문제 삼았다. 또 동료과학자들은 연구팀이 논문을 발표한 학술지의 인용지수(임팩트 팩터 · Impact Factor)로 보아 기자회견을 할 정도로 중요한 성과인가에 대해서도 의구심을 나타냈다. 동료과학자의 연구성과에 대한 감식을 부탁했을 때 긍정적 평가는 고사하고 극히 부정적인 반응을 보이는 경우는 매우 드물다. 결국 '세계 최초의 가시적 성과' 라는 표현 등은 연구 성과 발표를 부풀린 것으로 평가되었고, 해당 대학은 석 달 뒤 언론에 공개하는 논문에 대한 새로운 기준을 마련했다.

(2) 동면물고기가 알고 있는 비밀

2007년 여름 한 정부출연연구소가 물고기를 동면시켜 장거리 이송을 하는 기술을 개발했다는 발표를 했다. 기자들을 초청해 시연회까지 열어가며 설명회를 했다. 넙치를 동면시켜 미국의 로스앤젤레스까지 수송을 한 뒤 깨어나게 하니 신선도가 유지되었다는 것이었다. 신문과 방송에서는 과학적 성과 여부를 떠나 흥미로운 기사로서 비중 있게 다뤄졌다. 당시 이 연구소는 과학담당 기자들이 출입하는 정부 부처 소속이 아니어서 보도자료는 주로 해당 부처 출입기자들에게 전달됐다. 기자회견 현장에도 해당 부처 출입기자와 연구소가 위치한 지역 언론 기자들이 참석했다.

그러나 연구 성과의 의미를 확인하는 과정에 이미 10년 전에 유사한 연구 성과가 있었다는 사실을 알게 됐다. 동료과학자는 물고기 동면 기술은 새로운 것이 아니며 일본에서도 이미 같은 연구를 한 적이 있다고 말했다. 다른 과학자는 당시에도 이상하게 옆으로 누운 물고기에게만 적용이 가능해 실용성이 없다는 판단으로 연구를 중단했다고 했다. 연구팀이 '세계 최초 인공동면 유도기술' 이라고 표현한 데 대해서는 의아해했다. 기자회견을 열었던 연구자도 추후에 '세계 최초' 라는 문구는 정확한 표현이 아님을 인정했다.

(3) 방심이 부른 과장보도7)

황우석 사건이 시작되기 직전인 2005년 초가을 한 정부출연연구소가 연구 성과의 '과대 포장' 발표 시비에 휩싸였다. 사건의 전말을 요약하면 다음과 같다. 이 연구소의 연구팀이 당시 연구소를 관할하고 있는 정부 부처 기자실을 찾아와 보도자료를 나눠주며 연구성과를 발표했다. 이 정부 부처 역시 과학담당 기자들이 출입하지 않는 부처였다. 내용은 "56년 전 한 영국 노벨물리학상 수상자가 가설로 내세운 이론을 세계 최초로 실험으로 확인했다"는 것이었다. 연구소 쪽은 기자들의 이해를 돕기 위해 별지의 해당 분야 전문가 평가자료를 보도자료에 덧붙였다. 여기에는 일본의 한 과학자가 "한국에서도 최초로 노벨물리학상을 수상할 수 있는 뛰어난 후보자 한명을 보유하고 있다"라고 한 말이 실려 있었다. 또 "국민 경제적 측면에서 원천기술을 개발해 특허를 확보하면 1천억달러(100조원) 이상의 세계시장 선점이 가능하다"는 내용이 담긴 참조자료도 함께 제공됐다.

브리핑 뒤 텔레비전은 저녁뉴스에서 '물리학계의 황우석', '현대 물리 50년 숙제 풀어' 등의 헤드라인으로 보도하기 시작했고, 다음날 아침 조간신문들은 '만유인력 버금가는 과학혁명', '노벨물리학상 수상감', '100조원짜리 신기술 개발' 등의 제목으로 1면 머리기사 등 주요기사로 다뤘다.

그러나 물리학계 일각에서는 '연구 성과가 너무 과포장된 것 아니냐',

---

7) 한국과학기술단체총연합회 간행 「과학과 기술」 2005년 11월호(438호, 28~31쪽)에 실린 필자의 글(과학보도 행태 문제없나? : '금속-절연체 전이' 연구성과 논란) 일부를 재정리한 것임.

'언론이 너무 과장보도한 것 아니냐' 는 의문들이 제기되기 시작했다. 며칠 뒤 한국물리학회 응집물질물리분과위원회는 8명의 국내 학자들에게 연구팀의 연구 결과와 언론 보도 내용에 대해 평가해줄 것을 요청했다. 이들 의견을 취합해 물리학회가 작성한 평가서는 "연구팀의 연구는 그 과학적인 성과에 비해 중요도가 과장됐다. 연구팀의 연구가 논문으로 출판될 정도의 중요성은 있으나 획기적인 성과로 판단되지는 않는다. 언론에 언급된 노벨상 수상 가능성, '만유인력의 법칙' 에 버금갈 정도의 세기적인 일, 100조원의 산업효과와 같은 내용은 과장된 측면이 많다"는 내용을 담고 있었다. 한국에서 학회가 특정 연구자의 연구 결과에 대해 진상조사를 하는 일은 전례가 없는 일이어서 당시 과학계는 큰 충격으로 받아들였다.

그러나 '과장' 의 책임에서 언론도 자유롭지 못했다. 기자들은 우선 논문을 발표한 저널에 대해 살펴봤어야 했다. 연구소가 발표할 당시 연구팀은 연구논문이 "인용지수 3.095의 물리학 분야 세계 2위 저널인 〈뉴저널 오브 피직스〉(New Journal of Physics) 2004년 5월에 게재"되고, "인용지수 4.308의 응용물리학 분야 세계 1위 레터인 〈어플라이드 피직스 레터〉(Applied Physics Letter)에 2005년 6월 게재"됐다고 설명했다. 과학담당 기자들은 연구성과가 얼마나 임팩트 팩터가 높은 저널에 실렸는지에 가장 먼저 주목하는 '버릇' 이 있다. 이는 임팩트 팩터가 높을수록 동료평가(peer review)를 신뢰할 수 있다고 믿기 때문이다. 보도자료가 '세계 1 · 2위' 라는 표현을 썼지만 좀더 임팩트 팩터가 높은 〈사이언스〉 〈네이처〉 〈피지컬 리뷰 레터스〉 등에 실리지 않은 이유에 궁금증을 가졌어야 했다.

실제 한 기자는 이에 대해 의문을 품었고, 정부 부처 관계자한테서 "(연구팀이) 〈사이언스〉에 논문을 제출했으나 거절당한 것으로 안다"는 답변을 들었다. 그 기자는 끝내 기사를 작성하지 않았고, 다음날 오히려 '과학기사의 과장 보도 사례' 에 대해 비판하는 기사를 실었다.

기자들이 범한 또 하나의 결정적 실수는 동료과학자의 확인 절차를 생략한 것이었다. 연구소 홍보팀은 이례적으로 해당 분야 국외 전문가를 포함한 다수의 전문가 평가를 모은 첨부자료를 배포했고 많은 기자들이 이를 인용해 보도했다. 그러나 과학연구 발표는 대부분 극히 전문적인 분야여서 동료 연구자들의 객관적인 평가가 기사의 비중을 판단하는데 중요한 구실을 한다. 동료 연구에 대해 '혹평'을 하는 경우는 드물지만 적어도 평가 수위에 따라 '기사화의 감'을 잡을 수는 있다. 한 통신사의 경우 "영국 과학자의 가설에 대해서는 사실 굉장히 많은 연구가 지금도 진행 중이기 때문에 이번 연구 결과가 결정적으로 독창적이라고 단정하기는 힘든 상황이다. 노벨상 수상 가능성 등은 좀더 신중히 지켜봐야 할 것"이라는 한 교수의 비평을 보도했다. 기자들이 이를 눈여겨봤다면 기사의 크기가 조금은 조절될 수 있었을 것이다.

세 번째로 기자들이 놓친 것은 발표 시점이다. 논문은 발표 시점보다 1년 4개월 전에 한 저널에 처음 게재됐고, 다른 저널도 3개월 전에 게재됐다. 연구성과 발표는 저널 게재 시점에 맞춰 이뤄지는 것이 일반적이다. 엠바고 시점을 정하는 대부분의 이유도 해당 저널이 요구하기 때문이다. 논문을 발표한 지 길게는 1년 넘어서, 짧게는 3개월이 지난 뒤 공개하는 이유에 대해 아무런 질문이 나오지 않았다는 점이 오히려 이상한 일이다.

마지막으로 기자들은 과학이나 기술 관련 보도에서 통상 빠지기 쉬운 '실용성의 함정'도 비켜가지 못했다. 연구개발 예산이 방대해지고 이에 맞춰 효율적인 투자의 필요성을 강조하는 것이 풍조가 되면서 연구성과의 경제적 파급 효과가 기사의 크기와 비중을 결정하는 경향이 생겼다. 연구팀의 연구는 기초연구임에도 보도자료에는 "100조원"의 경제적 효과가 언급돼 있고 기자들은 이를 기사판단의 중요한 근거로 사용했다.

2) 과학기사 취재의 함정들[8)]

과장되거나 왜곡된 과학기사들은 일반 수용자들한테 과학보도는 부정확하고 표피적이며 단편적이라는 인상을 심어준다. 이를 극복하기 위해 과학기자의 전문성 확보가 무엇보다 필요하다. 그러나 한 분야의 전문지식을 갖춘 과학기자가 그 분야에 대해 좋은 기사를 발굴해서 쓴다는 보장은 없다. 과학기자가 갖춰야 할 전문성은 전문지식보다는 과학기술에 관한 풍부한 상식이다. 과학기자는 과학기술 관련 정보를 접했을 때 뉴스의 가치를 판단하는 능력을 갖추는 일이 무엇보다 중요하다. 이런 일은 깊이 있는 전문지식보다 폭넓은 과학상식을 갖출 때 가능하다. 미국 과학사회학자 도로시 넬킨은 일찍이 "과학 저널리즘의 목적이란 과학 연구를 촉진하는 것이 아니라 식견을 갖춘 시민을 만드는 데 일조하는 것이라는 점을 잊어서는 안된다"는 경구를 남겼다.(Nelkin, 1990/2001)

과학자나 과학자가 속한 그룹의 홍보담당자 곧 대학 홍보실이나 연구소의 홍보부서에서는 보도자료를 낼 때 '최초', '처음', '첫', '새로운', '획기적' 등의 수식어를 많이 사용한다. '가장 …한' 이라는 말도 애용되는 표현이다.

언론보도에서 기사(뉴스)의 속성상 '새로움' 은 필수 요소이지만, 과학기사는 그 새로움이 강조되거나 새로움 자체가 보도의 목적이 되는 경우가 많다. 과학기사는 '자연과 현상에 대한 새로운 체계적인 지식에 대한 보고' 이기 때문에 무엇이 새로운 지식인가를 검증하는 것이 사실보도를 위한 최소한의 조처다. 그러나 많은 과학기사들은 면밀한 검증 없이 '최초' 라는 사실 하나만으로 '뉴스' 로 대접을 받고 있다.

한국에서는 IMF와 금융위기 등 두 차례의 큰 경제파동으로 언론사 내부의 구조조정을 통해 독립된 과학부서가 거의 사라졌다. 1주일에 한 두

---

4) 서강대학교 과학커뮤니케이션연구회 세미나 자료집(2003년)에 실린 필자의 글(새로운 기술개발과 언론보도: '최초의 오류')을 재정리한 것임.

면씩 배정되던 과학면도 없어지거나 축소돼 과학기사가 일반 정치·경제·사회 기사와 겨뤄 살아남으려면 강한 인상(임팩트)을 필요로 하게 됐다.

이런 상황에서 과학기사가 취하는 가장 유효한 전략이 '최초'이다. 세계에서 또는 국내에서 '처음' 나온 연구성과라는 사실은 과학담당 기자가 언론사 편집국에서 장황하고 어려운 설명을 할 필요 없이 데스크와 국장단, 편집부 기자를 쉽게 설득할 수 있게 해준다.

그러나 공정하고 정확한 보도를 위해서는 과연 '최초'인가, 무엇이 '최초'인가라는 사실만이라도 확인해야 한다. 그러나 이런 검증 작업은 일반적으로 기자들이 '말할 수 없이' 바쁘다는 이유 말고도 기자들이 가지고 있는 여러 가지 선입견이나 예단에 의해 방해를 받는다.

(1) "과학자는 양심적이다"

정치부나 사회부 기자들이 사안을 비판적이고 분석적으로 바라보는 데 비해 과학담당 기자들은 상대적으로 주어진 정보를 무비판적으로 받아들이는 경향이 있다. 이공계 출신의 기자라 하더라도 모든 경우 정보를 전문적으로 분석할 능력을 기대하기 어려울 정도로 주어지는 정보의 전문성 때문에 과학기자들 스스로 사안을 비판적으로 해석하기 어렵다는 점도 있지만, 일반적으로 "과학자는 양심적이다"는 인식이 이런 무비판적 태도를 갖도록 만든다. 많은 경우 과학기자들은 자신들이 의존하는 정보원(과학자)에 도전하는 것을 꺼린다. 정보원을 잃을까 두려워하기 때문이다.

그러나 이런 인식은 종종 오보를 낳기도 한다. 2001년 3월 한국과학기술연구원(KIST)의 한 연구팀은 과학기술부 기자실에서 '종이처럼 얇은 음향기 세계 최초 개발'이라는 제목으로 설명회를 열었다. 압전 플라스틱(PVDF·이불소화비닐)을 이용해 종이처럼 얇게 필름 형태로 만든 스피커를 국내 벤처회사와 공동으로 개발해 이르면 1년 뒤 상용화할 수 있다는 내용이었다.

이 기사는 종이처럼 둘둘 말 수도 있는 스피커라는 흥미 요소에다 세계 최초라는 장식까지 달고 있어 신문 편집자에게는 '최상의 재료'로 인정받았다. 당시 과학기술부 출입기자들은 정례 브리핑에서 발표된 보도자료를 토대로 '두루마리 스피커 세계 최초 개발', '종이처럼 얇은 스피커 처음 나왔다' 등의 제목으로 보도했다.

그러나 이 기사가 게재된 뒤 서울대의 한 교수는 이메일을 통한 공개서한에서 키스트 연구자가 이미 실용화된 기술을 과대선전했다고 강하게 비판하고 나서 파문을 일으켰다. 이 교수와 함께 문제를 제기한 미국의 한 회사는 자사가 이미 관련 제품을 상용화하고 있다고 주장하며 국내업체를 통해 언론중재위원회에 정정보도 신청을 하기도 했다.

이에 대해 키스트 연구자는 "미국 회사 제품은 나의 개발품과 전혀 다른 것이고, 우리 연구팀이 개발한 기술의 핵심은 PVDF의 표면개질이고 필름형 스피커는 그 부산물일 뿐"이라고 해명했다.

그러나 당시 연구팀은 브리핑 때 타사 제품에 대해 언급을 하지 않았고, 새로운 표면개질보다는 스피커에 대해 집중 설명하면서 연구자가 종이처럼 얇게 만든 스피커로 음악을 듣고 있는 사진까지 곁들였다. 과학기자들에게 연구자는 표면개질의 권위자로 인식되고 있었다. 그는 전기가 통하는 플라스틱을 만들어내는 등 학계에서도 꽤 인정받는 과학자로 알려져 있었다. 연구자의 발표 내용을 동료과학자에게 검증받아야겠다고 생각하는 기자는 거의 없었다. 그가 서울대 연구팀의 제품에 대해 이미 알고 있었는지, 곧 연구자의 길을 그만두고 사업가로 변신할지에 대해 당시 기자들로서는 알기 어려웠다.

2003년 1월에는 '세계 최소 내시경' 논란이 벌어졌다. 과학기술부 21세기 프런티어개발사업 가운데 하나인 지능형마이크로시스템개발사업단은 지름 10㎜, 길이 25㎜의 내시경을 개발했다며 '초소형 고기능 캡슐형 내시경 미로(MIRO) 개발'이라는 제목의 보도자료를 냈다. 당시 이미

상용화해 우리나라에도 임상에 도입되고 있는 이스라엘 제품 'M2A'의 지름 11㎜, 길이 26㎜보다 작으며 화질이 더 좋다는 설명이었다.

그러나 보도자료에 붙은 '타 캡슐 성능 비교표'에는 이스라엘 제품만이 비교돼 있고, 지름 9㎜, 길이 23㎜의 일본 RF시스템사의 '노리카 V3'의 개발에 대해서는 일체 언급되지 않았다. 연구팀은 "노리카 V3는 마이크로파의 인체 유해성 문제가 예상되는 단점이 있는 반면 미로는 식약청의 허가만 받으면 곧 상용화가 가능할 정도로 기술개발이 완료된 제품"이라고 해명했다.

발표를 한 연구자 또한 적어도 국내에서 캡슐형 내시경에 관한 한 '모든 것'을 말해줄 수 있는 'MEMS'(Micro Electro Mechanical Systems)의 권위자로 인정받고 있었다.

많은 기자들은 항상 시간에 쫓기고 극적인 얘깃거리를 찾고 있기 때문에 제공되는 정보와 그 정보원의 말에 쉽게 넘어간다. "과학기자들은 과학자들이 중립적이고 이해관계에 얽매이지 않은 정보원이라는 기대를 품고 있기 때문에, 과학자나 과학단체들에 의해 제공된 자료들-특히 그것이 다루기 쉽고 효과적인 형태로 제공됐을 때-을 무비판적으로 받아들인다."(Nelkin, 1990/2001) 그 결과 과학에 관한 언론보도는 긍정적이고 심지어 선전에 가까운 색깔을 띠게 된다.

(2) "과거 연구성과는 현재 연구성과를 보증한다"

2002년 8월 한 서울대 수의학과 교수가 과천 과학기술부 기자실을 찾았다. 그의 손에는 '형질전환 복제돼지 국내 탄생'이라는 제목의 2쪽짜리 보도자료가 들려 있었다. 복제돼지가 탄생하는 과정이 담긴 동영상과 사진들이 곁들여졌다.

그 교수는 "녹색형광 발현 단백질(GFP) 유전자로 형질전환한 체세포 복제돼지가 이틀 전 충북 음성의 농장에서 태어났으며, 형질전환 복제돼지로는 세계에서 네 번째, GFP 형질전환 복제돼지로는 세계에서 두 번째"라고 설명했다.

그러나 복제돼지는 태어난 다음날 한 방송사의 요구로 무리하게 서울대 관악캠퍼스로 옮겨오다 죽고 말았다. 당시 기자들은 수의학과 교수의 연구 성과를 어떻게 평가할지를 놓고 토론을 벌였다. "돼지가 출생한 직후 귀 조직의 DNA를 추출해 중합효소연쇄반응(PCR) 뒤 서던 블롯(Southern blot) 및 시퀀스(sequence) 방법으로 형질전환됐음을 확인했고, 육안으로도 이 돼지는 피부 및 점막조직에 노르스름한 빛깔을 띠고 있었으며, 자외선을 쬘 경우 특이적 녹색 형광을 발현하는 현상을 나타냈다"는 설명에 이의를 제기하는 기자는 없었다. 그는 국내에서 복제소를 처음으로 탄생시켰다. 그 교수는 평소 연구성과를 발표하는 데 상당히 신중해, 복제한우가 탄생했을 때 '첩보'를 입수한 한 기자가 '울고불며' 사정을 했음에도 며칠이 지난 뒤 공식적 발표자리에서 탄생 사실을 알릴 정도였다.

기자단은 일단 연구팀이 형질전환 돼지 복제 실험에는 성공한 것으로 해석하자는 결론을 내렸다. 신문들은 다음날 '국내 첫 형질전환 복제돼지–출생 하루 만에 숨져', '형질전환 복제돼지 출산 하루 만에 숨져–실험성공 세계 네 번째' 등의 제목으로 보도했다.

그러나 당시 일부 기자는 복제돼지가 숨졌고 공식적 학술 발표가 없었다는 점을 들어 보도에 신중을 기하자는 의견을 냈다. 과거의 연구성과가 현재의 연구성과를 보증하는 것은 아니기에 이 기사는 적어도 연구팀의 논문이 동료과학자들에 의해 검증된 뒤 '가능성을 보여준 실험'이라는 단서를 붙여 보도됐어야 했다.

(3) "실험이 성공하면 연구도 성공이다"

과학기사는 의제 설정 자체에 주목하는 정치 · 사회 기사와 달리 방법론 자체가 뉴스성을 가지지는 못한다. 적어도 방법론의 타당성이 실험을 통해 입증이 되고 이를 기술한 논문이 동료 학자들에 의해 인정을 받아야 비로소 언론에 '떳떳하게' 공개된다. 여기서 과학문화와 언론문화의 길이 갈린다. 논문이 학술지에 실리기 위해서는 몇 달에서 몇 년이 걸리는 데 반해 뉴스기사는 당장 내일 신문에 나와야 한다. 학술논문에 발표되지 않은 사실이 언론에서 미리 기사화되면, 과학자 집단 안에서 자신의 사회적, 직업적 관계가 위험에 빠지게 된다.(Gregory & Miller, 1998/2001)

많은 과학기자들은 〈네이처〉, 〈사이언스〉, 〈셀〉 등 유명 과학잡지나 전문지에 게재된 논문들을 인용해 보도한다. 이들 잡지는 이른바 '잉겔핑거의 법칙'[9]을 따르기 때문에 이곳에 실리는 논문들은 '최초'로 발표된 것이며 전문집단에 의해 검증을 받은 것이라는 신뢰를 기자들은 가지고 있다.

그러나 과학자들은 많은 경우 실험에 성공했다는 사실만으로도 언론이 관심을 가져 주기를 바란다.

2002년 10월 마리아생명공학연구소는 "인간의 배아에서 추출한 줄기세포를 유전자 조작해 파킨슨병에 걸린 쥐를 치료하는 데 세계 최초로 성공했다"고 발표했다. 도파민(신경전달물질) 생성에 관여하는 2개의 유전자를 인간 배아줄기세포에 삽입해 도파민을 생성하는 세포를 만든 뒤 이를 파킨슨병에 걸린 쥐 3마리의 뇌에 이식한 결과 1마리는 운동성이 완전히 정상으로 회복됐고 나머지 2마리도 증상이 개선됐다는 내용이었다.

그러나 학계에서는 발표 방식에 대해 언짢은 반응을 보였다. 연구결과가 논문으로 발표되지 않은 데다 치료한 쥐의 수가 적어 연구의 신빙성에 문제가 있다는 것이었다. 당시 한 신문은 줄기세포 연구를 하는 한 교수의 말을 인용해 "마리아생명공학연구소 등이 논문으로 연구결과를 발표하지 않은 채 그동안 여러 차례 언론에 결과만 공개해 학계에서 신빙

9) 〈뉴잉글랜드 의학저널〉의 편집자였던 프란츠 잉겔핑거(Franz J. Ingelfinger)가 1969년 다른 곳에 이미 게재됐던 논문은 자신의 잡지에 실을 수 없다고 공표한 데서 비롯됐다.

성이 의심스럽다는 비판을 받아왔는데, 이번에도 논문은 생략됐다"고 비판하는 기사를 싣기도 했다. 당시 마리아생명공학연구소장은 이에 대해 실험동물 개체 수는 연구결과를 검증할 만큼 충분하다고 반박하면서 자신은 실험 결과 발표 뒤 논문을 반드시 발표해왔다고 해명했다.

과학기자들의 고민 가운데 하나가 생명공학이나 질병 치료와 관련한 연구에서 동물실험과 3단계의 임상시험 중 어느 시점에 보도하는 것이 올바르냐다. 많은 경우 연구 성과는 동물실험 단계에서 일반 대중에게 알려지고 있다. 그러나 동물실험에서 성공한 연구들이 마지막 3단계의 임상시험까지 통과할 확률은 말 그대로 '하늘의 별따기' 다. 일부 기자들은 기사를 작성할 때 의식적으로 연구의 단계를 강조하여 밝히지만, 그나마 편집과정 중 제목달기 등에서는 무시되는 경우가 많다. 2003년 10월 22일 한국의 많은 신문들은 영국의 〈타임스〉를 인용해 '독감 증상에 특효 기적의 치료제 개발' 이라는 기사를 내보냈다. 영국 런던대학교 임페리얼 칼리지 연구진이 인류를 독감의 공포로부터 완전히 해방시켜 줄 혁명적인 독감치료제를 개발해 동물실험을 완료했다는 내용이었다. 이 연구가 성공한 것은 동물실험 단계였고, 연구진은 임상시험에 성공할 경우라는 단서를 붙여 시판 시점을 2008년께로 희망했다. 그러나 언론들은 보도할 때 제목에 이 치료제 개발이 동물실험 단계에 있는지 반영하지 않았고 임상시험이 완료되기까지 많은 도전이 필요하다는 사실을 언급하지 않았다.

(4) "과학자의 의도는 순수하다"

과학자들이 논문 작성과 학계의 검증을 받기도 전에 실험 성공 사실을 공표하려는 것은 '최초' 라는 기록이 가져다 주는 평가와 효과가 두 번째라는 기록과 비교할 수 없을 정도로 크기 때문이다. 특히 민간기업 연구소가 동물실험 단계에 자신들의 연구성과를 공표하려는 경우 자사의 주가 정책이나 경영과 연관돼 있는 때가 있어 사후에 기자들이 당혹스러워지는 때가 적지 않다.

앞서 언급한 경상대 연구팀은 조혈촉진제인 '에리스로포이에틴'(EPO)을 생산하도록 유전자를 주입한 복제돼지를 생산하기 위해 수년 동안 연구를 계속했지만 안타깝게도 돼지들에서 EPO 발현 여부는 확인되지 않았다. 결정적인 연구성과가 나오지 않았음에도 연구 내용은 언론에 계속 노출됐고, 그 사이 연구팀에 연구비를 지원하고 있는 제약회사의 주가는 10배 이상 수직상승했다. 이 회사는 뒤에 주식시장에서 1년 동안 감리종목으로 지정되고, 금융감독원으로부터 불공정거래 관련 조사를 받았다.

경제지들은 앞서 언급한 서울대 수의학과 교수가 복제돼지 탄생을 발표하기도 전에 이미 실험이 진행되던 농장을 소유한 기업의 주가 상승을 논의하고 있었다.

2002년 8월 해마다 반복되는 적조가 남해안을 휩쓸고 있을 때 한 대학 교수와 국립수산과학원은 한바탕 논쟁을 벌였다. 그 교수는 "황토에 들어 있는 철(Fe)은 적조 증식촉진 물질인 인(P)과 결합해 적조를 방제하지만 산소가 결핍되면 다시 분리돼버리는 데다 황토 자체가 산성이어서 바닷물을 산성화시키는 역작용이 있다"고 주장한 반면 국립수산과학원은 "황토가 수만t씩 뿌려지는 해역을 조사한 결과 해양생태계에 큰 변화가 없었고, 퇴적물의 산성알칼리도도 페하(pH) 7.9~8.0으로 나오고 있다"고 반박했다. 당시 적조 방제를 책임진 한 관리는 "교수가 자신이 개발한 제품을 판매하려고 그런다"는 비난까지 서슴지 않았다. 그 교수는 즉각 부인했지만, 많은 교수와 연구자들이 명함을 두 개 이상 가지고 다니던 때여서 이런 비난은 취재기자를 곤혹스럽게 했다.

3) 과학기사의 정파성

과학기사가 추구하는 뉴스가치는 사회 · 정치기사와 다르다. 정치기사가 갈등이나 논쟁성을, 사회기사가 시의성과 갈등을 주로 취재 대상으로 삼는 데 비해 과학기사는 중요성, 희귀성에 방점을 둔다. '노벨상감', '교과서를 바꿀 연구 결과', '미래의 먹거리(경제적 효과)', '생명과 관련된 획기적 발견' 등 사회적으로 중요한 사안이라는 판단이 과학기사를 채택하는 기준이 된다. '최초의 발견', '새로운 발견', '신기한 자연현상' 등 기존에 존재하지 않는 새로운 사실들이라야 과학기사로서의 가치가 부여된다.

과학기사는 정치기사에 비해 중립적이라는 인상을 가지고 있다. 과학활동은 보편타당한 자연의 원리를 밝히는 작업이기에 그 결과물도 불편부당한 것으로 받아들여진다. 그러나 이를 보도하는 과학기사가 반드시 가치중립적이지는 않다. 저널리즘은 정파성을 가지고 있고, 과학저널리즘도 저널리즘을 구성하는 한 요소이기 때문에 이 정파성에서 자유롭지 못하다. 특히 과학적 이슈가 사회적 쟁점이 될 때는 이런 정파성이 확연하게 드러난다.

포르투갈 미뉴대(University of Minho)의 아나벨라 카발호 교수(커뮤니케이션학)가 영국 언론들의 기후변화와 지구온난화에 대한 보도 태도를 분석한 논문을 보면 언론들의 정치적 입지에 따라 보도 방향이 확연히 달랐던 것을 알 수 있다.(Carvalho, 2007) 카발호가 기후변화 이슈가 등장했을 당시인 1985~1988년 영국 3대 신문인 〈타임스〉, 〈가디언〉, 〈인디펜던트〉가 보도한 기후변화 관련 기사들을 대상으로 '담화분석'(discourse analysis)을 한 결과, 보수신문인 〈타임스〉는 지구온난화 이슈에 대한 회의론과 논쟁을 주로 보도한 데 비해 진보성향의 〈가디언〉과 중도의 〈인디펜던트〉는 기후변화와 관련된 위기를 강조하는 과학적 지식을 전달했다. 〈가디언〉과 〈인디펜던트〉가 지구온난화 문제에 대한 정치적 해결을 촉구한 반면 〈타임스〉는 이슈에서 벗어나 있는 외곽의 학자들을 인용해 기후변화정부간위원회(IPCC)를 깎아내리는 기사를 등장시키기도 했다.

우리나라에서도 2008년 광우병 사태 때 각 언론들은 정치적 성향에 따라 과학기사의 운용 방식에서 차이를 보였다. 앞서 2001년과 2003년에도 광우병 문제가 사회적 이슈가 됐지만 언론들의 과학기사는 언론사별로 특징적이지 않았다. 2008년에는 한-미쇠고기협상과 맞물리면서 광우병 이슈가 정치 쟁점으로 비화하자 언론사에 따라 과학기사의 작성 방법과 취재원의 활용 태도가 바뀌었다. 진보 성향의 언론들은 과학기사를 광우병의 위험성을 강조하는 용도로 등장시킨 데 비해 보수적 언론들은 위험이 과장돼 있음을 증명하는 기사로 활용했다. 2001년과 2003년에는 모든 언론들이 취재원들을 함께 인용했던 것이 2008년에는 언론들이 자신들의 정치적 입지에 따라 같은 입장을 취한 사람들만 취재하는 편향을 보였다.(이근영, 2008)

4) 과학기사와 엠바고

과학기사가 일반기사와 다른 또 하나의 특징은 엠바고다. 사회기사나 정치기사도 일정시점까지 보도를 금지하는 엠바고가 걸릴 때도 있지만, 과학기사의 엠바고와는 성격이 다르다. 정치 · 사회적 이슈에서는 정보를 주는 쪽에서 기자들과 협의를 통해 보도시점을 유예하거나, 경우에 따라서는 정보를 함께 취재한 기자들끼리 보도시점을 정하는 경우가 대부분이다. 그러나 과학기사는 정보 생산자인 과학자나 이를 취재하는 기자들이 정하는 경우는 극히 드물고, 과학자들이 자신들의 정보 곧 연구논문을 게재하는 저널 쪽에서 엠바고를 정한다. 이런 관행은 과학기사가 가지는 '중요성', '희귀성' 때문에 한 과학자의 연구 정보가 다른 연구자에 의해 '도난' 당하는 것을 방지하기 위해 취해졌다고 저널 쪽에서는 주장한다. 저널들은 과학적 성과는 재현반복이 가능해야 하다는 것을 증명해야 하는데, 저널을 통해 공식적으로 공개되기 이전에 정보가 노출될 경우 다른 연구자에 의해 연구방법이 도용될 수 있기 때문이라는 이유를 내세운다. 과학적 성과의 보도에 엠바고가 걸리는 또 다른 이유는 과학정보가 가지는 특수성 곧 전문성 · 복잡성과도 관련이 있다. 저널들은 과학 정보가 전문 저널리스트들이 쉽게 이해하기에는 너무 전문적인 내용이 많기에 충분한 시간을 가지고 취재를 할 수 있는 기회를 준다는 이유로 엠바고라는 수단을 쓴다고 말한다.

그러나 과학계에서 관행으로 받아들여지는 과학 저널의 엠바고 정책은 종종 기자의 취재권과 독자의 알권리라는 다른 권한과 마찰을 일으키기도 한다. 2005년 5월 19일 저녁 황우석 전 서울대 교수의 '환자 유래 체세포 복제 배아줄기세포 배양 성공' 기사를 당시 과학저널 〈사이언스〉의 엠바고(보도유예) 시점인 20일 새벽 3시(한국시각)를 어기고 자사 인터넷에 기사를 올렸던 몇몇 언론사들이 사후에 "〈사이언스〉가 정한 엠바고 해제 시점보다 일찍 기사를 낸 데 대해 연구팀과 사이언스 쪽에 유감을 표시한다"는 내용의 사과문을 내는 촌극이 빚어졌다. 소동의 연원은 1년 전 한 신문의 '황 교수 사람 줄기세포 배양 성공' 기사의 엠바고 파기 사건으로 거슬러 올라간다. 2004년 4월 12일 이 신문은 기사를 엠바고 시점을 하루 앞두고 미리 보도해 논란을 일으켰다. 다음날 대다수 한국 언론들은 황 연구팀의 연구성과보다 이 신문의 엠바고 파기 여부를 비중있게 보도했다. 이 신문은 이에 대해 "오랫동안 관련 사실을 추적해왔으며 어떤 엠바고 요청도 받지 않았다. 최근 논문의 원문을 단독 입수했다"는 반박기사를 게재했다. 그러나 이 기사를 쓴 기자는 한국과학기자협회 이사회에 출석해 "논문 원문은 없었고 초록(abstract)을 당일 오후 5시께 입수해 그것을 토대로 기사화했다"고 밝혔다. 일본의 한 언론사 기자가 초록을 입수한 뒤 그곳에 나온 황 박사에 대해 물어보려 이 신문사를 찾았던 것이 발단이었다는 후문도 돌았다.

〈사이언스〉 쪽에서 장시간 회의 끝에 해당 언론사와 기자에게 유감을 표명하고 엠바고를 해제하는 한편 논문 저자에게는 책임을 묻지 않는 선에서 마무리됐지만, 이 파동은 1년 뒤 황 연구팀의 '철통 보안'을 낳았다. 〈연합뉴스〉가 황 연구팀이 모종의 중대 발표를 할 예정이라고 보도하자 신문 · 방송 기자들의 후속보도를 막기 위해 청와대까지 동원됐다. 당시 황씨는 기자들의 질문에 "〈사이언스〉라고 쓰면 오보"라고 거짓말까지 했으며 급기야 한 언론사는 "〈네이처〉에 중대 논문 게재 예정"이라는 오보를 내기에 이르렀다. 이런 상황에서 '실수' 이기는 하지만 또다시 엠바고 파기 사태가 벌어진 것이다. 엠바고 파기에 대한 여론의 악화는 2005년도에는 기사를 쓰지 않은, 2004년 엠바고를 파기한 기자에게까지 불똥이 튀어 그 기자가 방송프로그램 패널 출연을 정지당하는 사태까지 벌어졌다.

일련의 사건을 돌아보면 몇 가지 논점이 추려진다. 먼저 2004년 엠바고를 파기한 신문의 반박기사로 다시 돌아가 보면, 이 신문은 "취재원이 정식으로 요청하고, 기자가 수용 의사를 밝힌 경우 엠바고가 성립된 것으로 판단한다"며 "과학기술부나 황 교수 등 연구진에게서 어떤 엠바고 요청도 받은 적이 없다"고 밝혔다. 물론 취재기자가 황 박사팀의 논문이 〈사이언스〉에 게재된다는 사실을 모른 상태에서 논문 내용을 간접적으로 취재해 보도했다면 엠바고 파기 시비 자체가 성립하지 않는다. 저널에 실린다는 사실을 알았지만 연구팀이나 관련기관의 엠바고 요청이 없는 상태에서 보도한 경우라면 어떠한가. 엠바고는 애초 선박의 억류나 통상 금지를 뜻하는 경제 용어였지만, 언론에서는 어떤 기사의 보도를 일정 시점까지 유예하는 행위로 뜻이 번졌다. 엠바고는 정보 제공자가 정하는 경우가 일반적이지만, 일방적으로 이뤄지는 것은 아니고 기자들의 합의가 전제돼야 성립된다. 경우에 따라서는 기자들이 스스로 합의해 엠바고를 정하는 경우도 있다. 따라서 과학저널에 게재된다는 사실은 알고 있는 상태에서 연구팀으로부터 엠바고 요청을 받지 않았다면 엄밀한 의미에서 엠바고를 파기했다고 할 수는 없다. 실제로 〈사이언스〉 등 과학저널들도 취재기자가 논문의 저자가 아닌 제3자를 통해 논문의 내용을 취재해 보도를 한 경우에는 엠바고 파기에 대한 책임을 저자에게 묻지 않는 것이 관례인 것으로 알려져 있다.

이제 논점은 〈사이언스〉나 〈네이처〉 등 저널들이 요구하는 엠바고의 정당성 여부로 넘어간다. 일반적으로 대부분의 학술지는 엠바고를 요청하지 않는다. 학술지들은 게재하는 논문이 가능하면 많은 사람들에게 자유로이 읽히기를 원하는 것이 당연하다. 경우에 따라서는 게재가 확정되지 않은 논문들도 프리프린트(preprint; 예비논문)라는 형식으로 공개된다. 〈사이언스〉나 〈네이처〉 같은 저널이나 〈셀〉, 〈미국국립과학원회보〉 등 일부 학술지들은 순전히 자신들의 위상 문제로 보도를 제한한다.

물론 이들 저널은 엠바고에 대한 나름대로의 논리를 앞세운다. 필립 캠벨(Phillip Campbell) 〈네이처〉 편집장은 "동료평가 제도만으로는 완벽하지 않아 엠바고를 쓴다"며 "과학자들이 학술대회를 포함한 동료평가에 앞서거나 또는 엠바고 날짜에 앞서 그들의 연구결과를 미디어에 공개하는 것에 반대한다"고 말했다.[10] 그는 엠바고의 장점으로 첫째 저자들은 그들의 주장을 잘 펼칠 수 있는 계획을 세울 수 있고, 둘째 저자와 저널은 연구결과를 최대한 널리 알릴 수 있으며, 셋째 저널리스트들은 그렇지 않았다면 놓쳤을 기사를 얻고 또한 기사판단을 할 여유를 가지며 마지막으로 독자들은 좀 더 좋은 정보를 얻을 수 있다는 점을 들었다. 〈사이언스〉나 〈네이처〉의 엠바고 정책에 대해 대부분 세금이나 기부금 등 공적 자금으로 연구된 성과를 자신들의 상업적 이익을 극대화하기 위한 수단으로 이용한다고 비판하는 사람들도 적지 않지만[11], 과학계에서는 이들 저널의 권위를 인정해 엠바고 정책을 받아들이고 있다. 언론계에서도 국제 관행으로 자리잡은 지 오래다. 이들 저널은 언론의 편의를 위해 엠바고보다 며칠 앞선 시점에 등록 언론인들에게 미리 논문의 제목과 초록, 저자 등에 대한 정보(프레스 패키지)를 보내준다. 2004년 당시

---

10) 2007년 4월 호주 멜버른에서 열린 제5회 세계과학기자콘퍼런스에서 강연한 '〈네이처〉와 자매지들에서의 동료평가의 운영과 압력들' 제목의 주제발표.

11) 과학 정보의 자유로운 유통과 이용을 추구하는 '오픈 액세스'(정보공유) 운동은 상업저널 체제에 대한 반성에서 나왔다. 이런 정신 아래 〈공공과학도서관〉(PLoS)처럼 '카피 레프트'를 구현하는 저널들이 등장하고 있다.

에도 일부 국내 기자들은 〈사이언스〉의 프레스 패키지를 받아 황 연구팀의 논문이 발표된다는 사실을 알고 있었다. 〈사이언스〉에 논문이 실린다는 사실만 가지고도 엠바고에 대한 인지를 할 수 있었다는 얘기다. 실제로 황 연구팀의 '줄기세포' 기사를 쓴 기자는 나중에 "〈사이언스〉가 엠바고를 설정해놓았다는 사실을 (기사화 이전에) 알고 있었다"고 시인한 바 있다.

저널들은 엠바고 파기의 책임을 일차적으로 논문 저자에게 묻는다. 실제로 2005년 5월 〈네이처〉 자매지인 〈네이처 바이오테크놀로지〉 표지논문으로 소개될 예정이었던 한 교수의 논문이 지역언론의 엠바기 파기를 이유로 표지에서 빠지는 불이익을 받기도 했다.

마지막 논점은 국민 내지 독자의 알권리와 엠바고의 충돌 문제이다. 다시 2004년 엠바고를 파기한 신문의 반박기사를 보자. 신문은 "본지가 먼저 보도하지 않았다면 국내 언론들은 한국 과학자의 자랑스러운 업적에 대해 사후에 외신 보도를 베낄 수밖에 없는 입장이었다"고 했다. 일견 주장에 타당성이 있는 듯이 보일 수 있다. 2005년의 엠바고 파기 소동은 이런 한반도의 지정학적 불리에서 야기된 '실수'들에서 비롯된 측면이 있다.

그러나 엠바고를 파기할 만한 알권리의 범위는 제한적이어야 한다. 알권리를 위해 엠바고를 파기해야 할 상황이라면 애초 엠바고를 기자들이 받아들이지 말았어야 한다. 가령 2004년 '쓰레기만두' 파동 때 경찰은 수사상 이유로 불량 만두 보도에 대한 보도 시기 제한을 기자단에 요청했고 기자들은 이를 받아들였다. 그러나 엠바고가 유지되던 100여일 동안 국민들은 아무것도 모른 채 쓰레기 만두를 먹어야 했다. 이 경우 국민의 알권리를 위한 엠바고 파기는 정당성을 갖는다. 하지만 사전에 국민의 알권리를 고려했다면 기자단은 경찰의 엠바고를 거부했어야 한다.

엠바고 파기는 대부분의 경우 알권리보다는 특종 경쟁, 속보 경쟁에서 빚어진다. 외신보도를 베끼지 않기 위해 엠바고를 깼다는 주장은 국민의 애국심에 호소해 동정을 받을 수는 있어도 학계와 언론계의 관례가 깨어져 국제적 신의를 잃을 수도 있는 상황에서 정당성을 가지기는 부족하다. 특히 과학기사의 경우 국민의 알권리를 위해 촌각을 다툴 만한 사안들은 많지 않다. 새로운 전염병 발견처럼 긴박한 경우가 아니라면 저널에 실리는 논문들은 며칠 앞서 보도된다고 국민의 알권리가 더 충족되지 않는다. 과학기자협회의 '과학보도 윤리선언' 도 "〈사이언스〉·〈네이처〉 등 국제 과학저널의 엠바고(보도시점 제한)는 특별한 경우가 아닌 한 존중한다"라고 명시하고 있다.

3. 과학기자와 과학커뮤니케이터

앞에서 설명했듯이 과학이 가진 추상성·전문성·복잡성이라는 성격 때문에 과학기사를 작성하는 데는 과학자와 과학기자를 연결해주는 제2의 매개자 곧 과학커뮤니케이터가 필요하다. 과학커뮤니케이터는 전문적으로 정제된 과학정보를 만들어주고(추상성 극복), 전문적 지식을 해석해줘야 하며(전문성 극복), 과학지식의 복잡한 구조를 이해시켜줄 수 있어야 한다(복잡성 극복). 과학커뮤니케이터는 과학기술계와 비과학기술계, 과학기술인과 사회 구성원 사이에 과학기술 관련 메시지를 전달하고 그에 포함된 의미를 공유하도록 하는 구실을 한다.

황우석 사건이나 광우병 사태처럼 과학적 사실이 사회적 쟁점이 됐을 때 과학커뮤니케이터의 역할은 더욱 중요해진다.

황우석 사건은 노출(exposing)–주목(focusing attention)–인지(cognizing)–행동(moving)의 네 단계로 구성된 대중의 '과학기술 연관짓기' (PEP/IS)라는 과학커뮤니케이션 이론으로 분석할 수 있다.(Kim, 2007)

황우석 사건의 주제어(keyword)는 '체세포 핵이식에 의한 환자 맞춤형 배아줄기세포 수립' 이다. 황 연구팀은 '난치병' 이라는 대중의 주목도가 높은 문제를 '줄기세포' 라는 과학적 토픽과 연관짓게 하는 데 큰 구실을 했다. 그러나 논문 조작이 사건화한 뒤 대중의 주목은 '줄기세포의 존재 여부'에 쏠리고 이는 '논문의 진실성'이라는 또 다른 과학적 토픽과 연관지어졌다. 과학적 사실의 진실 여부에 대한 대중의 관심이 높아진 만큼 진실이 밝혀진다면 대중들이 공동행동으로 나아갈 가능성이 매우 높은 상황이 된 것이다. 그러나 진실을 밝혀줄 단서들은 전문적이고 복잡해 과학기자들이 이해하기 쉽지 않았다. 과학커뮤니케이터들은 과학기자들이 복잡한 과학적 사실들을 대중들이 이해하기 쉽게 알리고 진실에 접근하도록 하는 데 중요한 구실을 했다.

이 사건에서 과학커뮤니케이터로 규정할 수 있는 그룹으로는 해당 분야(줄기세포) 연구자들뿐만 아니라 과학관련 정보 사이트 활동가들, 익명의 제보자 등이 존재했다.

황우석 사건과 관련해 줄기세포 전문가 중 특별히 한 연구자에게 특히 과학기자들의 취재가 집중됐다. 그는 서울의 한 대학 축산학과 출신으로 국내에서 박사학위를 받은 뒤 미국 대학의 박사후 과정에서 소복제 연구를 했으나 뒤에 냉동수정란 배아줄기세포로 연구 테마를 바꿨다. 황씨와 연구 이력이 유사해 과학기자들이 사건 관련 과학적 내용들에 대한 설명을 듣기가 쉬웠다. 황우석 사건이 시작된 2005년 11월 14일부터 2006년 2월 8일까지 1개 통신사, 9개 일간지와 3개 경제지에서 이 교수는 74번 인용됐다. 황우석 사건이 정점을 향하던 2005년 12월 중순 이후에는 이 사건을 둘러싼 입장이 양극화하면서 여느 취재원처럼 이 교수도 언론에 익명보도를 요구한 것을 고려하면 실제 이 교수의 언론 노출은 훨씬 많았을 것으로 추정된다. 같은 시기에 줄기세포 전문가로서 언론에 인용된 또 다른 두 명의 전문가들은 각각 18건과 5건에 지나지 않았다. 난자 윤리 문제 이전에는 17건, 논문 진위 문제 이후에는 57건이 인용된 것을 보면 과학기자들은 기사 작성을 위해 이 교수에게서 전문적 조언을 구했던 것으로 보인다.

황우석 사건에서 또 다른 중요한 커뮤니케이터로는 황 연구팀의 비리를 〈MBC〉 PD수첩에 제보한 연구자와 시민단체 간사가 있었다. 제보자는 황 연구팀에서 줄기세포를 연구한 당사자여서 PD수첩 취재팀에게는 필연적인 과학커뮤니케이터였다. PD수첩을 '교육' 시킨 두 번째 커뮤니케이터는 한 시민단체 간사로, 석사학위 과정에 분자생물학을 전공한 전문가다. 문과 전공인 PD수첩팀은 이 전문가에게서 줄기세포와 관련한 '특강' 을 받고 취재계획을 짠 것으로 알려져 있다.

인터넷 사이트에서 활동한 익명의 활동가들도 과학자들로서 간접적이지만 과학기자들에게 과학커뮤니케이터로서의 역할을 했다. 생명공학 관련 정보 사이트인 생물학연구정보센터(브릭)[12] 회원인 '어노니머스(anonymous)' 는 PD수첩이 취재윤리 문제로 집중 포화를 맞은 뒤인 12월 5일 밤 황 연구팀의 논문이 사진을 조작했다는 의혹을 처음 제기한 인물이다. 브릭 사이트가 개설돼 있는 포항공대의 당시 담당교수 말에 따르면 생명과학 분야에서 국내 박사학위를 받았고 당시 과학계에 종사하고 있지는 않은 사람이었다. '아릉~' 이라는 아이디로 12월 6일 새벽 마찬가지로 황 연구팀의 논문 가운데 DNA지문이 조작됐다는 의혹을 제기하는 글을 올린 인물은 한 지방대에서 유전공학을 전공으로 박사과정을 하고 있는 연구자로 밝혀졌다. 이 연구자는 미즈메디병원 논문 사진 조작, 스너피 진위 논란, 처녀생식 논란 등에서 계속 전문적인 분석을 내놓았다. 당시 과학기자들에게는 취재에 활용할 수 있는 좋은 자료가 됐다. 사진 동호회 사이트인 디시인사이드(dcinside)[13]의 회원으로서 '통쾌' 라는 아이디를 사용한 네티즌은 피츠버그보고서[14] 등 많은 부분에서 전문적인 분석을 내놓았다. 그의 신분은 밝혀지지 않았지만 분석의 전문성으로 보아 생명공학 전공자인 것으로 추정된다.

---

12) http://bric.postech.ac.kr

13) http://www.dcinside.com

14) 황 연구팀과 함께 연구를 한 제럴드 섀튼(Gerald P. Schatten) 미국 피츠버그대 교수에 대해 피츠버그대가 조사한 보고서.

다음은 필자의 개인적 경험이지만, 당시 과학기사를 작성하는 데 많은 도움을 주었던 인물들이 있었다. 한 사람은 국내 대학 생물학과를 나와 미국에서 석사를 받은 뒤 국내 다른 과학대학에서 생물정보학으로 박사 학위를 받은 생명공학 전문가다. 필자는 이 연구자와 이메일이나 전화로 쌍방향 정보 교환을 하면서 지속적으로 관련 이슈들에 대한 전문적 분석 내용을 제공받았다. 또 한 인물은 익명의 제보자로 필자에게 이메일로 황우석 사건과 관련한 과학적 분석 정보를 제공했다.

위에서 언급한 과학커뮤니케이터들은 모두 과학기자들이 정확한 과학 기사를 쓰는 데 많은 기여를 한 것이 사실이다. 그러나 과학기자들에게 필요한 과학커뮤니케이터로서 충실한 역할을 했는지에 대해서는 평가가 다를 수 있다. 우선 과학기자들이 많이 인용했던 줄기세포 전문가인 교수는 넓은 의미에서 황우석 사건의 이해 당사자라고 할 수 있었다. 과학자로서 같은 분야를 연구한다는 점에서 황 연구팀과 경쟁자임과 동시에 동료 연구자였다. 이런 이해관계는 일부 잘못된 정보를 과학기자들에게 전달해 오보를 낳게도 했다.

황 연구팀 소속이었던 제보자 또한 이해당사자이기도 하여 객관적 사실을 미디어에 제공했다고 볼 수 없다. 제보라는 행위는 과학적 사실을 순수하고 객관적으로 해석 · 판단해주는 과학커뮤니케이터 역할과 괴리가 있을 수밖에 없다고 생각한다. 실제로 제보자는 끝까지 1번 줄기세포가 존재한다고 주장을 했고, PD수첩팀은 그의 말을 일방적으로 믿는 태도를 보였다. PD수첩팀에 '생물학 교육'을 시켜주었던 시민단체 간사(분자생물학자)는 과학커뮤니케이터로서의 역할을 충분히 한 것으로 판단한다.

인터넷 사이트를 통해 분석자료를 제공한 전문가들과 필자에게 익명으로 정보를 제공한 전문가는 정제된 과학정보를 제공했다는 측면에서 과학커뮤니케이터로 분류할 수 있다. 그러나 정보의 흐름이 일방적이고, 익명으로 제공됐다는 점에서 과학기자에게 바람직한 커뮤니케이터는 아니라고 본다.

필자와 계속적인 정보 교환을 통해 분석자료를 제공했던 전문가는 전형적인 과학커뮤니케이터로서의 역할을 했다고 볼 수 있지만, 자신을 직접 인용하는 것에 대해서는 거부의사를 밝혀 기사 작성에서 객관성을 담보하는 데는 한계가 있었다.

참고문헌

국가과학기술자문회의 (2006). 「과학기술 이해증진 및 언론보도 정확성 제고 방안」. 서울: 국가과학기술자문회의.

김학수 (1999). 공공과학과 과학커뮤니케이션과정 연구, 「한국언론학보」, 43권 4호, 79~110.

김영욱, 박성철 (2005). 「과학보도와 과학저널리즘」. 서울 : 한국언론재단.

박성래 외 (1996). 「과학보도」. 서울 : 한국언론연구원.

이근영 (2008). 「논쟁적인 과학적 사실에 대한 언론보도 양태 연구 : 광우병 사태 신문기사 분석」, 서강대학교 대학원 석사학위 논문.

일본과학기술저널리스트회의 (2004). 「科學ジャーナリズムの世界: 眞實に迫り, 明日をひらく」. 박성철, 오카모토 마사미 옮김(2010).「과학 저널리즘의 세계」. 서울:한울아카데미.

Anabela Carvalho (2007). Ideological cultures and media discourses on scientific knowledge : re-reading news on climate change. Public Understanding of Science, 16, 223~243.

Jane Gregory, Steven Miller, Steve Miller (1998). 「Science in public : communication, culture and credibility」. 이원근, 김희정 옮김 (2001). 「두 얼굴의 과학」. 서울:지호.

Dorothy Nelkin (1987). 「Selling Science」. 김명진 옮김(2010). 「셀링 사이언스」. 서울:궁리.

____________ (1990). Selling Science. Physics Today, 43, 41~46. 김명진 편저(2001). 「대중과 과학기술」. 서울:잉걸.

Hak-Soo Kim(2007). PEP/IS: A New Model for Communicative Effectiveness of Science. Science Communication, 28(3), 287-313.

3부

과학과 종합 미디어

5장

과학의 즐거움, 잡지의 즐거움

허 두 영
과학동아 편집인

어린이에게 희망하는 미래의 직업을 물어보면 눈을 반짝이며 이구동성으로 "과학자"라고 대답하던 때가 있었다. 적지 않은 시간이 흐른 뒤 그 어린이 가운데 거의 대부분은 과학자가 아닌 다른 직업으로 방향을 돌렸지만, 과학에 대한 끈을 놓지 않고 오랫동안 붙잡고 있게 만드는 것은 과학잡지다. 현재 활동하고 있는 과학자 가운데 거의 대부분은 청소년 시절에 과학잡지를 통해 정보를 얻고 지식을 쌓으며 과학에 대한 열정을 키워왔기 때문이다. 과학에 있어 잡지의 역할은 그만큼 중요하다.

1. 다양한 과학잡지의 스펙트럼

세계적으로 과학잡지는 참 많다. 이 가운데 '네이처'(Nature)와 '사이언스'(Science)는 세계 과학저널의 쌍두마차로 꼽힌다. 네이처는 영국에서 1869년, 사이언스는 미국에서 1880년에 창간되었으니 두 잡지 모두 100년이 훨씬 넘는 역사를 자랑한다. 특히 사이언스는 발명왕 토머스 에디슨이 투자한 1만 달러로 창간된 뒤, 지금은 미국과학진흥협회(AAAS: American Association for the Advancement of Science)에서 발행하고 있다. 두 잡지 모두 주간지로, 물리학 · 의학 · 생물학 · 화학 · 우주과학 등 과학 전반을 다루며 엄격한 심의를 거쳐 매년 1,000편 안팎의 논문을 게재한다. 과학자들이 이들 저널에 논문이 실리는 것만으로도 영예로 여길 정도로 과학계에 미치는 영향이 크다. 이 두 저널과 함께 세계 3대 과학저널로 꼽히는 '셀(Cell)' 은 생물학 분야에서 최고의 권위를 자랑하는 격주간지다.

대중적인 과학잡지로는 미국의 '사이언티픽 어메리칸(Scientific American, 1845년 창간)' 과 '파퓰러 사이언스(Popular Science, 1872년 창간)' 를 들 수 있다. 두 잡지 모두 최신 연구 동향을 대중에게 쉽게 설명하거나 새로운 발명품에 대해 소개하는 기사를 실어 대중과 소통하는 역할을 수행하고 있다. '테크놀로지 리뷰(Technology Review, 1899년 창간)' 와 '스미소니언(Smithsonian, 1970년 창간)' 은 MIT 대학과 스미소니언 박물관이 각각의 연구결과를 대중에게 소개하는 잡지로서 그 영역을 넓혀가고 있다. 이밖에 일본의 '뉴턴' (Newton, 1981년 창간), 중국의 '신지커' (新知客, Focus China), 프랑스의 '시옹스앤비' (Science & Vie)가 각국의 대표하는 과학잡지로 인정받고 있다.

우리나라에도 과학잡지는 많다. 동아일보 계열사인 동아사이언스가 발행하는 과학동아(1986년 창간)는 대중과 청소년을 아우르는 독보적인 과학교양지로 그 영향력을 자랑하고 있고, 어린이과학동아(2004년 창간)도 초등학생의 눈높이에 맞춘 잡지로 자리잡았다. 또 수학동아(2009년 창간)는 수학이라는 전문 영역을 다루는, 세계적으로도 독특한 잡지 모델로 인정받고 있다.

교원과 웅진이 각각 발행하는 과학소년(1991년 창간)과 과학쟁이(2000년 창간)는 학습지 시장을 기반으로 탄탄한 독자층을 확보하고 있다. 한국과학기술단체총연합회(과총)가 발간하는 '과학과 기술' 은 과학기술 분야의 학회를 대상으로 배포되고 있다. 이밖에 월간전기, 전자과학, 화학저널, 마이크로소프트웨어 등 분야별 전문지가 발행되고 있다. 뉴턴, 파퓰러사이언스, 내셔널지오그래픽 같은 외국 잡지도 꾸준히 번역 출간되고 있다.

2. 잡지에 대한 잡다한 것들

잡지(雜誌)란 특정한 제호(題號) 아래 원고를 수집하여 일정한 간격을 두고 정기적으로 편집 · 간행하는 정기간행물을 말한다. 발행주기로 보면, 월간, 주간, 계간, 연간 등의 형태로 나눌 수 있는데, 간행 간격이 짧을수록 대중적이거나 시사적이고, 길수록 학술적이거나 자료적인 성격을 띠게 된다. 잡지와 단행본의 특성을 함께 갖춘 무크(Mook = Magazine + Book, 부정기간행물)도 있다.

발행목적에 따라서, 또는 독자에 따라서 나눠볼 수도 있다. 저널(Journal)은 전문가끼리 학술적인 논문을 발표하는 잡지를 말하고, 매거진(Magazine)은 일반 대중을 대상으로 정보와 볼 거리를 제공하는 잡지를 가리킨다. 이밖에 기관지, 동호지, 홍보지(Newsletter, Bulletin, Periodical)는 특정 집단이 고유의 목적으로 발행하는 잡지를 의미한다. 이에 따라 나눠 보면 '네이처', '사이언스', '셀'은 저널이고, '사이언티픽 어메리칸'과 '파퓰러 사이언스'는 매거진이며, '테크놀로지 리뷰'와 '스미소니언'은 기관지에서 시작한 잡지로 볼 수 있다.

판형에 따라 구분할 수도 있다. 대개 문예지 · 종합지 같은 월간은 국판(菊版), 여성지 · 아동지 같은 월간과 대중 주간지는 4 · 6배판, 화보 잡지는 국배판(菊倍版)이나 타블로이드판을 선호하고, 특수교양지나 가이드 성격을 띤 잡지는 4 · 6판 또는 포켓판 형태를 취하기도 한다. 국판은 국판 전지(全紙)를 16등분한 152×218mm의 크기의 판형을 말하는데, 일본이 영국에서 수입한 원지(原紙)의 달리아(Dahlia) 상표를 국화로 해석해서 국화 국(菊) 자를 쓰게 되었다. 4 · 6판은 127×188mm(4.2×6.2치) 크기인데, 인치 기준으로 소수점 이하 우수리를 떼고 부른 데서 비롯한 판형이다.

잡지의 기원을 살펴보면, 17세기에 프랑스의 한 서적출판사가 신간을 소개하기 위해 발행한 카탈로그를 1665년 1월 정기간행물로 발전시킨

'지식인의 저널' (Journal des sçavans)을 최초의 잡지로 꼽는다. 같은 해 3월 영국 왕립학회(Royal Society)가 발행한 '철학 회보' (Philosophical Transactions)가 그 뒤를 잇는다. 얼마 지나지 않아 폐간된 '지식인의 저널' 도 과학적인 내용을 제법 담고 있었지만, '철학 회보' 는 아이작 뉴턴, 마이클 패러데이, 찰스 다윈 같은 세계적인 과학자들이 과학사에 길이 남을 논문을 발표한 권위 있는 저널로 발전했다. 세계 최초의 잡지가 과학 잡지의 기원과 뿌리가 같다는 점에서 과학잡지의 선도적인 역할을 가늠할 수 있다.

잡지의 대명사로 사용되는 magazine은 '창고' (倉庫)라는 뜻을 가진 네덜란드어의 'magazien' 에 그 어원을 두고 있다. 정보 또는 지식의 창고라는 뜻이 된다. '매거진' 을 제호로 사용한 최초의 잡지는 1731년 영국에서 발행된 'Gentleman' s Magazine' 으로, 지식인에게 정보와 오락을 책으로 묶어 제공하는 것을 간행 취지로 삼았다.

3. 週刊紙와 週刊誌

주간으로 발행하는 주간지는 신문인가, 잡지인가? 일간은 신문이고, 월간은 잡지인데, 주간은 신문일까, 잡지일까? 간기(刊記)를 기준으로 신문이냐 잡지냐를 분류하지는 않는다. 주간지의 '지' 를 한자로 쓸 때 '종이 지' (紙)를 쓰면 신문이고, '기록할 지' (誌)를 쓰면 잡지다.

그러면 어떤 때 '종이 지' (紙)를 쓰고, 또 어떤 때 '기록할 지' (誌)를 쓰는가? 그것은 신문과 잡지의 고유한 특성으로 나눠볼 수 있다. 대개 신문은 일반적이고 종합적인 분야를, 잡지는 전문적이고 특정한 분야를 다룬다. 신문이 속보와 보도에 초점을 두고 객관적인 관점을 갖는다면, 잡지는 심층 분석에 방점을 찍고 주관적인 관점을 견지한다. 따라서 신문은 재미보다는 정보에 비중을 두는 반면, 잡지는 정보보다는 재미를 좇는다. 신문이 남성지향적으로 공공성을 추구하며 사회적으로 검사의 역할을 한다면, 잡지는 여성지향적으로 신변잡기를 다루며 사회적으로 변호사의 역할을 한다고 할 수 있다.

구분	Newspaper	Magazine
분야	종합	전문
중점	속보	심층
태도	보도	분석
관점	객관적	주관적
비중	정보 〉 재미	정보 〈 재미
취향	남성	여성
지향	정치 지향적	문화 지향적
목적	공공성(사회 공익)	개별성(신변잡기)
역할	검사(감시, 고발)	변호사(이해, 대변)

4. 과학뉴스를 분류하면

신문이나 잡지가 제품이라면 뉴스는 재료 또는 부품이라고 할 수 있다. 재료나 부품을 보면 제품이 어떻게 만들어지고, 또 어떻게 발전하는지 알 수 있다. 재료나 부품의 특성으로 구분해 볼 때 첫째 유형은 인간의 과학 · 기술 · 공학 · 산업적인 활동에 관한 것이다. ① 과학적인 원리 현상을 발견하는 것으로는 '지구 닮은 행성 글리제 581g 발견', '투명 망토 만드는 비법', '독극물 비소 먹는 박테리아 발견' 같은 기사를 들 수 있다. ② 기술적인 방법을 통한 발명에 관한 것으로는 '생각만 하면 글자가 척척 써지는 문서작성 프로그램', '올해 최고의 발명은 성에 없는 냉난방기기', '입으면 힘이 나는 에너지섬유 개발' 같은 기사가 있다. ③ 공학적인 방법의 공정 개발에 관한 것으로는 '용광로 없는 꿈의 제철소 파이넥스 공장 가동', '3차원 복사기로 일상용품 즉석 제작 가능', '침매공법으로 거가대교 건설'을 꼽을 수 있다. ④ 산업적인 방법의 제품 생산에 관한 것으로는 '전기차 배터리로 유럽을 뚫었다', '인천 무의도에서 해수담수화 시설 가동', '아이폰과 갤럭시, 스마트폰 大戰 시작'을 들 수 있다.

두 번째 유형으로는 인간의 통제를 벗어난 자연 현상에 관한 것이다. ① 계절의 변화에 따른 자연 현상으로는 '청계천 하류에 돌아온 제비', 2050년 크리스마스는 아열대', '단풍은 해충과 햇볕에서 나뭇잎 보호' 같은 기사를 꼽는다. ② 천문 현상에 대한 설명으로는 '달이 해를 먹었어요', '30년 뒤 딥임팩트?', '안테나 은하의 충돌' 같은 기사를, ③ 천재지변형 사건에 대한 해석으로는 '백두산 화산 폭발', '아이티 대지진', '인도네시아 쓰나미로 수백명 실종', '유럽 화산재 대란의 원인은 빙하' 같은 기사를 들 수 있다.

마지막 유형은 인간의 다양한 활동을 위한 배경지식에 관한 것이다. ① 생활이나 생존에 필요한 과학적인 지식으로는 '디지털 근육통 늘어난다', '구제역은 사람에게 옮지 않아', '어린이날에 과학 프로그램 선물' 같은 기사를 들 수 있다. ② 경제활동에 필요한 개념지식으로는 '희토류 수급 불안 갈수록 증폭', '햅틱형 터치스크린 기술 경쟁', '옥수수 가격 폭등' 같은 기사를 꼽을 수 있고, ③ 정치 · 사회적인 사건을 둘러싼 배경지식으로는 '북한 우라늄 농축기술 확보', '쇠고기 수입, 뼈 조각만 문제인가', '구제역 도살처분 100만 마리 넘어' 같은 기사를 내세울 수 있다. 마지막으로 ④ 미래를 이해하는 키워드로는 '유비쿼터스'(Ubiquitous), 'SNS'(Social Network Service), '클라우드 컴퓨팅'(Cloud Computing) 같은 새로운 용어들을 꼽을 수 있다.

5. 황우석 사건을 기점으로

2000년대가 되기 전까지 과학뉴스는 주로 유형 Ⅰ과 Ⅱ, 곧 인간의 과학 · 기술 · 공학 · 산업적인 활동에 관한 뉴스와 인간의 통제를 벗어난 자연 현상에 관한 뉴스가 대부분이었다. 과학뉴스는 언론매체의 변방에 머물렀고, 굳이 알지 않아도 생활하는데 아무런 문제가 없었다.

2005년 MBC의 'PD수첩'이 황우석 서울대 교수의 '사이언스' 게재 논문에서 사용된 난자의 출처에 대한 의문을 방송하면서 결국 황우석 교수가 논문을 철회하고 사퇴한 '황우석 사건'은 과학뉴스로서 한국은 물론 세계적인 반향을 일으킨 사건이다. 황우석 사건 때문에 과학뉴스의 유형이 바뀐 것은 아니지만, 이를 계기로 과학뉴스가 유형 Ⅲ, 곧 인간의 다양한 활동을 위한 배경지식으로 옮아갔다. 빠른 과학기술의 발전이 사회에 미치는 영향이 점점 크게 부각되기 때문이다.

과학뉴스를 다루는 미디어의 태도도 크게 달라졌다. 황우석 사건 이전에는 신문과 같은 인쇄매체가 유형 Ⅰ, Ⅱ의 과학뉴스를 주로 다뤘지만, 사건 이후 방송과 인터넷에서 과학뉴스를 크게 다루기 시작했다. 방송을 보면, '스펀지' 같은 과학 프로그램이 큰 인기를 얻고 이를 계기로 KBS가 과학프로젝트(다빈치 프로젝트) 팀을 발족시켜 과학 프로그램에 본격 투자하기 시작했다. SBS도 '호기심 천국', '사이언스파크' 같은 대형 프로그램을 제작하여 과학에 대한 관심을 크게 불러 일으켰다. YTN은 한국과학창의재단의 지원을 받아 2007년 과학방송(사이언스TV)을 개국하기도 했다.

인터넷 포털에서도 과학콘텐츠가 인기를 끌기 시작했다. 네이버와 다음의 지식 코너는 처음에는 '하늘은 왜 파란가요', '우주인은 어떻게 찾나요' 같은 과학적인 내용을 위주로 하다 점점 생활 주변의 모든 관심사로 옮아갔다. 프레시안, 이데일리 같은 인터넷 신문에서도 과학뉴스를 비중 있게 다루었고 대덕넷, 사이언스타임즈(Sciencetimes), 더사이언스(The Science) 같은 인터넷 과학신문도 등장하여 인터넷에서 과학저널리즘을 이어갔다.

반면 신문에서 과학뉴스의 비중은 점점 축소됐다. 대부분의 종합지와 경제지는 과학면을 줄이고 과학기자도 줄였다. 종합지와 경제지에서 과학면은 1주에 1개 지면, 과학담당기자는 1~2명에 그쳤다. 이런 침울한 분위기 속에 동아일보는 오히려 과학뉴스 사업을 확장했다. '과학동아'를 출판국에서 분리하여 2000년 별도법인으로 동아사이언스를 창립한 뒤 '어린이과학동아', '수학동아', '더사이언스' 같은 매체를 잇달아 창간했다. 동아일보는 1주에 2개면 이상을 과학에 투자하고 있고, 동아사이언스의 과학기자는 무려 40명에 이른다.

6. 과학언론의 주도권 다툼

MBC의 'PD수첩'이 주도한 황우석 사건은 과학언론의 여러 측면에서 의미 있는 평가를 내릴 수 있다. 신문이 아닌 방송이, 기자가 아닌 PD가, 그것도 과학을 전공하지도 않은 PD가 세계적인 초대형 과학 특종을 터뜨렸기 때문이다. 이 때부터 '추적 60분', 'PD수첩', '그것이 알고 싶다' 같은 방송 장르가 'PD 저널리즘'이라는 용어로 지칭되기 시작했다. 공중파 방송들의 PD들이 풍부한 시간과 자금을 무기로 기자들의 전유물이던 저널리즘의 영역에 도전하기 시작한 것이다. 황우석 사건은 과학언론에서 신문이 방송에게, 기자가 PD에게 KO로 완패한 사건이다. 1980년대의 언론 분위기라면 종합일간지의 자매지인 '신동아'나 '월간조선' 같은 시사월간지가 터뜨렸을 특종을 방송이 주도한 것이다.

'PD수첩'은 2008년 또 다른 초대형 사건을 일으켰다. 이른바 '광우병 사건'이다. 당시 정부가 미국과 쇠고기 수입 협상을 진행하던 가운데 미국산 쇠고기가 광우병에서 안전한가를 따져 과학적인 판단을 요구하는 온갖 논쟁과 대대적인 촛불시위를 유발하여 정치 · 사회적으로 엄청난 파장을 일으켰다. 황우석 사건 때 'PD수첩'의 집요한 추적 앞에 주춤거렸던 대형 종합일간지들은 광우병 사건을 계기로 대대적인 반격을 개시했다. 1심과 2심에서 무죄판결을 받고 현재 대법원 판결을 앞두고 있지만, 광우병 사건은 방송이 사회적으로 완전히 판정패한 사건이다.

2000년대 중 · 후반에 잇달아 터진 황우석 사건과 광우병 사건은 과학언론의 전선을 크게 넓혔다. 유형 Ⅰ(인간의 과학 · 기술 · 공학 · 산업적인 활동)과 유형 Ⅱ(인간의 통제를 벗어난 자연 현상)에 안주하던 과학언론들이 유형 Ⅲ(인간의 다양한 활동을 위한 배경지식)의 새로운 보도영역을 찾아냈다. 신문의 일부 과학담당기자에게 머물던 과학언론이 신문사의 편집국과 방송사의 보도국 차원으로 확산됐다. 보도의 논점도 과학적인 영역의 사실판단에 그치지 않고 정치 · 사회적인 영역의 가치판단으로 번져 보수적인 신문과 진보적인 방송 및 인터넷의 대립 구도를 만들어냈다. 과학을 소재로 하는 뉴스가 그 파장과 빈도 차원에서 보도의 중심에 자리잡게 된 것이다.

7. 숨은 과학찾기

유형 Ⅰ, Ⅱ의 과학뉴스는 정치 · 경제 · 사회 · 문화 등 각 분야의 뉴스처럼 따로 존재했다. 전문적인 영역으로서 과학에 대해 관심 있는 일부 독자를 위한 읽을 거리로 여겨졌기 때문이다. 과학이 사회에 미치는 영향이 매우 작거나, 크다 하더라도 그 속도가 매우 느리게 인식됐기 때문에 과학뉴스는 시간이 남으면 읽어보는 한가한 뉴스였다.

정치 · 경제 · 사회 · 문화에 미치는 과학기술의 영향이 점점 크게 부각되면서 과학은 정치 · 경제 · 사회 · 문화 뉴스에 섞여 새로운 가치판단의 수단으로 등장하고 있다. 곧 배경지식으로서의 유형 Ⅲ의 과학뉴스다. 배경지식으로 사회 곳곳에 숨어있는 과학을 찾는 이유는 과학이 객관적인 가치기준을 정립해 주기 때문이다. 또 합리적인 사고방식을 함양하게 해주고, 세상을 보는 올바른 시각을 갖도록 도와준다.

과학적으로 올바르지 않거나 과학이라고 포장된 엉터리 과학, 사이비 과학이 너무 많아 세상을 혼란스럽게 한다. 정력에도 좋고 미용에도 도움이 된다는 엉터리 식품과 약품을 파는 장사꾼들의 광고에 과학이 난무하고, 천재지변을 신의 계시로 해석하는 사이비 교주의 설교도 첨단과학으로 치장하고 있다. 사이비 과학이 너무 많아 과학자들조차 정신을 차리기 어려울 정도다.

8. 신토불이는 과학인가?

2006년 한국과 미국 간의 자유무역협정(FTA) 협상에 대해 국내에서 반대 시위가 최고조에 달했다. 야권과 농민 및 노동자를 중심으로 하는 반대 진영은 '신토불이'(身土不二)를 반대 논리로 내세웠다. '몸과 땅은 둘이 아니고 하나라' 는 뜻으로, '자기가 사는 땅에서 산출한 농산물이 체질에 맞다' 는 뜻이다. 어떤 주장에 대해 찬성하든 반대하든 그 논리가 타당해야 설득력을 갖는다. 신토불이라는 명제는 과연 과학적으로, 또는 논리적으로 타당한가?

신토불이에 대한 토론은 상당히 곤혹스럽다. 가치판단으로서 우리 땅에서 나는 농산물이 좋으니 애용하자는 데 대해 누가 토를 달겠냐마는, 사실판단으로서 정말 우리 농산물이 우리 몸에 좋은가 하는 것은 전혀 다른 문제이기 때문이다.

신토불이가 옳다는 과학적인 근거는 도대체 무엇인가? 신토불이는 종의 생물학적 다양성을 부정하는 배타적인 논리가 아닌가? 신토불이는 혹시 시장개방을 반대하는 국수주의 논리로 전락한 것은 아닌가? 신토불이는 논리라기보다는 주장에 가깝다.

'우리 것은 무조건 좋은 것이여~' 라고 주장하는 신토불이는 과학은 증발해 버리고 애국심만 남은 것처럼 보인다. 애국심만 남은 신토불이는 미신이다. 김치가 신종 플루를 예방한다거나 AI(조류인플루엔자)를 막는다는 논리에서 미신은 절정으로 치닫는다. 음식으로서의 김치가 곧 마귀를 쫓는 부적이자 만병통치약으로 승화되는 것이다.

그렇다면 김치의 가장 중요한 재료인 고추는 16세기말에 포르투갈에서 일본을 거쳐 들어온 외래 작물이라는 사실은 어떻게 설명할 것인가? 신토불이를 외치면서 김치나 인삼을 외국에 수출하려고 하는 논리는 어떻게 풀어낼 수 있을까?

외국인에게 김치와 인삼을 먹으라고 권하면서 피자와 LA갈비는 못 먹겠다고 시위할 이유는 없다. 중국산 쌀보다 제주도 쌀이 몸에 훨씬 좋다고 강변할 수도 없다. 자생지가 한반도인 벚꽃은 '사쿠라'라고 싫어하고, 자생지가 중국(중동)인 무궁화를 '우리나라 꽃'으로 받드는 게 현실이다. 생물에게는 국경이 없다. 인간만 국경을 그을 뿐이다.

9. 배달민족은 단일민족?

한국계 미국인인 하인스 워드(Hines Ward)가 2006년 NFL(미국프로풋볼) 슈퍼볼에서 MVP를 차지하면서 갑자기 배달민족의 DNA에 대한 자긍심이 한반도에 진동했다. 배달민족의 우수성에 대한 자부심은 어디서 온 것일까? 지금 기성세대의 대부분은 혈통이 순수해서, 다른 말로 하면 외래 인종과 피가 섞이지 않은 데 대해 배달민족의 자부심을 느껴왔다. 유서 깊은 집안이라는 가계도를 자랑할수록, '상놈'이 아니라 '양반'이라는 계급을 내세울수록 순수한 혈통을 강조해왔다.

혈통이 순수하다는 것은 과연 종(種)이 뛰어나다 또는 유전자가 우수하다는 결론으로 귀결될 수 있을까? 혈통이 순수하다는 것은 유전자 집단(pool)이 좁다는 것이고 종(種)의 다양성이 떨어진다는 의미다. 종의 다양성이 떨어질수록 급변하는 환경에서 적자생존(適者生存)의 확률이 낮다. 근친상간의 확률이 높을수록 우성 유전자보다 오히려 열성 유전자가 발현하기 쉽다. 국수주의적인 가치관과 생물학적인 상식 사이에서 매우 혼란스럽다.

순수한 혈통을 강조하던 사람들이 혼혈인 하인스 워드에 대해 자부심을 느끼기 시작했다. 같은 핏줄을 가진 조선족조차 멸시하다가 세계적으로 성공한 한국계 혼혈인에 대해 갑자기 찬사를 퍼붓는 것은 무슨 까닭일까? 국수주의와 마초증후군(Macho Syndrome)이 겹치는 좁은 영역에는 과학이나 상식이 들어설 자리가 전혀 없다. '다문화가족'이라는 새로운 용어는 그 배타적인 영역이 마지못해 양보한 정치적인 온정주의로 느껴질 뿐이다.

10. 식중독이 전염된다?

최근 몇 년 사이에 학교에서 집단 식중독 사건이 급증하고 있다. 식중독은 상한 음식을 잘못 먹으면 발생하는데, 학교에서 단체 급식이 늘어나면서 식중독이 빈발하는 것이다. 앞으로 무상 급식이 확산되면 식중독은 더 잦을 것으로 보인다. 식중독은 전염되는 것인가? 상식적으로 식중독은 주로 여름에 발생하고 전염되지 않는다고 알고 있는 사람이 대부분이다. 그러나 최근 식중독은 겨울에도 발생하고 전염되는 사례가 자주 보고되고 있다. 도대체 어떻게 된 일인가?

식중독은 음식의 독성 물질 때문에 발생한 증후군을 말한다. 박테리아에 의한 감염, 박테리아가 생산한 독성물질에 의한 감염, 음식 자체에 들어있는 독성이나 자연에 존재하는 독성에 의한 감염, 인공 화학물질에 의한 발병 등 원인이 다양하다. 이 가운데 여름에 자주 발생하는 식중독은 포도상구균, 살모넬라균, 비브리오균 같은 박테리아가 만든 독성물질 때문에 발생한 소화기관의 증상이다.

최근 빈발하는 겨울 식중독은 박테리아가 아니라 바이러스로 인해 발생한다. 박테리아는 온도가 높은 여름에, 바이러스는 온도가 낮은 겨울에 활동성이 높아진다. 최근 발견된 노로 바이러스는 환자의 대변이나 구토, 물건 등을 통해 옮아가는데 전염성이 상당히 높은 편이다. 식중독은 여름에 발생하고 전염되지 않는다는 과거의 상식을 철석 같이 믿고 있다가는 큰 코 다치게 됐다.

11. 사춘기가 빨라진다는데…

뉴스를 보면 청소년의 사춘기가 빨라진다고 한다. 남성과 여성의 가임 연령이 낮아진다는 뜻이다. 왜 사춘기가 빨라지는 것일까? 영양상태가 좋아졌기 때문이기도 하고, 성적(性的) 정보에 지나치게 자주 노출되기 때문이기도 하다. 성(性)마저 상품으로 다루려는 자본주의 체제에서는 2

차 성징이 빠를수록 성적(性的) 상품성이 높아지기 때문이다.

사춘기가 빨라지는 것은 좋은 것일까 나쁜 것일까? 종(種)으로서 호모 사피엔스에게 어떤 의미일까? 신약성서에서 '씨 뿌리는 사람의 비유'를 굳이 들지 않더라도 좋은 땅에 떨어진 씨와 나쁜 땅에 떨어진 씨가 자라면서 어떻게 달라지는지 알 수 있다. 좋은 땅에 떨어진 씨는 싹을 틔운 뒤 높이 생장과 부피 생장을 통해 덩치를 키운다. 충분히 생장한 나무는 최적의 시기에 꽃을 피우고 열매를 맺어 종족을 번식시켜 나간다. 나쁜 땅에 떨어진 씨는 싹을 틔우자마자 열악한 환경의 한계를 실감한다. 언제 죽을지 모르니 생장보다는 조기 번식에 집중하는 전략을 택하게 된다. 덩치를 키우기보다 서둘러 꽃을 피우고 대충 열매를 맺어 빨리 씨를 퍼뜨리는 전략이다. 치열한 생존경쟁의 한 가운데서 어느 씨가 살아남을 확률이 더 높을까?

지구에 등장한지 100만~200만년이 된다는 호모 사피엔스(Homo Sapiens)는 이미 그 정점을 지나 서서히 멸종의 길로 들어선 것일까? 사춘기가 빨라진다는 사실, 곧 호모 사피엔스가 조기 번식 전략을 택했다는 사실은 우리를 우울하게 만든다. 살고 있는 환경이 나빠졌기 때문에 호모 사피엔스는 결국 조기 번식 전략을 택한 것이다. 호모 사피엔스는 앞으로 얼마나 오래 번성, 아니 생존할 수 있을까?

12. 유전자 치료의 미래

유전자 치료는 문제가 있는 유전자로 인한 질병에 대해 환자의 세포에 정상 유전자를 주입하여 치료하는 방법이다. 치료과정에서 악성 종양이 발현될 수 있다는 안전 문제와 치료가 아닌 다른 목적일 경우 발생하는 윤리 문제는 개인적인 또는 사회적인 문제로 일단 제쳐 두자. 유전자 치료를 오래오래 계속하면 호모 사피엔스에게 어떤 일이 일어날까?

열성 유전자를 가진 개체는 도태하고 환경에 적응하는 적자가 살아남는다는 것이 자연도태와 적자생존의 논리다. 열성 유전자를 가진 개체를 인위적으로 살려주면 열성 유전자가 발현할 확률이 높아진다. 곧 악화가 양화를 구축하는 현상이 나타나 그 유전자 집단(pool)이 지저분해질 것이다. 유전자 집단에 열성 유전자가 득실거리는 종은 그만큼 멸종 위험이 높아지게 되는 것이다. 열성 유전자를 보완하기 위해 호모 사피엔스는 결국 기계와 생체와 약물의 힘을 빌어 생존을 이어가는 전략을 쓰게 될 것이다. 유감스럽게도 호모 사피엔스는 이미 이 단계에 깊숙이 들어서 있다.

유전자 치료는 또 다른 논쟁거리를 안고 있다. 질병을 치료하기 위해 유전자 치료는 괜찮다는 논리는 식품을 먹기 위해 유전자변형작물(GMO)을 재배해도 된다는 논리와 연결되는가? GMO를 반대한다면 유전자 치료도 반대해야 하는 것은 아닐까?

13. 청정에너지가 정말 청정한가?

태양광 발전과 태양열 발전은 다르다. 태양광 발전은 광전변환(光電變換)을 통해 햇빛을 전기로 바꾸고, 태양열 발전은 햇볕이 데운 물로 터빈을 돌려 전력을 생산한다. 태양광이든 태양열이든, 풍력(風力)이든 조력(潮力)이든 파력(波力)이든, 수력이나 화력이나 원자력이 아닌 새로운 발전방식이 최근 관심을 끌고 있다. 이른바 청정에너지다. 이들 청정에너지가 정말 청정할까? 청정하다는 기준은 도대체 무엇일까? 혹시 수력이나 화력, 원자력이 아니면 무조건 청정에너지라 부르는 것은 아닐까?

태양광 발전을 하려면 정밀 화학물질이 많이 필요하다. 반도체를 만드는 것처럼 복잡한 공정을 거쳐야 한다. 태양광 발전소를 건설하려면 넓은 부지가 필요하다. 일부 지방자치단체에서 숲을 개간하여 태양광 발전단지를 만들기도 한다. 혹시 청정에너지를 얻는다는 구실 아래 더 많은 온실가스를 발생시키고 또 다른 환경오염을 일으키는 것은 아닐까? 풍력 발전도 마찬가지다. 터빈의 날개가 일으키는 소음 공해는 물론 풍력 발전단지를 건설하는 데도 또 다른 대가를 지불해야 한다.

태양광 발전도 풍력 발전도 청정에너지가 될 수 없다. 그 에너지원(energy source), 곧 태양이나 바람이 거의 무한하고 청정하다는 이야기지, 그렇게 생산된 에너지는 결코 무한하지도 청정하지도 않다. '청정에너지' 라는 잘못된 '명패' 가 오히려 에너지 낭비를 조장할 것이다.

14. 원자력이 녹색 에너지?

원자력은 미래의 에너지 대안이 될 수 있는가? 원자력 발전을 놓고 환경단체들은 원자력이 생태계를 파괴하고 인류의 미래를 심각하게 위협한다고 주장한다. 당국은 태양광이나 풍력이 차지하는 비중이 너무 낮기 때문에 원자력 발전이 오히려 환경을 보호하고 전력을 값싸게 공급하는 최고의 대안이라고 설명한다. 원자력에 대한 판단도 때에 따라 달라지는가? 2000년대 들어 유가가 급등하면서 에너지 비용이 높아지고 세계 각국이 온실가스 발생량을 의무적으로 줄이기로 하면서 반대 목소리가 잦아들고 원자력 발전이 어쩔 수 없는 대안으로 떠오르고 있다.

방사선 치료에 대한 논쟁도 마찬가지다. 건강 검진을 위해 X선을 촬영하거나 암을 치료하기 위해 방사선 치료를 허용하는 것과, 원자력 발전소에서 나올지도 모른다는 방사선의 위험 때문에 원자력 발전을 반대한다는 논리는 어떻게 연결할 것인가? 원자력 발전을 반대하면 방사선 치료도 거부해야 하는가? 그렇다고 방사선 치료를 받으려면 원자력 발전을 찬성해야 하는가?

방사선 조사 식품은 안전한가? 식품업체에서는 발아 억제, 숙도 조절, 살균, 해충 제거 등의 목적으로 식품에 방사선을 쪼아 안전하게 만들었다고 주장한다. 일부 환경단체나 소비자단체에서는 방사선 조사 식품에 '방사선' 이 남아있기 때문에 안전하지 않다고 반박한다. 방사선(radiation)과 방사능(radioactivity)이 뭐가 다른지 알지 못하는 대중은 곤혹스럽다. "그러면, 먹어도 되는가요?"

15. 먹어도 되는가요?

지구온난화로 세계적으로 농산물 작황이 널뛰기 하듯 급변하면서 농산물 가격 폭등으로 식량 부족에 대한 우려가 높아지고 있다. 이에 따라 유전자변형작물(GMO: Genetically Modified Organisms)이 대안으로 떠오르고 있다. 작물의 유전자 가운데 필요한 유전자를 분리 · 결합하여 원하는 형질을 발현 · 억제하도록 한 것이다. 세계적으로 콩, 옥수수, 유채 같은 작물을 이미 GMO로 재배하여 공급하고 있다. 이들 GMO는 식용, 사료용, 공업용으로 나뉘는데, 환경위해성은 물론 식용의 경우 안전성에 대한 논란이 그치지 않는다. "먹어도 되는가요?"

낙지에서 우리가 대가리로 알고 있는 부위는 사실 대가리가 아니라 내장이다. 2010년 서울시가 낙지에서 카드뮴이 안전관리기준을 15배나 초과했기 때문에 먹지 말라고 발표했다. 이에 대해 식품의약품안전청(식약청)은 국제기준으로 봐도 별 문제가 없는데다 낙지를 특정부위(내장)만 먹는 경우가 거의 없고, 매일 먹지도 않기 때문에 걱정할 필요가 없다고 반박했다. 대중은 어리둥절하다. "먹어도 되는가요?"

2008년 광우병 파동에서 쇠고기의 안전성도 도마에 올랐다. MBC 'PD수첩' 을 중심으로 하는 진영은 한국이 검역주권을 확보하지 못해 의심물질인 뼈와 내장이 들어있는지 제대로 감시할 수 없는데다 30개월 이하의 소는 위험이 높고, 한국인은 광우병에 취약한 유전자를 가지고 있기 때문에 수입반대 근거를 밝혔다. 한 여자 연예인은 "미국산 쇠고기를 먹느니 차라리 청산가리를 먹겠다"고도 했다. 미국산 쇠고기를 수입하는 업체는 미국 국민이 아무런 문제없이 먹는 쇠고기를 한국에서만 먹지 못하는 이유가 뭐냐고 되묻는다. "먹어도 되는가요?"

GMO에 대한 논란은 여전히 현재 진행형이지만 낙지의 카드뮴 위해성과 미국산 쇠고기 파동에 대해 대중은 까맣게 잊어버렸다. 낙지 대가리와 LA갈비를 먹는 데 대해 언제 무슨 걱정을 했었던가 싶을 정도다. 이런 완벽한 건망증조차 깨닫지 못한 채 대중은 앞으로도 계속 물어볼 것이다. "이거, 먹어도 되는가요?"

16. 천안함 ①번을 어떻게 설명?

2010년 천안함 폭침 사건이 일어난 뒤 바로 찾아낸 어뢰 추진체의 ①번 표기를 놓고 온갖 의문이 불거졌다. '폭발 당시 발생하는 높은 열로 타버렸어야 한다', '발견한 뒤 표면을 닦아내고 ①번을 썼다', '잉크 성분인 솔벤트 블루(Solvent Blue)가 국내 생산된다'는 식이다. 이 밖에도 야권을 중심으로 합동조사단이 발표한 결과에 대해 과학적으로 설명하지 못하는 부분이 많다는 불만이 제기됐다.

어떤 현상을 과학적으로 설명할 수 없는 이유는 크게 여러 가지다. 자료를 수집하는 데 물리적인 한계가 있거나, 비용이 너무 많이 들거나, 시간이 너무 많이 걸리거나, 현재 과학 수준으로는 아직 해석할 수 없는 것이다. 이 모두 설명하지 못한다고 해서 문제가 된다면 이 세상은 그야말로 의문과 의혹 투성이가 될 것이다.

이 세상에서 과학적으로 설명할 수 있는 것은 과연 얼마나 될까? 인간은 지구에서 7,800만km 떨어진 화성에도 원하는 위치에 정확하게 탐사로봇을 착륙시킬 수 있는 엄청난 기술을 갖고 있다. 그런데 종이를 접어 날린 종이비행기가 어디에 떨어질지 알지 못한다. 알기는커녕 종이비행기가 왜 그 자리에 떨어졌는지 설명할 수도 없다. 이 세상에는 과학으로 설명할 수 있는 것보다 설명할 수 없는 것이 훨씬 더 많다. 설명은커녕 예측조차 할 수 없는 것들이 대부분이다. 천안함 사건에 대해 설명할 수 없는 것은 어찌 보면 당연한 것이다.

2010년 말부터 2011년 초에 이르는 기간 동안 갑자기 동물들의 떼죽음이 뉴스에 연이어 올랐다. 루마니아와 미국에서 찌르레기 수천 마리가 죽은 채 발견됐고, 스웨덴에서는 까마귀 수백 마리가 죽었으며, 베트남과 뉴질랜드에서는 알 수 없는 이유로 물고기가 집단으로 허연 배를 뒤

짐고 떠올랐다. 지구 종말의 전조라는 말도 되지 않는 억측까지 난무하지만, 첨단을 자랑하는 현대 과학이 이런 자연 현상조차 설명하지 못하는 것이 어쩔 수 없는 현실이다.

설명할 수 있는 것을 설명하는 것을 '과학'이라고 하고, '설명할 수 없는 것을 설명하는 것을 '예술'이라고 하며, 설명해서는 안 되는 것을 설명하는 것을 '종교'라고 한다. 과학이 모든 것을 설명할 수는 없다. 과학이 모든 것을 설명할 수 있다고 한다면 그야말로 과학만능주의로 지탄받을 것이다.

17. 갑자기 바이러스들이 웬 난리?

우리나라에서 2003년부터 조류인플루엔자(AI: Avian Influenza)가 유행하기 시작하더니, 2010년 말부터 구제역이 나돌아 전국적으로 150만 마리가 넘는 소와 돼지가 떼죽음을 당했다. 세계적으로는 2002년 중증급성호흡기증후군(SARS: Severe Acute Respiratory Syndrome)이, 2009년 신종 플루가 맹위를 떨쳐 수많은 사람들이 공포에 떨었다.

감기는 아데노 바이러스(Adenovirus)나 리노 바이러스(Rhinovirus)에 의해, 독감은 인플루엔자 바이러스에 의해 감염되기 때문에 서로 다른 것이다. AI는 조류인플루엔자 바이러스에, 구제역은 피코르나 바이러스(Picornavirus)나 아프토 바이러스(Aphthovirus)에 감염되는 것이다. 중증급성호흡기증후군은 코로나 바이러스(Coronavirus)에, 신종 플루는 A형 인플루엔자 바이러스가 변형을 일으킨 새로운 바이러스 때문에 발병한다. 최근 유행하는 겨울 식중독의 원인은 노로 바이러스(Norovirus)다. 갑자기 바이러스들이 왜 미친 듯이 난리를 피우는 것일까?

광우병의 원인은 또 뭘까? 프리온(Prion)은 단백질(Protein)과 비리온(Virion: 단백질 입자)의 합성어로 전염성을 가진 단백질 덩어리다. 프리온은 바이러스에서 유래했지만, 바이러스와 전혀 다른 감염인자로 바이러스보다 훨씬 작으며 사람이나 동물에게 감염되면 뇌에 구멍을 뚫어 뇌

기능을 잃게 만든다.

감기나 독감, 신종 플루는 사람끼리 전염되는 호흡기 질환이다. 조류인플루엔자와 구제역은 해당 짐승에게만 전염되는 병이다. 광우병은 양, 염소, 소를 비롯해 사람에게도 전염된다. 이른바 인수공통전염병이다. 쥐에서 비롯된 흑사병과 개에서 비롯된 광견병처럼, 광우병도 갑자기 유행하지 않을까 두렵다. 또 광우병에 그치지 않고, 조류인플루엔자나 구제역도 사람에게 전염되는 무서운 전염병으로 발전할까 두려운 것이다.

18. 과학은 양심을 지키는 것

매일매일 뉴스에서 쏟아지는 이 많은 사건들은 그 사실판단(Factual Judgement)도 어렵지만, 사실이라 하더라도 그에 대한 가치판단(Value Judgement)도 참 곤혹스럽다. 예를 들면 미국산 쇠고기가 광우병 위험이 높고, 한국인은 광우병에 취약한 유전자를 가졌다는 주장에 대해 사실판단과 가치판단을 내려야 할 것인가? 전문가도 헷갈리는 뉴스 속에서 과학은 대중에게 과연 어떤 도움을 줄 수 있을까?

Science는 그 어원을 라틴어 scire에 두고 있다. '안다' 또는 '지식을 갖는다'는 뜻이다. 영어에서 co, col, com, con, cor 따위는 '함께'(with, together)라는 뜻을 지닌 접두사다. Science에 이 접두사를 붙이면 Conscience가 된다. 그러니까 단어 그대로 굳이 의미를 따진다면 Conscience는 '과학을 나눈다', '과학을 함께 한다'는 뜻이다. Conscience를 사전에서 찾아 보면 '양심'(良心)이라는 뜻이 나온다. 철학용어로 설명하자면 '도덕적 행위 또는 지조(志操)의 선악에 관계되는 범위 내에서의 전인격적(全人格的) 의식 또는 심정'을 말한다. 다시 말하면 과학을 나누는 것은 양심을 지키는 일이 되는 것이다. 과학에 대해 건전한 상식을 갖추고 있다면 헷갈리는 뉴스 속에서도 중심을 잡고 양심을 지킬 수 있다. 양심을 지킬 수 있다면 스스로 엉터리 사이비 과학에 휘둘리지 않을 수 있고 다른 사람을 미망에 빠뜨리지 않을 수 있다.

신문, 방송, 인터넷 같은 미디어는 속보를 중시하기 때문에 사실을 위주로 보도한다. 속보 경쟁에 욕심을 내다보면 사실이 아닌 오보를 내는 경우도 많다. 특히 인터넷은 다양한 주장이나 의견을 거르지 않고 그대로 내보내기 때문에 사실판단을 하는 데 있어 혼란을 가중시키기 쉽다. 과학잡지는 비교적 충분한 시간을 갖고 사실을 확인하며 과학적인 근거를 제시하기 때문에 올바르게 판단할 수 있는 미디어라고 볼 수 있다.

19. 잡지의 위기 그리고 기회

우리나라에서 잡지는 육당 최남선 선생이 발행했던 '소년'(1908년)을 효시로 꼽는다. 그 뒤 '청춘'(1913년), '창조'(1919년) 같은 문예지, '신동아'(1931년), '조광'(1935년) 같은 시사지, '신가정'(1933년), '여성'(1936년) 같은 여성지들이 잇달아 등장했다. 해방 이후 '사상계', '현대공론', '여성계', '여원', '학원', '현대문학' 같은 다양한 잡지가 창간된 데 이어 '주부생활'(1960년)이 새로운 판형과 화려한 편집을 선보이면서 잡지 전성시대를 구가하기 시작했다. 때때로 정부의 간섭이나 검열로 정간이나 폐간을 맞는 경우도 잦았지만, 1980년대까지는 비교적 호황을 구가했다.

잡지에 있어 군부독재시절 무서웠던 정부의 검열보다 더 치명적인 것은 새로운 미디어의 등장이었다. 검열을 받고 정간이나 폐간을 당하면 몇 년 뒤 다시 복간하거나 새로 창간할 수 있었지만, 새로운 미디어의 등장으로 한 번 빼앗긴 시장은 도저히 회복할 수가 없었다.

1980년대 들어 프로야구와 프로축구가 출범하면서 부상한 스포츠신문이 연예계 뉴스까지 취급하고, 경제 성장과 증권시장의 활황에 힘입어 경제지가 늘어나면서 잡지 시장이 위축되기 시작했다. 또 1980년 시작한 컬러 TV 방송은 독자(讀者)를 시청자(視聽者)로 바꾸어 놓으면서 잡지 시장은 큰 타격을 입었다. 신문마저 '읽는 신문에서 보는 신문'으로 변신을 시도하면서 잡지의 고유한 영역이 자꾸만 좁아졌다.

설상가상으로 비틀거리는 잡지 시장에 결정적인 한 방을 먹인 것은 인터넷이다. 재미있는데다 무료나 마찬가지인 콘텐츠를 무궁무진할 정도로 마음껏 즐기게 되면서 유저(User)들의 눈은 컴퓨터 모니터를 벗어나지 못하고 손은 마우스를 떠날 수 없었다. 잡지를 뒤적거리던 손이 사라지기 시작한 것이다. 잡지는 종이에서 벗어나 인터넷에서 웹진(Webzine = Web + Magazine) 또는 메일진(Mailzine = eMail + Magazine) 같은 형태로 변신을 시도했지만 수익성에는 별 도움이 되지 못했다. 모아진(www.moazine.com) 잡지 포털이 약간의 성공을 구가할 뿐이다.

2000년대 후반 들어 불기 시작한 모바일 혁명의 바람은 잡지에게 또 다른 위기일까, 새로운 기회일까? 아마존닷컴이 킨들(Kindle)을 발표하고 애플이 아이폰(iPhone)과 아이패드(iPad)를 출시하면서 잡지 시장은 전자책 단말기(eBook Reader)와 스마트폰(Smart Phone)과 태블릿(Tablet) PC 같은 새로운 모바일 단말기에서 희망적인 신호를 찾기 시작했다. 인터넷에서 적용하기 어려웠던 과금 문제를 앱(App = application)을 통해 쉽게 해결할 수 있을 것으로 기대하기 때문이다. 이에 따라 앞으로 앱의 형태를 빌려 모바일진(Mobilezine = Mobile + Magazine) 또는 엠진(M-zine) 같은 새로운 잡지의 형식이 등장할 것으로 보인다.

20. 기술이 바꾸는 미래

기술의 발달 속도가 가파르게 빨라지면서 사회 곳곳에서 바뀐 기술로 인한 변화가 눈에 띄게 늘어나고 있다. 음악을 예로 들어 지난 20년간 콘텐츠와 미디어, 그리고 생산자에서 어떤 변화가 있었는지 살펴 보자.

1980년대 한국에 유행했던 음악 콘텐츠는 주로 트로트, 발라드, 포크송이었다. 20년쯤 지난 지금 유행하는 음악 콘텐츠는 록, 랩, 힙합, 재즈 계열이다. 콘텐츠를 이용하는 미디어는 1980년대에는 레코드(LP) 판이나 카세트 테이프였지만, 지금 이들은 박물관에나 가야 볼 수 있을 정도다. 지금 음악을 주로 듣는 미디어는 CD, MP3, 휴대폰 같은 것들이다. 1980년대에 음악 콘텐츠와 미디어로 돈을 번 생산자는 가수와 음반회사다. 이미자, 나훈아, 조용필 같은 가수가 큰 돈을 벌었고, 신나라레코드가 음반으로 성공가도를 달렸다. 지금 가수는 돈을 벌지 못한다. 가수는 대부분 방송 진행자나 탤런트로 변신하고, 음반회사는 추억을 파는 과거의 기억일 뿐이다. 지금 음악 콘텐츠로 돈을 버는 것은 인터넷과 노래방이다. 음악은 인터넷에서 내려 받고, 노래는 노래방에서 돈을 주고 부른다.

과학 콘텐츠를 살펴보자. 1980년대 한국에서 팔렸던 과학 콘텐츠는 유형 Ⅰ(인간의 과학 · 기술 · 공학 · 산업적인 활동)과 유형 Ⅱ(인간의 통제를 벗어난 자연 현상)의 영역이다. 2000년대 들어 유형 Ⅲ(인간의 다양한 활동을 위한 배경지식)의 영역이 크게 늘어났다. 20년 전에 과학 콘텐츠 시장을 지배했던 미디어는 신문과 잡지, 곧 인쇄매체였지만, 지금은 TV 방송과 인터넷이다. 1980년대에는 기자와 언론사가 돈을 많이 벌었지만, 지금 그들은 1980년대를 그리워하고 있다.

구분	음악		과학	
	1980년대	2000년대	1980년대	2000년대
콘텐츠	Trot Folk Song Ballade	Rock Rap Hip hop Jazz	유형 Ⅰ (인간의 과학 · 기술 · 공학 · 산업 활동) 유형 Ⅱ (인간의 통제를 벗어난 자연 현상)	유형 Ⅲ (인간의 다양한 활동을 위한 배경지식)
미디어	LP 카세트 테이프	CD, MP3 휴대폰	신문 잡지	TV 인터넷
생산자	가수 음반회사	인터넷 포털 노래방	기자, 저널리스트 언론사, 출판사	?

21. 로보트 태권V의 부활

인터넷 혁명과 모바일 혁명으로 미디어와 콘텐츠 시장이 급변하는 가운데 과학잡지는 과연 어떻게 살아남을 수 있을까? 신문 시장도 크게 위축되는 가운데 잡지는 과연 그 시장을 지키거나 새로운 신천지를 개척할 수 있을까?

과학동아는 김청기 감독이 1976년 제작한 영화 '로보트 태권V' 탄생 30주년을 맞아 2006년 3월호에서 '태극전사 로보트 태권V'를 특집으로 다룬 데 이어 태권V를 제작하는데 필요한 10대 기술을 연중기획으로 실었다. 현재 수준으로 제작할 수 있는 태권V의 모습을 과학기술적으로 조망한 것이다.

태권V 기획취재팀은 영화에 나온 자료를 근거로 태권V의 키는 56m, 몸무게는 1,400톤으로 잡았다. 우뚝 서있는 태권V의 모습을 상상하려면 도심에서 보는 18층 건물을 떠올리면 된다. 태권V는 다양한 태권 동작을 소화하고, 하늘을 비행하며, 뛰고 달리고 공중에서 제비돌기도 한다. 주먹 한 방으로 악당 로봇을 쳐부수고, 가슴에서 광자력 빔을 발사한다. 이 같은 동작을 가능하게 하기 위해 과학자들의 자문을 토대로 재료, 센서, 에너지원, 구동기, 시스템 디자인, 동작제어, 무기, 비행, 뇌파조종, 기지 등 10대 기술을 선정해서 현재 기술로 구성했다.

22. 로켓 펀치, 발사!

태권V의 로켓 펀치를 구성하는 데 상당한 어려움을 겪었다. 태권V의 덩치를 기준으로 하면 주먹의 크기는 5×4×4㎥, 무게는 4톤 가량 된다. 주먹을 날려서 상대에게 타격을 가하려면 적은 200m 정도의 유효사거리에 있어야 한다. 더 멀거나 가까우면 다른 무기를 사용하는 게 낫다. 기획취재팀의 과제는 태권V의 주먹을 날려 200m 앞에 있는 상대를 가격하고 주먹이 돌아와 손목에 붙게 만드는 것이다.

처음 등장한 아이디어는 주먹에 고무줄을 달아 던져서 적을 맞춘 뒤 고무줄의 탄성으로 돌아오게 만든다는 것이었다. 두 번째 아이디어는 고무줄 대신 용수철을 달아서 그 탄성으로 발사한다는 것이다. 계산한 결과 태권V의 주먹을 발사하는 데 드는 힘은 90만 N(뉴턴)으로 나타났다. 100kg짜리 저궤도 위성을 실은 로켓이 내는 추진력의 절반에 해당하는 힘이다. 이런 힘을 감당할 수 있는 고무줄이나 용수철은 현재로는 없다. 다른 방법을 찾아야 했다.

태권V의 주먹은 괜히 로켓 펀치가 아니다. 주먹 뒤에 로켓을 다는 방법을 고안했다. 90만 N을 내는 로켓을 달아 발사하면 생각지도 않은 문제가 생긴다. 고체연료를 쓰면 주먹은 1회용이 되어 여러 번 사용하는 데 불편하고, 액체연료를 쓰면 작은 충격에도 폭발하기 쉬워 주먹을 쓰는 태권 동작을 할 수 없다. 로켓펀치를 발사하면 내뿜는 화염 때문에 손목이 망가질 것이고, 로켓 추진력의 반작용으로 태권V는 뒤로 나자빠지게 될 것이다. 로켓펀치 하나 발사하는 것도 결코 쉬운 일이 아니다. 결국 주먹을 손목에서 약간 떨어뜨려 발사하는 페가수스(Pegasus) 발사 방식이 대안으로 나왔다.

발사한 주먹을 조종하여 상대를 강타하는 것도 쉽지 않다. 주먹에 날개를 달기 어렵기 때문에 노즐을 조정하여 방향을 잡아 상대를 가격한 뒤, 역추진 로켓엔진으로 후진하여 다시 날아와 발사대(손목)에 정확하게 도킹해야 한다. 날아가는 주먹을 정밀유도 기술로 제어할 수 있고, 손목에 결합하는 방식은 우주정거장의 도킹 기술로 해결할 수 있다. 이 같은 방법으로 태권V를 작동시키는데 필요한 10가지 기술을 구성하여 게재하면서 당시 과학동아는 최고의 판매부수를 기록했다.

23. 태권V, 태권V, 태권V …

태권V에 대한 관심이 확산되면서 과학동아의 기사는 동아일보에도 실렸다. 그러자 네이버와 다음 같은 인터넷 포털에서 온갖 의견들이 쏟아졌다. '정말 만들 수 있냐', '실제로 만들어 보자', '왜 만들려고 하느냐', '만들어서 무엇에 쓸거냐', '만들어서 독도에 세우자' 하는 식의 댓글들이 줄줄이 달리면서 토론방을 달구었다.

KBS는 '과학의 향기' 프로그램에서 로봇 관련 과학자들을 불러 태권V를 소재로 거대로봇 기술에 대한 토론을 벌였다. 태권V 저작권을 갖고 있는 신씨네는 4.5m짜리 태권V 동상을 만들어 서울 예술의 전당에 공개했다. 동상을 제막하던 날 산업자원부(현 지식경제부)는 주민등록증에 해당하는 로봇등록증을 만들어 태권V에게 '대한민국 1호 로봇'이라는 타이틀을 달아주었다. 2006년 신씨네가 로보트 태권V를 다시 상영하면서 30년 전 첫 개봉 당시 17만명을 기록했던 이 영화는 모두 100만 관객을 넘어 한국 애니메이션 역사의 신기원을 열었다.

태권V에 대한 관심은 학술로 옮아갔다. 한국공학한림원의 후원으로 '거대 로봇 가능한가'라는 주제의 심포지엄이 열렸고, 일부 대학의 기계공학과에서 태권V를 강의의 소재로 다루기도 했다. 신씨네는 태권V 피규어를 만들어 판매하고, 사이언스북스는 태권V에 대한 자료를 담은 단행본을 기획하기도 했다. 이어 태권V 등대, 태권V 박물관 등의 아이디어가 만발하다가 인천시는 로보랜드라는 테마파크를 조성하여 높이 111m 자리 태권V 타워를 건립하기로 했다. 미국 뉴욕에서 비행기를 타고 내릴 때 자유의 여신상을 보듯, 앞으로 인천공항에서 비행기를 타고 내리면서 태권V를 보게 될 것이다. 한 과학잡지(과학동아)의 기획에서 시작된 태권V 부활프로젝트가 종이 바깥으로 나와 동상, 피규어, 서적, 심포지엄, 테마파크 등등 다양하고 재미있는 로봇문화를 형성하고 있는 것이다.

24. 한반도의 공룡, 코리아노사우루스

중생대 백악기에 한반도는 공룡의 마지막 천국이었다. 경상도만한 거대한 호숫가에서 공룡들은 풍요로운 삶을 만끽했다. 공룡이 사라진 지

6500만년이 지나 한반도에서 공룡 발자국들이 잇달아 발견되면서 공룡 연구가 활기를 띠기 시작했다. 2005년 과학동아 편집팀은 한반도에 공룡이 번성했다면 당연히 한반도에 고유한 종이 있을 것이라고 추측했다. 티라노사우루스나 브론키오사우루스처럼 외국에서 발견된 종이 아닌, 한반도의 고유한 공룡에 대해 이름을 붙이자는 기획 아래 '코리아노사우루스' (Koreanosaurus)라는 명칭을 처음 만들어냈다.

과학동아의 특집을 같이 기획하고 자문했던 전남대 허민 교수는 2003년 전남 보성군에서 발견한 화석을 토대로 복원한 힙실로포돈(Hypsilophodon)류의 공룡에 대해 '코리아노사우루스' 라는 명칭을 붙였다. 코리아노사우루스는 8500만년 전에 한반도에 무리 지어 살던 공룡으로, 2.4m의 덩치에 긴 목과 꼬리를 흔들며 주로 네 발로 걷는 초식동물이다. 땅굴을 파는 습성이 있고, 둥지를 만들어 알을 낳은 것으로 보인다. 허민 교수는 전남대에 공룡연구센터를 발족하면서 코리아노사우루스의 실물 모형을 전시했다.

2008년 교육방송(EBS)에서 허민 교수의 자문을 받아 '한반도의 공룡' 이라는 기획 다큐멘터리를 방영하면서 '코리아노사우루스' 라는 표현을 사용했다. 이 방송을 계기로 코리아노사우루스에 대한 관심이 확산되면서 한반도의 공룡을 주제로 공룡전시회가 열리고 공룡에 관한 서적과 게임이 불티나게 팔렸다. 교육방송이 방영한 코리아노사우루스를 토대로 현재 3차원 디지털 영화도 촬영되고 있다.

2010년 10월 독일의 지질고생물학회가 허민 교수의 코리아노사우루스에 관한 논문을 학술지에 등재하면서 코리아노사우루스는 정식 학명이 됐다. 허민 교수가 보고한 공룡은 코리아노사우루스 보성엔시스(Koreanosourus boseongensis)라는 긴 이름을 갖게 됐다. 아마추어 천문학자가 처음 발견한 별에 대해 이름을 붙일 수 있는 권리를 갖듯이, 한 과학잡지(과학동아)가 붙인 명칭이 학명으로 채택된 것이다.

25. 과학은 꿈을 이루어 준다

누구나 어릴 때 밤하늘의 별을 보며 꿈을 꾼다. 별을 보며 상상의 날개를 펼치고 별자리를 이어 이야기를 만든다. 호랑이에게 쫓기던 오누이는 해와 달이 되고, 피터팬은 팅커벨과 함께 별 사이로 날아다닌다. 크리스마스가 되면 동방박사의 별을 찾고, 북두칠성을 보면서 효성 깊은 일곱 형제를 떠올린다.

과학은 그 꿈을 깨게 만든다. 망원경을 통해 밤하늘을 바라보면서 별은 꿈의 대상이 아니라 관찰의 대상이 되었다. 달은 옥토끼가 방아를 찧는 곳이 아니라 화산 분화구가 많은 곰보라는 사실을 알게 된다. 별은 어린 왕자가 장미꽃과 함께 사는 곳이 아니라 가스덩어리로 생물이 도저히 살 수 없는 곳이라는 사실을 깨닫게 된다.

잡지(雜誌)는 말 그대로 '잡스러운 이야기를 기록한 책'이다. 영어 매거진(magazine)의 어원도 온갖 '지식의 창고'라는 뜻이다. 잡지는 과학이 깨게 만든 꿈을 기발한 상상력을 통해 다시 꾸게 만든다. 특집으로 기획한 '로보트 태권V'가 종이 밖으로 뚜벅뚜벅 걸어 나와 인천공항 옆에 우뚝 서게 만들고, 8500만년 전에 살았던 '코리아노사우루스'가 잡지 밖으로 기어 나와 으르렁거리며 울게 만든다. 과학잡지는 앞으로 디지털 기술과 결합하여 다른 미디어가 시도하지 못하는 참신한 기획을 가능하게 만들 것이다. 과학잡지는 꿈을 깨게 만드는 것이 아니라 꿈을 실현시키는 미디어이기 때문이다.

6장

과학과 방송 - 미디어 시장의 블루 오션

이 재 혁
KBS 과학카페 프로듀서

1. 서론

전통적으로 과학 분야가 신문이나 잡지 등 문자 매체에서 비중 있게 다뤄진 것과는 대조적으로 방송은 과학과 밀접한 관련을 맺고 발전하지 못해 왔다. 제한된 방송 채널과 시청률 경쟁이란 구조적 문제 때문에 방송사–특히 우리나라의 경우–는 과학 프로그램을 도외시했고 과학자들 또한 방송의 효용성에 대해 의문을 가져 왔다. BBC, NHK 등 세계적인 공영 방송들의 일부가 과학 장르를 정책적인 차원에서 관심을 갖고 투자하고 있지만, 우리나라를 포함한 대부분 국가의 방송사들은 과학 프로그램의 가치에 대한 인식이 낮고, 과학 전문 제작 인력조차 없는 것이 현실이다. 특히 과학기술 수준이 세계적인 수준에 올라 있는 우리나라에서 과학 방송이 제대로 자리 잡고 있지 못한 점은 문제로 인식된다.

하지만 90년대 중후반부터 시작된 미디어 산업 재편과 과학 대중화 열기는 방송사들이 과학 프로그램을 다른 차원에서 주목하게 만들고 있다.

무엇보다 방송 진입 장벽의 완화와 디지털 플랫폼의 폭발적 증가로 저비용 고수익의 콘텐츠가 절박한 현실에서 과학 프로그램은 공익성을 담보하는 동시에 안정적 수익을 보장해 줄 수 있는 거점 프로그램으로서 부각되고 있다.

둘째, 과학의 영역이 기초 과학부터 의학, 공학, IT 등 실생활과 밀접한 부분까지 확대되면서 대중들의 과학 분야에 대한 관심이 높아지고, 관련 콘텐츠에 대한 수요가 증가하고 있다. 특히 인터넷 매체의 증가로 과학 기술자들만이 공유하던 전문적인 지식들이 일반 대중들에게도 접근이 가능해진 것인데, 디지털 기술 정보, 건강/의학 콘텐츠, 생활 과학 등이 대표적인 예다.

셋째, 과학 콘텐츠가 방송의 영역을 넘어 기업, 정부, 연구소 등을 위한 다양한 목적으로 활용되고 있다. 기존에는 방송사 이외의 주체들이 과학 영상물을 제작하기 위해서는 높은 비용과 전문적인 노하우가 요구되었다. 하지만 디지털 제작 시스템의 대중화와 인터넷 매체의 발달은 일반 개인들도 동영상 콘텐츠를 손쉽게 제작, 유포할 수 있는 가능성을 열어 주고 있다. 마찬가지로 연구소, 기업과 정부 등도 과학 관련 동영상을 직접 제작해 기술 시연 및 홍보의 수단으로 광범위하게 활용하고 있는데, 특히 정부의 경우 과학 동영상을 디지털 교육 보급을 위한 핵심 콘텐츠로 지정한 만큼 앞으로 수요가 크게 증가할 것으로 예상된다.

방송 시장 개방과 거대 자본의 유입으로 매체 간 생존 경쟁이 심화되는 상황에서 과학 방송은 새로운 수요 창출과 차별화된 콘텐츠 경쟁력 확보가 가능해 여러 매체와 채널을 넘나들면서 각광 받을 수 있는 장르다. 미래 방송 시장의 '블루 오션' 으로 자리 잡게 될 과학 방송의 가능성을 매체 환경, 과학 커뮤니케이션 모델, 수익 모델 그리고 국내외의 주요 성공 사례를 통해 알아보고 관련 주체들이 적용할 수 있는 전략들을 제시해 본다.

2. 과학 방송의 역사

20세기 초, 라디오 방송에서 시작해 텔레비전, 21세기 IPTV와 모바일 TV에 이르기까지 그야말로 방송의 탄생과 발전을 가능하게 한 것은 바로 과학 기술이었다. 특히 미래의 디지털 기술은 기존 방송의 개념을 완전히 바꾸어 놓을 것으로 예상된다. 1980년대 컬러 TV가 화려한 색감으로 드라마와 스포츠 붐을 일으켜 한 가정, 한 TV 시대를 이끌었고, 21세기 시작과 함께 HD 방송이 고화질, 16:9 화면의 확장된 스크린을 통해 혁신적인 영상을 제공했듯이 앞으로 입체 3DTV, 스마트TV 등이 국내외의 인터넷, 모바일 등 여타 매체와 융합하면서 끊임없이 진화해 나갈 것이다.

이렇게 과학 기술이 방송의 진보에 결정적 역할을 해 왔다면, 방송 매체는 과학의 발전과 대중화를 위해 얼마나 기여를 해 왔을까? 방송은 대중들에게 어려운 과학적 지식과 그 필요성을 쉽고, 제대로, 충분하게 전달해 왔는가?

인류 문명, 특히 20세기 산업화의 주인공은 바로 과학 기술이었지만 방송 매체들은 적극적으로 대중들에게 과학을 소개하지 않았다. 그 이유는 방송이 대중 매체로서 오락, 스포츠, 뉴스 등 일반 대중들이 요구하는 콘텐츠에 치중했고, 과학계는 아직 커뮤니케이션 도구로 기존의 논문이나 강연 등을 선호했기 때문이다. 그나마 과학을 방송의 한 소재로 채택하기 시작한 것은 서구의 공영방송들이 교양/교육 방송을 강화하면서부터다.

영국 BBC가 라디오 방송을 통해 1950년대부터 간간이 과학교육 프로그램을 내보냈고, 1964년에는 'Horizon' 이라는 60분짜리 과학 다큐 프로그램을 선보여 화제가 되었다. 특히 영국 왕립학회(Royal Society)의 과학 대중화에 대한 대대적 지원이 이어지면서 BBC는 노벨상 수상자 등 저명한 과학자들과 그들의 연구 업적을 방송을 통해 소개할 수 있었다.

하지만 많은 방송학자들은 본격적인 과학 방송의 시작을 1969년으로 보고 있다.

> "That's one small step for [a] man, one giant leap for mankind."
> (한 사람에게는 작은 한 걸음이지만, 인류에게는 큰 도약입니다.)

1969년 7월 20일, 닐 암스트롱이 달에 첫 발을 내디디면서 언급한 이 말은 놀랍게도 전세계 6억 시청자들에게 '생중계live'로 전송되었다. 암스트롱은 Modular Equipment Stowage Assembly(MESA)라는 장치를 우주선으로부터 떼어내 그 속에 장착된 카메라로 직접 달의 파노라마 영상을 찍기까지 했다. 비록 흑백화면의 거친 화면이었지만 수십만 킬로 떨어진 우주 밖에서 전송되는 달의 모습을 생중계로 보면서 전세계인들은 인류의 달 정복과 더불어 방송 기술에 대해 경이로움을 느꼈다. 한 인간의 첫 발은 인류의 거대한 도약이기도 했지만 '방송의 큰 진보'이기도 했던 것이다. 달 생중계 이후 70년대, 미국을 중심으로 TV 채널들은 그야말로 우주과학과 관련된 프로그램으로 넘쳐났다. 1978년 PBS는 희대의 천문학자 칼 세이건과 함께 과학 다큐멘터리 'Cosmos: A Personal Voyage' 13부작을 내놓아 우주에 대한 대중의 관심을 폭발시켰고, 이를 계기로 시작된 정규 과학 프로그램 'NOVA'는 에미상[1)]과 피버디상[2)]을 거머쥐며 지금까지도 인기리에 방영되고 있다. 1977년 조지 루카스가 우주 전쟁을 소재로 한 '스타워즈'를 제작해 흥행에 성공한 것도 이러한 분위기와 무관하지 않다. 반면 TV가 아직 크게 보급되지 못했던 70년대 우리나라는 대부분의 과학 프로그램을 BBC 등 해외방송사로부터 수입해 틀거나 과학자들의 강연을 단순히 녹화 방송해 주는 정도였다.

1980년대 컬러 방송의 시작과 방송 통폐합(우리나라의 경우)은 방송 편성 시간의 증가와 프로그램 다양화를 가져왔지만 대부분 화려한 컬러가 강조된 쇼, 드라마, 스포츠 프로그램들이 뜨고 과학 프로그램들은 축소되거나 폐지되었다. 그나마 해외 콘텐츠에 의지한 '동물의 왕국', '퀴즈 탐험 신비의 세계' 등이 명맥을 유지한, '과학방송의 침체기'라고 할

---

1) 미국텔레비전 예술과학 아카데미가 주관하는 텔레비전계 최고의 상.

2) 미국방송협회(NAB)와 조지아 대학 이사회가 주최하는 미국의 방송상. 방송계의 퓰리처상으로 통함.

수 있다.

1990년대는 SBS의 개국, 케이블 방송의 시작 등으로 우리나라는 본격적인 다채널, 다매체 시대를 맞이했다. 방송국들은 다양해진 시청자들의 요구에 부응해 오락프로 이외에 교양, 다큐 프로그램을 자체 제작해 선보였는데 그 대부분의 소재는 바로 '자연' 이었다. 당시의 제작여건을 고려할 때, 현란한 제작기법과 특수 장비, 높은 예산이 요구되는 여타 과학 다큐(우주, 순수과학, 문명 등)와 달리 자연/생태 다큐멘터리는 제작자의 끈기 있는 관찰력과 시간만 있으면 작품성을 확보할 수 있었기 때문이다. 특히 EBS는 국내 최초로 야생 뱀의 생태를 부화과정부터 성장까지 생생한 영상으로 담아냈고, 그때까지 접근이 쉽지 않았던 새, 박쥐 등의 야생동물을 제작진의 열정과 끈기로 촬영, 국제적 수준의 다큐멘터리로 제작해내었다. 이러한 EBS의 성과와 축적된 노하우는 당시 PD들에게 큰 자극이 되어 90년대 자연 다큐 붐을 낳았고, KBS는 '환경 스페셜' 을 매주 정규프로그램으로 편성해 시청자들의 자연다큐멘터리에 대한 욕구를 충족시켰다.

1995년 케이블 채널의 개국과 함께 국내 시청자들에게 처음 소개된 내셔널 지오그래픽 채널, 디스커버리 채널의 수준 높은 과학 다큐는 또 다른 자극이 되었다. 지적 호기심이 강하고 다양한 교양/교육 콘텐츠를 선호하는 시청자들을 중심으로 마니아층을 형성하며 인기를 끌었고, 새로운 기획과 선진적 제작기법에 목말라 하던 교양/다큐 PD들에게는 대안적 다큐 모델을 제시하기도 했다.

공중파 방송에서도 변화가 일기 시작했는데 특히 90년대 중후반에는 기존의 자연 다큐 일변도에서 벗어나 다양한 소재와 형식의 과학 프로그램이 제작되었다. 그 중 KBS의 '술, 담배, 스트레스에 관한 첨단 보고서', '생로병사의 비밀' 등 의학다큐멘터리, 역사를 과학의 눈으로 재해석한 '황룡사', '역사스페셜' 등 문명 다큐멘터리가 과학 소재와 과학적 접근법을 프로그램에 활용한 대표적 예다.

2000년대 접어들어 국민 소득의 증가, 노령화는 국내에 건강, 웰빙 바람을 일으켰다. 방송가의 관심도 자연스럽게 건강, 의학 관련 분야로 몰리게 되면서 KBS '생로병사의 비밀' 이 정규 편성되고, SBS는 다큐멘터리 '잘 먹고 잘 사는 법', '환경의 역습' 등으로 사회적 반향을 불러 일으켰다. 특히 이러한 건강, 의학 다큐는 걷기 운동, 건강식 붐을 일으켰고 환경 친화적 건축자재 사용의 법제화를 이끌어 내는 등 과학 프로그램이 단순한 지식 전달을 넘어 사회를 직접적으로 변화시킬 수 있음을 보여주었다.

2005년 이후에는 과학 소재가 교양, 다큐 프로그램뿐만 아니라 쇼, 오락, 드라마 등 다양한 장르에 창조적으로 적용되기 시작했다. 특히 90년대 말 인기를 끈 SBS '호기심 천국' 등이 보여 준 인포테인먼트 프로그램의 가능성은 KBS '스펀지', '비타민' 같은 과학 버라이어티에 대한 대중적 인기로 이어졌다.(다음 장에서 구체적으로 소개) 특히 2006년 10월 공중파 최초로 과학 분야 전반을 소개하는 KBS '과학카페' 가 정규 편성되고 2007년 10월에는 케이블 방송에 과학 전문 채널 '사이언스 TV' 가 개국됨으로써 과학방송은 양적 팽창과 질적 성장을 이루며 과학 대중화에도 기여하고 있다고 할 수 있다.

하지만 여전히 방송에서 주로 다뤄지는 과학 분야가 자연/생태, 의학/건강/음식 등에 편중되어 있는 반면 순수과학이나 우주, 기후변화 등 정작 대중화가 필요한 영역은 시청률 등의 이유로 기피되고 있는 것은 앞으로 개선되어야 할 시급한 문제다. 또한 아직 국내에 과학 분야만을 전담하는 과학 전문 PD가 전혀 양성되지 못하고 있고, 과학계 또한 방송에 대한 이해가 적고, 과학자들의 방송 참여를 권장하는 분위기가 부족한 것이 현실이다.

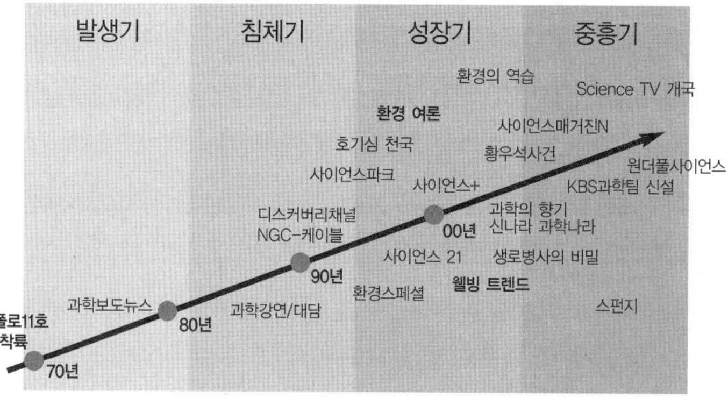

3. 과학 프로그램은 어떤 장르에 속하는가?

우리나라의 경우, 방송사의 편성은 크게 뉴스/보도, 드라마, 쇼/오락, 교양/다큐로 나뉘어진다. 전통적으로 과학 프로그램은 교양/다큐 부문에 속하지만 최근 국내외의 미디어 트렌드는 그 경계를 허물고 있다.

과학 소재의 외도는 드라마 장르, 특히 미국 시리즈 드라마에서 활발하다. 국내에서도 선풍적인 인기를 끌고 있는 CSI 시리즈는 미국 주요도시 과학수사대의 활약상을 극적인 스토리로 재구성한 드라마이지만 실제 재미는 사건의 실마리를 푸는 과학 수사 기법과 그것을 표현하기 위해 동원된 특수촬영, 컴퓨터 그래픽의 볼거리에서 나온다. 그 밖에도 화산폭발(BBC Super Volcano), 지진, 태풍 등 자연 재앙을 배경으로 한 영화나 의학드라마 등도 과학이 풀어내는 흥미진진한 상황들이 이야기의 축을 이룬다.

한편 국내 쇼 프로그램은 과학 소재를 활용하거나 과학적 터치를 가미함으로써 성공을 거두고 있다. 한때 시청률 20퍼센트를 육박했고, 책으로도 출간돼 베스트셀러가 된 KBS의 '스펀지'는 그 내용과 기법에서 적극적으로 과학을 적용했다. 우리 주위의 신기한 물건, 현상 등을 시청자로부터 제보 받아 그 진위를 실험을 통해 검증해 나가는 '스펀지'는 그야말로 물을 빨아들이는 '스펀지'처럼 어려운 과학지식이 머리에 쏙쏙 들어

오게 알려 주는 프로그램이다. 전문적인 의학지식을 상황을 통해 알려주는 KBS '위기탈출 넘버원', 건강버라이어티 '비타민', '상상대결', EBS '하와이'(How & Why) 같은 프로그램 등도 인포테인먼트(Infotainment = Information + Entertainment) 혹은 사이언테인먼트(Scientainment = Science + Entertainment)의 가능성을 보여 주고 있다.

뉴스/보도분야에서도 과학의 영역이 확대되고 있다. 전통적으로 방송에서 과학기자는 주로 일기예보를 담당해 왔다. 그 만큼 과학 소식이 부족했고 뉴스가치가 우선순위에 밀려 소개되는 경우가 거의 드물었기 때문이다. 하지만 최근 방송사들이 과학 전문기자를 새로 선발하고 역할을 확대하는 등 과학 보도에 변화가 일고 있다. 취재 범위도 우주, 바이오, 의학/건강, 정보/컴퓨터 등에서부터 순수과학, 과학문화에 이르기까지 다양해졌다. 이 밖에 최근 주목 받고 있는 탐사 보도 프로그램(Investigative journalism), 예를 들어 KBS '쌈' 이나 '소비자 고발' 에서는 특정 사회 현상이나 이슈를 분석, 검증하기 위해 과학적 이론과 실험을 적극적으로 활용함으로써 프로그램의 흥미와 신뢰도를 높이고 있다.

4. 전 세계적인 과학 콘텐츠 붐의 배경은?

그렇다면, 최근 과학 콘텐츠의 수가 급격히 늘어나고 장르 제한 없이 외연을 넓히고 있는 배경은 무엇일까?

그 첫 번째 이유는 Factual 즉, 논픽션 콘텐츠의 전 세계적인 유행이다. 지난 2003년 아카데미 시상식은 최우수 영화로 뽑힌 뮤지컬 영화 '시카고' 보다 별 다른 스타 없이 저예산으로 제작된 다큐멘터리 영화 'Bowling for Columbine' 을 주목했다. 1999년 미국 콜럼바인 고등학교에서 발생한 총기 난사 참극을 모티브로 해 미국 사회 전반의 총기 소유문제를 풍자적으로 꼬집은 이 다큐멘터리는 제작자 마이클 무어에게 2003 아카데미 최우수 다큐멘터리상, 2002 칸느 영화제 55주년 기념상, 세자르 영화제 최고상 등의 영예를 안겨 주었을 뿐만 아니라, 미국에서

만 580만 관객을 동원해 다큐멘터리 영화 최다 관객수를 기록하는 등 상업적으로도 큰 성공을 거두었다. 이후 마이클 무어는 'Fahrenheit 9/11', 'Sicko' 등 사회적 논란과 독특한 시각이 버무려진 작품을 히트시키며 다큐멘터리의 지평을 넓혔다는 평가를 받고 있다. 이 밖에 전 미 부통령 엘 고어가 출연한 다큐 영화 '불편한 진실'은 지구온난화 문제를 충격적인 사례와 과학적인 분석을 통해 사실적으로 보여줌으로써 대중들의 폭발적 반향을 일으켰고 2007년 아카데미상 수상의 영광을 안았다. 국내에서도 '워낭소리' 등 다큐 영화가 상업적으로 성공을 거두었고, 대작 TV다큐(KBS 차마고도, MBC 북극의 눈물, 아마존의 눈물, SBS 최후의 툰드라 등)들이 드라마보다 높은 시청률을 기록하는 등 대중들이 '사실성의 힘'에 호응하고 있다.

두 번째는 과학 프로그램의 '블록버스터화'다. 블록버스터는 대규모의 자본과 스타를 동원해 볼거리와 재미를 위주로 한 영화로서 전 세계적인 배급망을 통해 수익의 극대화를 노리는 것이 일반적이다. 할리우드의 상업적 영화가 대체로 여기에 해당되며. 주로 픽션 영화가 주를 이룬다. 하지만 앞서 보았듯이 많은 다큐멘터리들이 상업적 성공을 거두고 글로벌화 된 다큐 채널이 생겨나면서 대규모 자본의 투입, 글로벌 배급을 통해 수익을 내는 '블록버스터 다큐멘터리'도 등장하기 시작했다. 그 흐름을 주도하는 것은 바로 BBC와 디스커버리 채널이다. 수준 높은 제작 능력을 보유한 BBC(영국)와 전 세계적인 채널/배급망을 확보하고 있는 디스커버리 채널(미국)은 전 세계 주요 방송국들과 거대 배급사들의 자본을 끌어 들여 최첨단 장비와 고급 인력을 동원하여 상업적으로 성공하는 다큐멘터리들을 제작해내고 있다. 그 대표적인 예가 바로 BBC의 '하나뿐인 지구Planet Earth'다. 2006년에 11부작으로 전 세계에 방송된 이 대작 다큐멘터리는 지구 곳곳의 대자연을 3년에 걸쳐 최고의 장비(수중, 항공 촬영)와 제작 인력을 동원해 제작하였는데 그 예산만 무려 290억 원에 이르렀다. 이는 웬만한 할리우드 영화에 버금가는 제작비였지만 5개국의 공동투자와 OSMU(one source multi use), 국제적 배급을 통해 오히려 수익을 냄으로써 대작 다큐 혹은 블록버스터 다큐의 전형이 되었다.

세 번째 이유는 디지털 기술로 가능해진 특수촬영과 컴퓨터 그래픽 기술의 발달이라고 할 수 있다. 공상과학 영화로 대표되는 스탠리 큐브릭 감독의 '스페이스 오디세이'나 조지 루카스 감독의 '스타워즈'를 보면 가장 큰 재미는 무엇보다 실감나는 SF(special effect)라고 할 수 있다. 그리고 사람들은 특수촬영, 컴퓨터 그래픽이 가공해 낸 영화 속 우주에서 블랙홀, 은하계, 광속 여행의 원리 등 전문적 지식들을 자연스럽게 얻을 수 있었다. 실제로 제임스 카메론 감독은 영화 '아바타'를 만들 때, 미래의 자연과 동물을 구현하기 위해 디스커버리 채널의 자연 다큐를 수십 편 보고 수많은 과학자들의 자문을 얻었다고 고백했다. 물론 이런 영화처럼 높은 예산을 투입할 수는 없겠지만 과학 다큐멘터리는 빠르게 발전하고 있는 디지털 기술 덕택에 이전에는 불가능했던 영상을 표현해내고 소재의 제한을 극복할 수 있게 되었다. 특히 마이크로, 나노 세계, 인체 의학 등 미시 과학 분야는 근접 촬영 기법과 3D 그래픽을 활용해 생생한 영상으로 구현되었는데 KBS '생로병사의 비밀', '과학카페' 그리고 EBS의 '마이크로의 세계'가 해당된다. BBC의 'Walking with Dinosaur'가 멸종된 공룡을 마치 현재 살아있는 것처럼 재창조해내 전 세계를 깜짝 놀라게 했듯이, 국내에서도 EBS '한반도의 공룡', MBC '공룡의 땅' 등 그래픽과 특수 촬영에 힘입은 국제 수준의 자연사 다큐멘터리를 제작할 수 있게 되었다.

마지막으로 과학 콘텐츠의 가장 큰 경쟁력은 소재의 '보편성'에서 비롯된다. 일반적으로 방송 콘텐츠는 문화 산업의 일부로서 각 민족과 국가의 정체성을 강화하는 역할 때문에 대부분 공익자본의 지원을 받거나 규제를 통해 보호받는다. 전 세계적으로 FTA 등 자유무역이 추세지만 방송 산업만큼은 대부분의 나라가 개방을 꺼리고 있고, 직간접적 규제로 외국 콘텐츠의 수입과 유통을 제한하는 것이 보통이다. 우리나라 역시 아직까지 일본 방송물의 전면적 수입과 유통을 허용하지 않고 있고, 인도나 중국, 대다수 아랍 국가들에서는 미국 TV시리즈 같은 오락물을 선정성과 문화 잠식 등의 이유로 공식적으로 수입 금지 혹은 통제하고 있다. 중동 국가들 사이에서 한때 한국 드라마가 인기를 끈 것도 미국, 라틴 드라마와 달리 폭력성, 선정성이 없고, 가족 중심적인 스토리가 아랍 문화에 적합했기 때문이라는 분석이 있다. 반면 과학 프로그램은 일반적인 방송 콘텐츠와 달리 문화적, 이념적, 종교적 배타성이 거의 없다. 전 세계 과학자들이 출신 국가와 신분에 상관없이 자유롭게 만나 공동 연구를 하듯이, 과학 콘텐츠도 누가 만들었는가와 상관없이 국가와 지역을 넘나들며 수입되고 유통될 수 있는 장점이 있다. BBC가 자연, 순수과학 다큐멘터리에 대규모 제작비와 자원을 투입하고, BBC Knowledge 등 글로벌 채널을 공격적으로 운영하는 것도 보편적인 소구를 갖고 글로벌 배급이 가능한 과학 콘텐츠의 장점 때문이다. 게다가 한번 제작된 과학 프로그램은 반복적으로 재방영되거나 아카이브 형태로 재가공 되더라도 콘텐츠의 가치가 떨어지지 않는 '시간적 보편성'도 갖고 있어 제작비의 절감뿐만 아니라 OSMU(One Source Multy Use)를 통한 수익 창출이 쉽다. 예를 들어, 창의적인 영상기법과 세련된 구성으로 우주 과학 다큐의 모범을 보여 준 칼 세이건의 '코스모스' 시리즈는 아직까지도 미국뿐만 아니라 세계 주요 채널에서 수십 년간 재방영되고 있고, 2008년에는 디지털로 다시 제작돼 인기를 끌고 있다.

5. 과학 프로그램의 정의

과학과 방송 둘 다 사회 정치적, 경제적, 문화적 관점에서 수많은 변수들에 의해 영향을 받는 만큼 과학방송 혹은 과학 콘텐츠를 한마디로 정의하는 것은 불가능하다. 방송broadcasting은 통신, 인터넷 등과 융합하면서 그 경계가 허물어졌고, 과학 분야 또한 응용과학, 유사과학의 형태로 그 영역을 무한정 확장하고 있다.

1) 이런 프로그램도 과학 프로그램이라고 할 수 있을까? – 한계적 정의

일반 사람들은 과학이라고 하면 어떤 이미지를 떠올릴까? 과학자, 노벨상, 문명의 발전, 질병 치유, 첨단 기술 등 주로 긍정적인 이미지가 대부분일 것이고 흔히 '과학적' 이라는 말을 '믿을만하다' 와 동일시 할 정도로 이른바 '좋고, 착한' 분야로 인식한다. 과학 프로그램 역시 이러한 과학의 '공익적, 교육적' 성격을 그대로 반영하거나 강화하는 역할을 해야 한다는 일반적인 생각이다. 하지만 90년대 중반 이후부터 과학계 스스로 과학 대중화를 위한 노력을 본격적으로 진행하고, 각종 미디어들이 과학 소재를 적극적으로 광범위하게 채택하게 되면서 TV 과학 프로그램은 기존의 틀을 깨고, 외연을 급속히 넓혀 나가고 있다.

먼저 과학과 무관하거나 비과학적인 소재를 과학적인 접근 방식으로 풀어내는 대중과학(popular science) 프로그램이 있다. 전 세계에서 가장 많은 시청자를 확보하고 있는 미국의 '디스커버리 채널' 은 엉뚱하면서도 실험적인 과학 프로그램을 시도해 특히 남성 시청층 사이에서 인기가 높다. 단순한 지식 전달보다는 '지식을 통한 엔터테인먼트' 를 추구하는 디스커버리 채널은 TV 과학 프로그램의 영역을 비과학적인 대상, 즉 중국 무술, 만화영화 캐릭터, 음식, 심지어 귀신 등으로까지 확장함으로써 과학에 무관심하거나 재미없다고 생각하던 시청자들의 눈길을 사로잡았다. 예를 들어 "GHOST LAB유령 연구소"라는 프로그램은 두 명의 젊은 과학자들이 유령을 보았다는 사람들의 제보를 받아 각종 첨단 장비를 활용해 유령의 존재를 추적해 나가는 과정을 따라 간다. 다소 황당한 내용을 담고 있지만, 프로그램의 의도가 유령의 존재여부를 규명하기 보다는 첨단 기술을 동원해 유령을 추적하고 과학적으로 분석해 보는 걸 시도하고 있다는 측면에서 엄연한 과학 프로그램이라고 할 수 있다. 이

밖에도 무술의 위력을 자동차 충격 실험 장치와 가상 스튜디오를 활용해 입체적이면서 과학적으로 보여 주는 'Extreme Martial Art', 과학을 통해 완벽한 요리법을 찾아가는 'Future Food' 등도 비과학적인 소재를 선택해 성공한 과학 프로그램의 사례다.

둘째, 과학의 전형적인 요소를 변형하거나 삭제하는 과학 프로그램이다. 역시 디스커버리 채널에서 큰 인기를 끌었던 시리즈물 'American Choppers'에는 일반적으로 생각하는 과학자의 모습이 없다. 마치 갱단을 연상시키는 4명의 남자들이 좌충우돌하며 모터사이클을 제작해 나가는 과정을 리얼하게 묘사하는 이 프로그램은 출연자들이 시도 때도 없이 비속어를 내뱉고 서로 폭력까지 사용하는 등 이른바 '비교육적인' 방송이다. 하지만 실제 이들이 주문을 받아 제작하는 모터사이클만큼은 첨단 공학과 전문적 기술의 산물이다. 부품 하나하나를 컴퓨터로 디자인하고 인체공학을 고려해 구조를 변형해 나가는 과정은 여느 과학 프로그램 못지않게 유용한 정보를 제공한다. '과학' 하면 연상되는 '윤리적이고, 모범적'인 이미지를 의도적으로 배제함으로써 프로그램의 재미도 높이고 어려운 과학 원리도 쉽게 전달하는 효과를 거둔 것이다.

셋째, 과학이 본래의 의도를 벗어나 대중매체에서 다뤄지는 경우다. 2005년은 황우석 사건으로 과학 기사 건수가 어느 해보다 많았다. 대부분의 언론들이 처음에는 황우석 박사의 연구 업적을 소개하는, 엄밀한 의미의 과학기사를 실었지만, MBC 'PD 수첩' 등이 논문 조작을 폭로하면서 사회부, 정치부 심지어 연예부 기자까지 동원돼 경쟁적으로 황우석 사태를 보도했다. 논문의 조작 여부가 대중의 관심이었던 만큼 대부분의 뉴스와 시사 프로그램은 황우석 박사의 배아복제 연구를 충분히 알기 쉽게 설명하는 데 많은 시간을 할애할 수밖에 없었고, 이는 아이러니하게 대중들의 생명 과학 상식을 높이는 의도하지 않은 결과를 낳았다. 그렇다면 과연 황우석 사태를 보도하고 분석했던 수많은 뉴스프로그램, 'PD 수첩', '추적 60분'을 과학 프로그램이라고 할 수 있을까? 시각에 따라 논란이 있을 수 있는 질문이다. 하지만 분명한 사실은 과학을 더 이상 연구적, 학술적 대상으로 볼 수만은 없다는 점이다. 과학이 만들어 내는 이슈를 적극적으로 수용하고 사회적 맥락에서 분석해 대중에게 그 함의를 전달하는 것도 과학 프로그램의 역할이라고 할 수 있다.

2) 과학 프로그램에는 어떤 요소가 필요할까? – 개념적 정의

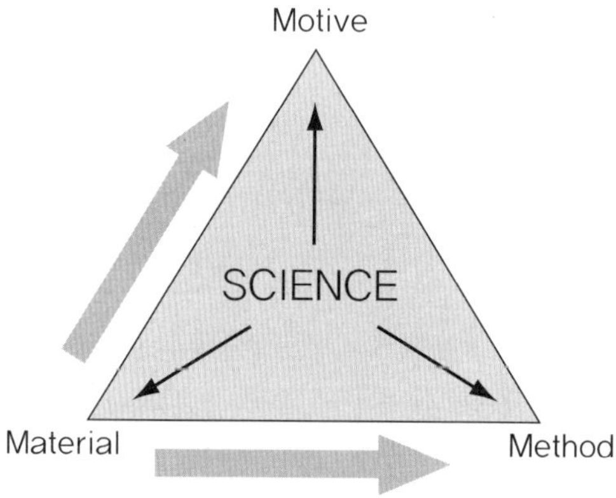

앞서 본 것처럼 과학 프로그램은 과학의 범위와 한계를 어디까지로 보는가에 따라 그 정의가 바뀔 수 있다. 그럼에도 불구하고 과학 프로그램이 되기 위해선 최소한 세 가지 요소가 필요한데 바로 소재, 접근 방식, 목적성이다.

상식적으로 볼 때 방송에 과학자가 등장하거나 과학 관련 소재가 등장한다면 두 말할 나위 없이 과학 프로그램이라고 할 수 있다. 이른바 '소재material' 로서의 과학이다. 최근에는 방송에서 과학으로 분류될 수 있는 분야가 기존의 순수과학 이외에 건강/의학, 환경, IT/컴퓨터 등으로 확장되면서 대중들이 과학 콘텐츠를 접할 수 있는 기회가 많아졌고, 프로그램 형태도 앞서 본대로 뉴스, 다큐멘터리, 드라마 등으로 다양해지고 있다. 국내 언론사의 과학 기자 협회로부터 순차적으로 의학 기자, 정보통신 담당 기자, 환경 기자 등이 분리되어 자체적인 협회를 조직했다는 점은 과학이 얼마나 외연을 넓혀 왔는가를 잘 보여 준다.

둘째는 '접근 방식method' 으로써의 과학이다. 앞서 지적한 대로 BBC와 디스커버리 채널은 과학소재 혹은 과학자가 등장하지 않는 '유사과학pseudo science' 혹은 '대중 과학popular science' 프로그램을 주로 제작/편성하고 있다. 여기서 프로그램의 주안점은 소재 자체가 아니라 그 소재를 다루는 접근 방식이다. 범죄, 무술, 모험, 미신supernatural, 만화 영웅Super Hero 등 전혀 '과학적' 이지 않은 소재를 과학적 분석과 실험을 통해 새롭게 조명함으로써 프로그램의 흥미를 배가시키는 효과를 노린다. 물론 과학이 지나치게 연성화 될 수 있다는 비판도 있지만 대중들의 과학에 대한 인식을 획기적으로 바꿀 수 있고, 미디어 입장에서도 시청률 등 경쟁력을 확보함과 동시에 공익성도 담보할 수 있다는 차원에서 이러한 형태의 과학 프로그램은 한동안 트렌드를 형성할 것으로 보인다.

셋째는 '목적purpose' 으로서의 과학이다. 과학 아이템이 등장하지 않으면서 과학적 접근 방식도 사용되지 않는, 다시 말해 '과학' 을 숨기지만 결과적으로 '과학' 을 추구하는 프로그램으로 지능 발달형 (과학) 프로그램이 여기에 해당한다. 대표적인 예가 영국 BBC의 유아 교육 프로그램인 '텔레토비' 다. 1997년 영국에서 첫 방영된 이후, 세계 각국에 판매되어 선풍적 인기를 모았던 '텔레토비' 는 4명의 인형 캐릭터가 등장해 무의미한 동작과 불분명한 언어를 반복하는 일견 '비논리적이고, 비과학적인' 프로그램이다. 하지만 이 프로그램 개발 과정에는 영국의 언어학자 데이븐 포트를 비롯해 수많은 인지과학, 행동 과학 전문가들이 참여했으며 아이들의 눈높이를 철저히 분석한 연구 결과에 기초해 캐릭터와 의상, 세트 등이 제작되었다. 유아 교육과 언어학이 집대성된 콘텐츠로서 '텔레토비' 는 과학적인 소재나 과학적인 접근 방식을 직접적으로 사용하지 않으면서도 결과적으로 유아들의 지능 발달을 통해 과학적 소양을 키우는 데 목적을 둔 최고의 과학 프로그램이라고 할 수 있다.

3) 어떤 과학 프로그램이 좋을까? – 당위적 정의

앞서 지적한 대로 과학과 방송은 역사적으로, 본질적으로 상생의 관계를 맺지 못했다. 전문적 지식과 이성적 논리를 바탕으로 한 과학이 즉각적인 영상과 감성적 소구에 기초한 방송 메커니즘과 잘 맞지 않은 것이다. 매스 미디어들이 과학은 어렵고 지루한 소재로서 시청률에 도움이 안 된다는 선입견을 갖고 있는 반면 과학자들도 미디어의 역할에 관심을 갖거나 적극적인 활용의 필요성을 느끼지 못했다. 과학자는 논문과 학술지 등 그들만의 미디어 안에서 소통하는 데 만족했고 방송 같은 매스미디어를 전문성 부족 등의 이유로 외면해 왔다.

하지만 미디어 환경의 급속한 변화와 과학 대중화에 대한 요구는 과학과 방송을 서로 떼어 놓을 수 없는 밀접한 관계로 바꾸고 있고, 기존의 대립적 관계는 서로의 경쟁력을 높이는 방향으로 발전하고 있다. 과학적 전문성을 훼손하지 않으면서 재미도 추구하는 '대중적 과학 프로그램'이 성공을 거두며 하나의 트렌드로 자리 잡기까지 했다. 디스커버리 채널의 'Mythbuster'와 BBC의 'Bang goes the theory'가 그 대표적인 예다.

오늘날 방송에서 과학 프로그램을 평가하는 가장 큰 잣대는 전문성과 대중성이라고 할 수 있다. 이 두 가지 기준에 따라 과학 프로그램을 분류하면 수용자 타깃을 명확하게 파악할 수 있고, 프로그램의 기획의도와 목적성이 분명해 질 수 있다.

먼저, 과학적 전문성은 다소 부족하지만 대중성이 높아 과학에 대한 일반인들의 흥미를 끄는 데 효과적인 '대중 과학 프로그램popular science program'이 있다. 디스커버리 채널, NGC 등 글로벌 다큐 채널이 제작하는 연성 과학 프로그램들과 우리나라의 경우 KBS의 '스펀지'나 '비타민' 등이 여기에 해당된다고 할 수 있다.

다음으로 대중적인 재미는 크지 않지만 과학적 수준이 높은 '전문 과학 프로그램professional science program'이다. 과학 잡지가 파퓰러 사이언스, 뉴턴, 과학동아 같은 대중지와 네이처, 란셋 같은 전문지로 구분되듯이 방송 역시 디스커버리 채널, NGC 같은 대중적 채널의 반대편에는 Science TV, NASA TV, AthenaWeb 같은 전문적인 과학 채널이 있다.

마지막으로 재미가 있으면서 수준도 높은, 즉 대중성과 전문성을 동시에 갖춘 '명품 과학 프로그램Quality science program'가 있다. 미국의 PBS, 영국의 BBC, 일본의 NHK 등 세계적인 공영방송들이 추구하는 과학 프로그램으로 주로 순수과학을 소재로 다루지만 진행자의 친절한 설명, 알기 쉬운 표현기법 등을 활용해 대중들의 흥미를 잃지 않는다. 여기에 해당되는 대표적인 프로그램은 칼 세이건의 '코스모스'라고 할 수 있다. 1974년 13부작으로 PBS에서 방영돼 화제가 된 이 우주 과학 시리즈는 블랙홀, 은하의 생성, 시공간 여행 등 일반인에게 어려운 주제를 담고 있지만 천문학자 칼 세이건의 쉽고 적절한 비유를 통한 해설과 혁신적인 특수 효과, 유명 음악가 반젤리스의 세련된 음악이 조화를 이뤄 대중들이 즐길 수 있는 과학 다큐멘터리가 되었다. 이 시리즈로 칼 세이건은 최고 천문학자로서의 입지를 확고히 할 수 있었을 뿐만 아니라 TV 분야의 아카데미상이라고 할 수 있는 에미상에서 최고 TV 진행자의 영예를 얻게 되었다. 이 밖에 NHK의 'Discover Science' 시리즈도 주목할 만하다. 중동의 최대 채널인 알자지라 방송국이 BBC 대신 선택할 정도로 '잘 만들어진' 어린이 과학 프로그램 '디스커버 사이언스 Discover Science'는 주위의 과학적 현상을 기발한 방식의 초대형 실험을 통해 생생하고 알기 쉽게 알려 준다. 특히 과학 프로그램에서 자주 쓰는 그래픽을 전혀 사용하지 않고, 실제 실험 기구와 사람만으로 표현한다는 원칙을 세움으로써 시청자의 호기심을 높일 뿐만 아니라 이론이 아닌 체감적인 과학 지식 전달을 추구한다.

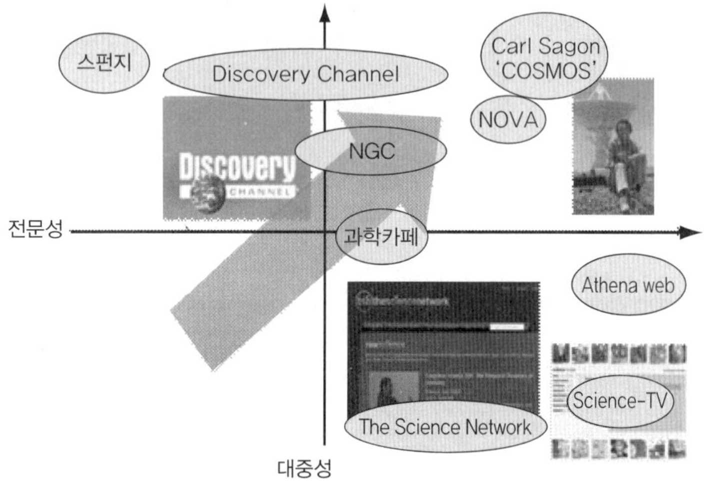

6. 과학 방송의 주체

방송에서의 과학 프로그램은 누구에 의해 제안되고, 누구에 의해 만들어지며, 누구에게 보여 지는 것일까? 지금까지 방송계와 과학계 모두로부터 주변화 되어있던(marginalize) 과학 프로그램은 이를 둘러싼 주체들을 명확하게 분류하고 역할을 파악함으로써 독자적인 정체성을 가질 수 있다. 즉 과학 방송을 필요로 하는 주체들이 누구이고, 그 필요성은 구체적으로 무엇인지 파악함으로써 과학방송의 정의는 더욱 뚜렷해진다.

1) 미디어

주요 선진국들의 공영방송에서 과학은 공익적이면서 경쟁력 있는 소재로서 선호도가 매우 높다. 영국의 BBC는 50년 가까이 방영되고 있는 과학다큐멘터리 'Horizon'을 비롯해 'Planet Earth', 'Walking with Dinosaur' 등 전 세계가 보는 명품 과학 다큐멘터리를 만들어 냈고, 최근에는 글로벌 채널인 BBC Knowledge를 통해 대중성이 높은 다양한 과학 프로그램을 선보이고 있다. 미국의 공영 방송 PBS는 상업 방송의 홍수 속에서도 전설적인 과학 다큐멘터리 'NOVA'를 인기리에 정규 편성하고 있고 과학매거진 프로그램 'Science Now'를 신설해 시청자들의 과학 정보에 대한 욕구를 채워주고 있다. 특히 일본의 공영방송 NHK는 전체 프로듀서 천여 명 중 10퍼센트가 넘는 100여명을 과학 프로듀서로 배정할 정도로 과학 콘텐츠에 대한 집중적 투자와 전략적 노력을 기울이고 있다. 반면 우리나라의 경우, 아직 과학 프로그램의 수가 절대적으로 부족하고 그 대부분을 수입에 의존하고 있는 현실이지만, 차츰 '자연, 의학'을 중심으로 수준 높은 과학 다큐멘터리가 제작돼 호응을 받고 있고, KBS '과학카페', EBS '원더풀 사이언스' 등 과학 정규 프로그램도 탄생했다.

어려운 소재, 장기간의 제작 기간과 높은 비용에 비해 시청률과 같은 방송효과가 높지 않음에도 불구하고 과학 프로그램이 여전히 방송의 핵심 콘텐츠로 자리 잡고 있는 이유는 무엇일까? 바로 '명품 프로그램'의 역할을 하기 때문이다. 방송사들은 공영이든 민영이든 의무적으로 공익적인 프로그램을 일정 시간 이상 편성해야 하는데 과학 프로그램은 공익성이 강하면서 경쟁력도 높은, 즉 가치 창출 Value-creation의 효과가 높은 명품 프로그램인 것이다.

(1) 방송환경의 변화와 과학 콘텐츠의 기회

디지털 기술의 발달과 보급에 의해 촉발된 방송 환경의 변화는 '미디어 빅뱅'이라고 표현될 정도로 전통적 미디어의 패러다임을 근본적으로 변화시킬 것으로 예상된다.

먼저 방송의 디스플레이, 주변 기기들의 변화가 빠른데, 특히 고화질 HD와 16:9의 넓은 화면은 침체되었던 텔레비전 산업을 활성화시키고, 기존 방송 제작기법도 혁신적으로 바꾸는 계기가 되었다. 넓고 정교한 화질로 인해 높아진 시청자들의 눈높이는 촬영, 조명, 분장, 세트 등 전반적인 제작비 규모를 상승시키고, 내용보다는 영상이 프로그램의 질을 결정하는 풍토를 가져오고 있다.

둘째, 다채널 · 다매체 시대로의 본격적인 진입과 이로 인한 미디어 기업 간 경쟁의 가속화다. 특히 제한된 주파수를 할당 받아 독점적 지위를 누려왔던 공중파 방송국들은 방송통신 융합과 탈규제의 산물인 수많은 종합편성 채널 사업자, 케이블, 위성, IPTV 등과 경쟁해야하는 상황이 되었다. 이미 CJ미디어 같은 대형 업체는 이종 미디어를 흡수합병하며 몸집을 불리고 있고 대규모 자본과 스타연예인을 투입한 상업적 콘텐츠는 공중파 시청률을 위협하며 방송 광고 시장의 점유율을 높이고 있다. 한편 KT와 SK브로드밴드 같은 통신사들도 IPTV기반이 되는 인터넷 망 사업의 독점적 지위를 이용해 미래 방송시장의 주도권을 잡기 위해 총력을 기울이고 있다.

셋째, 미디어 시장의 무한 경쟁은 결국 방송사 간 '킬러 콘텐츠' 확보 경쟁으로 이어지게 된다. 시청률 확보를 위해 쇼와 드라마 등 오락물은 양산되는 반면 공익성 높은 교양, 다큐 프로그램들은 외면당할 것이다. 스타 연예인들의 몸값 상승 등 제작비 부담으로 인해 자체 제작물이 줄고, 대신 해외 수입 콘텐츠가 그 자리를 차지할 것이다. 특히 한미FTA가 체결되면 시리즈 드라마, TV영화, 리얼리티 쇼 등 경쟁력 높은 미국 오락물들의 수입이 더욱 확대될 것이고, 자막 대신 더빙이 가능해져 해외 콘텐츠의 전반적인 시청률 상승과 광고 수입 증가가 예상된다.

넷째, 인터넷 매체의 부상에 따른 방송 서비스의 변화다. 이미 네이버나 다음 같은 주요 인터넷 포털 사이트는 전체 광고 시장의 20퍼센트 가까이 잠식해(1조 5,835억 원, 인터넷 마케팅 협회, 2010년 기준) 방송,

신문 매체의 광고 점유율을 넘보고 있고, 최근에는 미디어 혹은 동영상 서비스를 통해 콘텐츠 제작과 유통을 하는 등 방송 고유의 영역에 뛰어들고 있다. 유튜브를 인수하는 등 미디어 사업에 관심을 가져온 구글은 영상 검색 기능을 최적화한 구글 TV를 준비 중에 있고, 애플도 아이폰의 앱스토어처럼 나만의 콘텐츠를 선택해 자유자재로 시청할 수 있는 애플 TV를 출시했다. 영국 BBC나 미국의 ABC 등도 웹 기반의 미디어 환경에 적응하기 위해 애플이나 유튜브와 연계한 콘텐츠 서비스를 시작하고 있다. 이는 공중파의 광고 수입이 인터넷 매체 때문에 급감하는 상황에서 당연한 전략이라고 할 수 있다. 실제로 한 조사에 따르면 BBC가 특정 프로그램을 공중파와 인터넷(모바일)에 동시 방송했을 때, 공중파 단독으로 했을 때 시청률과 광고 수입이 모두 증가한 것으로 나타났다. 그리고 그 변화는 젊은층이 선호하는 프로그램일수록 컸다. 오픈 소스, 사용자 참여, 집단적 지성, 쌍방향, 소셜 네트워킹 등으로 대표되는 이른바 웹2.0 트렌드가 방송 환경에도 적용됨으로써 미디어2.0의 시대를 열고 있는 것이다.

전반적으로 앞으로 미디어 환경은 방송 시장개방과 탈규제, 방송 통신의 융합이라는 거대한 흐름으로 인해 상업적 콘텐츠가 양산되는 반면 공영방송의 경쟁력 약화로 공익적 콘텐츠는 소외될 것이고 인터넷, 모바일 등 새로운 매체의 방송 서비스로 미디어 산업의 경쟁은 더욱 격화될 것으로 예상된다.

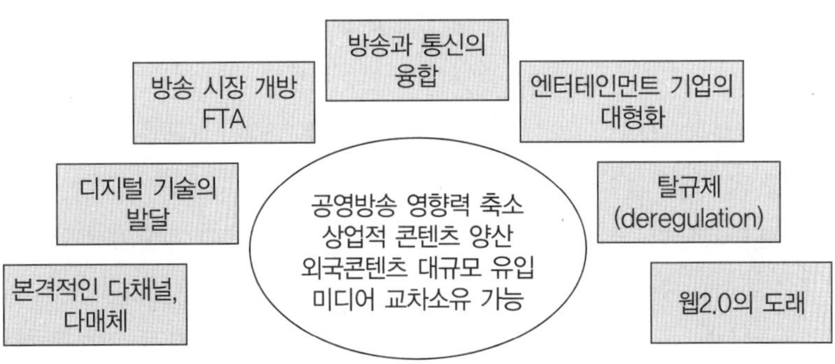

(2) 과학 콘텐츠 등장에 따른 미디어 커뮤니케이션 모델의 변화

지금까지 과학 콘텐츠는 주로 과학자들에 의해 생산된 것을 방송, 신문 등 매스미디어가 취사 · 선택해 가공하고 이를 최종 수용자인 시청자에게 전달하는 일 방향의 전통적인 커뮤니케이션 흐름을 갖고 있었다. 시청자 입장에서는 과학 지식에 대한 욕구를 과학자가 공개하고 미디어가 선택한 것을 일방적으로 수용할 수밖에 없었다. 특히 시청률과 광고수익에 민감한 방송 같은 대중적 매체는 자칫 공익적인 과학 콘텐츠를 기피하거나 형식적 전달에 그치기 쉬워 게이트키핑의 부작용을 낳기도 한다.

그러나 방송 기술의 발달과 대중적 과학 프로그램의 인기는 이러한 일방적인 과거의 수용 모델을 복잡, 다양하게 변화시키고 있다.

특히 과학자–미디어–시청자로 이어지는 일방향의 콘텐츠 전달 과정이 뒤바뀌는 변화가 주목된다. 시청자, 미디어가 오히려 과학 콘텐츠를 생산하고 기존의 생산자였던 과학자가 이를 수용하는 입장이 되는 것이다. 예를 들어 SBS의 '우주인 프로젝트' 는 기획의 중심에 과학자가 아닌 일반인을 내세웠다. 일반 국민들을 대상으로 우주인을 공모해 선발하는 과정이 핵심적인 컨셉으로 과학자들의 최종 후보자 교육과 우주여행 과정은 전체프로그램의 극적인 결말에 불과하다. 즉 '우주인 선발' 이라는 콘텐츠가 시청자를 통해서(시청자 중에서) 생산되고, SBS라는 미디어는 이를 주관, 전 국가적인 이벤트로 가공해 과학자들에게 전달함으로써 '우주인 영웅 만들기' 는 전혀 색다른 성공적인 우주 과학 프로젝트가 되었다. 만일 과학자들의 주도로 시작된 '우주인 프로젝트' 였다면 이 프로그램은 전혀 다른 모습으로 나왔을 것이다. KBS의 '로보콘' 이나 EBS의 '로봇 파워' 도 과학자가 등장하지 않는 과학 프로그램으로 일반인 청소년, 대학생들이 직접 제작한 로봇들 간의 아마추어 경쟁을 재미의 핵심으로 한다는 측면에서 전통적 수용모델을 파괴했다고 볼 수 있다.

한편 미디어가 과학자의 연구 대상을 주도적으로 결정하고 연구 결과에 결정적 영향을 주는 제작 형태로 BBC, 디스커버리 채널, NGC 등 대규모 자본력을 갖춘 미디어가 이런 제작을 하는 경우가 많다. 대표적으로 BBC의 '이집트Egypt' 같은 고대 문명 다큐는 관련 과학자의 현장 발굴과정을 제작진이 동행 취재하는 형식으로 되어 있지만, 실제 프로그램 기획은 BBC가 먼저 한 것으로 거대 연구 비용지원을 조건으로 과학자를 나중에 참여시킨 것이다. 과학자는 안정적인 조건에서 연구의 기회를 얻고, 미디어는 전문적이고 배타적인 과학 프로그램을 제작할 수 있다는 측면에서 역사, 문명, 자연, 의학 다큐에서 자주 사용된다. 미디어가 단순히 과학자의 연구를 기다리는 것이 아니라 적극적으로 과학적 연구에 개입해 영향력을 행사함으로써 과학 콘텐츠의 대중성과 전문성을 동시에 확보하는 것이다.

한편 생산자인 과학자와 수용자인 시청자가 매스미디어를 배제하고 직접 소통하는 경우도 발생하는데 인터넷 상의 과학자의 블로그나 트위터, 유튜브 같은 동영상 포털 사이트 등이 해당된다. 온라인 개인 미디어가 급속히 발달하고 소셜 네트워크 서비스가 영향력을 확대되면서 과학자들도 굳이 번거롭고 제한적인 기존의 매스미디어를 활용할 이유가 없어진 것이다.

전체적으로 볼 때, 앞으로 과학 방송의 수용 모델은 과학자, 미디어, 시청자의 역할이 고정된 규칙적인 패턴을 갖기 보다는 각 주체들이 애드호크(Ad hoc)[3]의 관계성을 가지며 필요에 따라 과학 콘텐츠를 주고받을 것으로 예상된다.

3) '애드호크' 는 앨빈 토플러의 〈미래쇼크(1967)〉에 나오는 말로 구성원들이 어떤 특정문제의 해결을 위해 모였다가 다시 흩어지는 일시적 네트워크를 가리킨다.

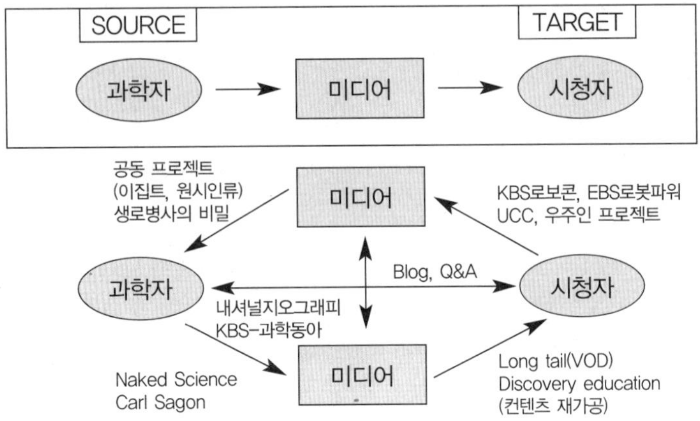

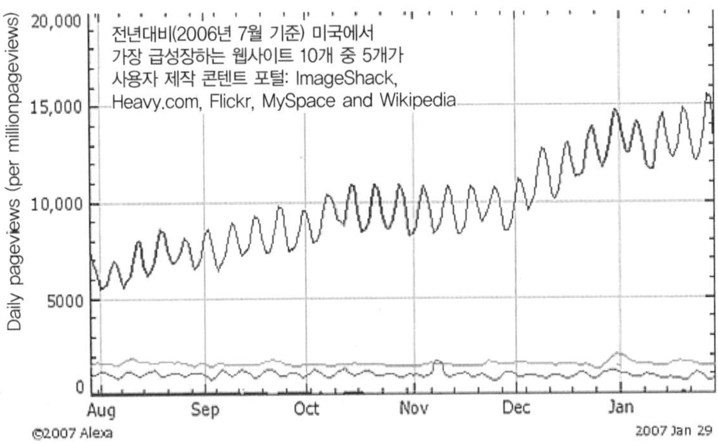

2) 정부

세계 주요 선진국들은 과학을 국방이나 교육에 버금가는 국가 정책의 핵심 분야로 지정할 정도로 대규모의 예산과 정책적 지원을 하고 있다. 정부 입장에서는 주요 과학 정책에 대한 국민적 합의를 이끌어 내고, 자국 과학 기술의 우수성을 제대로 알리고 교육해야 할 필요성이 절실한데, 이를 위해 가장 효과적인 매체가 바로 방송이다.

(1) 미국

방송 미디어를 과학 정책 추진에 가장 효과적으로 활용하고 있는 나라는 바로 미국이다. 2차 대전 이후 구 소련은 최초로 유인 우주선을 쏘아 올리고 우주 정거장 개발에 나서는 등 우주개발 경쟁에서 미국을 앞질렀다. 하지만 전 세계인들 대부분이 구 소련이 아닌 미국을 우주개척의 종주국으로 기억하는 이유는 무엇일까? 바로 미국 언론의 힘이다. 특히 1969년 아폴로 11호의 달 착륙 순간, 미국은 성조기가 선명히 박혀 있는 우주복을 입은 암스트롱의 달 탐사장면을 전세계에 생방송으로 전송했다. 각국의 방송과 언론은 실시간으로 전송되는 생생한 우주 이미지를 반복적으로 쏟아 내었고, 이를 지켜본 6억 명의 세계인에게 우주 강국으로서의 미국의 위상과 과학 기술의 우수성은 더욱 부각될 수 있었다. 미국 우주 개발의 중추인 NASA는 자체 채널인 NASA TV까지 만들어 우주선 발사 생중계 등 주요 우주 개발 사업을 영상으로 기록하고 각종 우주 관련 영상물을 제작해 차세대 교육과 언론 홍보에 적극 활용하고 있다. 실질적으로 볼 때, 천문학적인 예산이 소요되는 우주 개발의 필요성을 국민들에게 제대로 알리고 세금 인상 등에 대한 반발 없이 국민들의 지지를 이끌어내기 위한 대통령의 TV연설과 미디어 캠페인은 미국 정부가 지속적인 우주 사업을 추진하는 데 매우 유용한 수단이라고 할 수 있다.

(2) 유럽

유럽 통합으로 인해 가장 혜택을 본 분야는 바로 과학 기술이라고 할 수 있다. 이전에 각 국가들이 개별적으로 추진했다가 예산과 자원 등의 부족으로 성과를 내지 못했던 대규모 과학 프로젝트들이 유럽 전체의 공동투자와 협업을 통해 빛을 보게 되었다. 세계에서 가장 큰 입자가속기를 보유해 우주의 기원을 규명해줄 것으로 기대되는 유럽 핵입자 물리학 연구소CERN(유럽 17개국 참가), 최근 화성 탐사 우주선을 쏘아 올려 미국보다 우주 개발에 앞서고 있는 유럽우주항공국 EADS(영국, 프랑스, 독일이 공동 투자), 미국의 GPS에 대응한 유럽 자체의 위치정보시스템 '갈릴레오 프로젝트' 등이 대표적이라고 할 수 있다.

EU집행위원회는 2005년, 유럽 지역의 이러한 과학적 성과들을 기록하고 대중에게 효과적으로 알리기 위해 인터넷 영상 포털 사이트 'Athena Web'을 구축했다. 유럽연합의 자체 기금에서 전액 지원되는 이 웹사이트에서는 과학자, 미디어, 일반인 누구나 자유롭게 과학 관련 영상을 올리고 내려 받을 수 있는데, 모든 콘텐츠는 무료로 저작권은 없다. Athena Web 제작자들은 저작권을 의미하는 카피라이트copyright에 대한 상대적 개념으로 카피레프트copyleft라는 용어를 사용함으로써 과학 콘텐츠의 공익성을 강조하기도 한다.

(3) 중국

중국 정부의 기초 과학 기술에 대한 관심과 투자는 남다르다고 할 수 있다. 전 세계에 퍼져 있는 중국계 과학자들을 파격적인 조건으로 영입하고 과학 영재를 길러내기 위해 천문학적인 예산을 배정하고 있다. 정부가 주도하는 체계적인 지원 시스템과 민간 기업의 방대한 자본은 중국 과학 발전에 양 날개를 달아 주고 있는데, 2010년에는 중국의 R&D 투자 규모와 과학 기술 논문 수가 미국에 이어 세계 2위에 올랐다.

언론을 통한 과학 홍보와 교육도 공격적이다. 이미 전 세계에서 과학 잡지, 과학신문의 부수가 가장 많은 중국은 정부의 주도 아래 과학 방송에도 전폭적인 지원을 하고 있다. 특히 중국의 국영 방송인 CCTV는 열 번째 채널인 CCTV10 전체를 과학(교육) 분야 전문 채널로 지정하고 방대하고 수준 높은 과학 콘텐츠를 양산하고 있다. 대외적으로는 중국의 과학 기술 강국으로서의 이미지를 알리기 위한 홍보 수단으로, 국내적으로는 중국인들의 자부심 고양과 과학 교육을 위한 창구로 대대적인 지원을 하고 있다.

이미 CCTV는 우주, 자연, 의학, 순수 과학 등 백 만 시간 분량의 비디오 저장을 위해 아카이브를 구축해 놓았는데 그 중 60만 시간이 SDTV 프로그램이고 앞으로 HDTV 프로그램으로 무려 50만 시간을 추가 배정할 예정이다. 이미 양적으로는 세계 최대의 과학 콘텐츠를 보유하고 있는 BBC와 맞먹을 정도이며 앞으로 질적인 성장만 이룬다면 중국의 과학 방송은 조만간 세계 최고 수준이 될 것으로 예상된다.

(4) 일본

패전 이후 국가 재건의 기반을 다지기 위해 과학 기술에 집중적인 투자를 했던 일본은 불과 몇 십 년 만에 다수의 노벨상 수상자를 배출했고 우주 개발 분야에서 선진국 대열에 올라서는 성과를 낳았다. 과학 기술 분야가 국가 발전의 핵심인 만큼 일본 정부는 정책적인 차원에서 과학 기술의 중요성을 대중들에게 알리고 과학 문화를 확산하기 위해 다각적이 노력을 기울여 왔다. 특히 일본 과학기술진흥기구(JST)는 지난 50년간 학계와 산업 간의 네트워크 구축을 통해 과학 기술 기반의 혁신을 이끌어 내고 과학 대중화를 위한 전략 개발 및 전문가 양성을 주도하기 위한 중추적인 역할을 해왔다. JST는 과학을 알리는 효과적인 매체로 방송을 주목해 왔는데, 1998년 사이언스 채널을 개국해 과학 관련 콘텐츠만을 24시간 방송하고 있고, 최근에는 RIKKA 네트워크라는 온라인 기반의 콘텐츠 공유 시스템을 구축해 학교, 과학기관, 연구소, 방송국 등의 보유한 각종 디지털 콘텐츠(영상물)를 언제 어디서나 이용할 수 있도록 서비스를 하고 있다.

(5) 한국

방송의 영향력이 상대적으로 높은 우리나라 현실에서 정부는 과학 기술 정책을 알리기 위한 창구로 미디어, 특히 공중파 방송을 적극적으로 활용해 왔다. 대표적인 예로 2000년대 초, 'IT코리아'라는 슬로건으로 시작된 정부 주도의 정보통신 산업 진흥 정책을 들 수 있다. 당시 정부는 국내외 언론에 정보 강국으로서의 한국을 알리기 위해 막대한 마케팅 예산을 쏟아 붓는 한편 각종 TV프로그램에 노출을 극대화하기 위해 이벤트 협찬, 제작 지원을 공격적으로 실시했다. 실제로 주요 IT기업들은 이러한 정부의 대대적인 홍보 덕분에 국내외 매출이 증가하고, 국내 IT제품의 이미지가 제고되는 효과가 있었다고 평가한다. 이 밖에 2008년 정부가 국정 기조로 내세운 '녹색 성장' 정책도 주요 방송 매체를 활용함으로써 단시간 내에 국민들의 뇌리에 각인되는 효과가 있었다.

한편 이공계 기피 현상을 극복하고 과학 입국의 위상을 제고하기 위한 국가적인 차원의 과학 대중화 노력도 정부의 주요 정책으로 자리 잡고 있다. 정부는 일본의 과학 기술 진흥 기구와 유사한 한국과학창의재단을 설치해 운영하고 있는데 그 핵심적인 사업 중의 하나가 과학 프로그램 지원 사업이다. 주요 방송사들이 과학 프로그램의 편성 비율을 높일 수 있도록 제작비를 지원하는 것인데, 그 중요성에 비해 잘 다뤄지지 않는 과학 이슈들, 예를 들어 지구 온난화, 순수과학, 우주, 과학 교육 등이 대중들에게 소개되는 기회를 만들어준다. 한국과학창의재단은 이 밖에도 본격적인 과학 방송 활성화를 위해 2008년 YTN을 위탁 운영자로 한 국내 최초의 과학 전문 케이블 방송인 '사이언스 TV'를 개국했다. 아직 기존 공중파와 달리 콘텐츠가 부족해 대부분을 수입 프로그램에 의지하고 있고 시청률도 만족스럽지 않지만, 정부가 의지를 갖고 지속적으로 지원한다면 조만간 자생력을 가질 것으로 예상된다.

3) 과학자

과학자 및 과학 분야의 종사자들은 방송 같은 대중 매체가 아닐지라도 다양한 형태의 미디어를 통해 일종의 커뮤니케이션을 하고 있다. 과학 연구는 본질적으로 협업을 통한 공동 연구, 학회, peer review 등 집단적 커뮤니케이션을 통해 발전해 왔고, 이를 위해 학술지, 논문, 컨퍼런스, 세미나 등과 같은 전달 매체, 미디어가 반드시 필요했다. 하지만 과학 기술이 빠른 속도로 발달하고 과학자들 간 커뮤니케이션의 양이 급증하면서 고전적인 미디어도 진화하고 있다. 세계 최대의 입자 가속기를 보유한 유럽핵물리학연구소 (CERN)는 현재 800여명의 연구원들이 상주하고, 전세계 수 천 명의 과학자들이 직간접적으로 참여하고 있는 초대형 연구소다. 우주 빅뱅 실험 등 대규모 프로젝트 대부분을 공동 연구를 통해서 작업을 하는데, 이 과정에서 전 세계에 퍼져있는 과학자들의 커뮤니케이션을 가능하게 하는 미디어가 바로 '인터넷' 이다. 실제로 인터넷의 개념이 처음으로 창시된 곳은 바로 CERN으로 공동 프로젝트를 하는 수많은 과학자들이 방대한 자료를 서로 전송하고 공유하기 위한 필요에서 개발된 것이었다. 나아가 독일 전역에 분산되어 있지만 하나의 연구소로 기능하는 막스플랑크 연구소는 '사이언스 TV' 라는 인터넷 방송을 통해 연구소 내의 다양한 분야를 한 눈에 볼 수 있도록 통합적인 동영상 서비스를 하고 있고, 지리적으로 떨어져 있는 여러 연구자들이 서로의 최신 연구 결과와 자료를 공유할 수 있도록 도와주고 있다. 미국 샌디애고 바이오 클러스터 내에서 운영되고 있는 'The Science Network' 는 지역 내의 연구소들과 과학자들이 자발적으로 설립한 온라인 과학 방송 네트워크다. 대부분의 영상 콘텐츠가 주요 과학자들의 인터뷰나 강연을 녹화한 것으로 기존의 세미나, 컨퍼런스, 학술 대회와 같이 직접 만날 필요 없이 수시로 자신의 연구를 온라인 방송에 올리고 동료 과학자들로부터 평가를 받거나 서로의 연구를 동시에 올려 비교해 보는 등 과학자들의 새롭고 유용한 네트워킹 창구가 되고 있다.

이 밖에도 최근 과학계에도 사업화 바람이 불고, 투자유치와 각종 지원이 절실해지면서 방송 콘텐츠를 자신의 과학 기술에 대한 설명과 홍보 수단으로 활용하는 하는 사례가 많아 지고 있다. 특히 벤처 업계에서나 산학 관련 기업에서는 투자자들을 대상으로 자신들의 기술을 정확하면서도 매력적으로 알리고, 기업의 이미지를 최대한 인상적으로 표현하기위해 영상물을 제작하는데, 기업공개(IPO: Initial Public Offering) 뿐만 아니라 경제 채널, 공중파 방송을 통해 노출될 때 효과는 더욱 크다. 애플사가 아이팟, 아이폰, 아이패드 등 신제품을 내놓을 때마다 선풍적인 인기를 얻는 이유가 제품과 기술 자체의 우수성 보다는, CEO인 스티브 잡스의 천재적인 마케팅 능력, 즉 테크놀로지를 상품화하고 대중매체의 관심을 끌어들이는 홍보 전략에 있었다는 것은 이미 잘 알려진 사실이다.

실제로 전 세계적으로 유명한 과학 기술 클러스터 단지들, 예를 들어 실리콘 밸리, 캠브리지(영국), 샌디애고, 소피아 앙티폴리스(프랑스)의 대부분은 연구소, 학교, 기업들 외에 기술 사업화를 도와주는 컨설팅 회사나 마케팅 업체들의 비율이 전체의 40퍼센트를 넘는다. 이러한 마케팅 업체들은 클러스터 내의 연구 성과들을 영상 콘텐츠로 제작해 입주 기업들이 투자 설명회나 산업 박람회에서 투자자/바이어들에게 보여 주는 용도로서, 또 웹사이트나 대중매체에 노출하는 홍보물로 활용할 수 있도록 도와준다.

4) 시청자

과학 프로그램을 가능하게 하고 발전시키는 가장 핵심적인 주체는 바로 시청자들이다.

방송사 내부에서 프로그램의 평가와 존폐를 결정하는 가장 실질적인 잣대는 시청률과 게시판과 인터넷을 통한 시청 소감이라고 해도 과언이 아니다. 2000년대 이후 오락일변도 편성에 대한 반발과 시청자들의 정보/지식 욕구의 상승은 공중파 방송에서 과학 프로그램들을 양적, 질적으로 성장시키는 버팀목이 되고 있다. 특히 KBS의 과학카페, 생로병사의 비밀, 환경 스페셜 등이 짧게는 4년에서 길게는 14년 동안 높은 시청률을 유지하면서 꾸준히 방송되고 있고, MBC '아마존의 눈물', SBS '툰드라' 등 자연 문명 다큐멘터리가 드라마보다 높은 시청률을 기록해 화제가 되는가 하면, EBS의 '원더풀 사이언스' 와 '다큐10', '다큐프라임' 에서 소개되는 과학다큐는 탄탄한 마니아층를 형성하고 있다.

게다가 과학 소재를 활용한 오락버라이어티, 인포테인먼트 프로그램들이 성공을 거둔 것도 시청자들의 과학에 대한 선입견을 바꾸는 계기가 되고 있다. 특히 KBS의 '스펀지', '비타민' 은 단순한 지적 호기심의 충족보다는 누구나 공감하고 흥미 있는 방식으로 과학, 의학 지식을 재탄생시키고 심지어 제보와 사례자로 일반인들을 프로그램에 참여시킴으로써 시청자들의 긍정적인 반응을 얻고 있다.

그럼에도 불구하고 아직 방송가에서는 과학 프로그램의 낮은 시청률에 대해 부정적인 시각이 많은데 이는 '타깃 시청률' 에 대한 이해가 부족하기 때문이다. 타깃 시청률이란 일반적으로 광고주들이 자사 제품의 주수요층을 위주로 방송 프로그램의 효과를 측정한 수치로 일반적으로 공개되는 시청률과 큰 차이를 보이는 경우가 많다. 예를 들어, 한 때 KBS 2TV에 편성되었던 휴먼 다큐 '인간극장' 은 대중적으로 큰 인기를 끌고 시청률도 10퍼센트를 상위했지만 실제로는 광고가 많이 팔리지 않았다. 왜냐하면 광고주들의 관점에서 '인간극장' 의 시청자들 대부분이 구매력이 적은 서민들이고 제품 타깃이 불명확해 광고 효과가 약하다고 판단했기 때문이다. 반면 시청률이 기껏해야 2~3퍼센트에 불과한 KBS '유희열의 스케치북' 은 광고주들에게 인기가 높고 광고도 거의 대부분 팔린다. 주 시청층이 구매력이 높은 20대, 30대 여성이라 특정 제품이 '타깃성' 이 높기 때문이다. 이와 마찬가지로 과학 프로그램은 시청률은 낮지만 타깃성이 높은 콘텐츠라고 할 수 있다. 실제로 시청률 조사 기관에서는 광고주들의 마케팅 전략에 도움을 주기 위해 타깃 시청률(Target Rating Points)을 따로 제공하기도 한다. 이와 마찬가지로 과학 프로그램도 전체 시청자들을 대상으로 한 절대 시청률 보다는 특정한 시청자층, 즉 과학 관련 종사자, 학생, 지식인 층, 사회적 리더 그룹 등을 위주로 조사된 타깃 시청률을 통해 재평가 될 필요가 있다. 일부 방송사는 기존 시청률 외에 'PSI 지수(프로그램 품질 평가지수)'를 사용하는데 오락성과 재미에 기초한 절대 시청률보다는 정보성, 교육성 등 공익적 측면을 초점에 맞춰 프로그램을 평가하는 기준으로 과학 관련 프로그램들인 KBS '생로병사의 비밀', '비타민', '과학카페' 등과 EBS '지식채널', '원더풀 사이언스' 등이 상위를 차지하고 있다.

한편 과학 콘텐츠는 대중들의 시청 행태가 기존 공중파 등 매스미디어 중심에서 인터넷, 모바일 등 개인화된 맞춤형 미디어로 변화하면서 새롭게 주목 받고 있다. 일부 드라마와 버라이어티 프로그램의 높은 시청률과 막대한 광고 수입의 그늘에 가려있던 지식, 과학 프로그램들이 새로운 미디어 플랫폼들을 기반으로 마니아층을 형성하고 온라인에서 공유되면서 인기를 끄는 사례들이 많아지고 있다. 바로 경영학에서 말하는 '롱테일 법칙'이 작용했기 때문이다.

20세기 대량 생산, 매스미디어가 지배한 시대에서는 80/20의 법칙이 적용돼 기업들은 핵심 제품, 베스트셀러에만 사업의 모든 역량을 집중했다. 하지만 이러한 경제 법칙은 90년대 중후반 인터넷이 전파되면서 서서히 깨지게 되는데, 미국의 온라인 서점 '아마존'의 사례가 이를 잘 보여준다. 일반 서점과 달리 인터넷을 통해 먼저 책을 주문하고 배달 받는 온라인 서점은 저렴한 가격, 간편한 구매 과정 때문에 책 수요를 크게 증가시키기도 했지만 보다 근본적으로는 팔리는 책의 '종류'에도 큰 변화를 가져왔다. '아마존' 사는 2000년 초 분기 결산을 하는 과정에서 놀라운 사실을 발견했는데, 일반적으로 수익성이 높다고 알려진 '베스트셀러'보다 거의 한, 두 권씩만 팔린 전문 서적 혹은 거의 절판된 책들을 통한 매출이 더 많았기 때문이다. 즉 베스트셀러를 가리키는 '몸통'보다 한두 권씩 팔리는 전문 서적인 '긴 꼬리'를 합친 것이 더욱 커진 것이다. 제한된 공간과 재고 때문에 베스트셀러 위주로 진열, 홍보할 수밖에 없는 오프라인 서점과 달리 인터넷 서점은 먼저 주문이 된 다음에 책을 유통하기 때문에 보다 다양한 종류의 서적을 장기간 판매할 수 있다는 이점이 있다.

이러한 롱테일 법칙이 동일하게 방송에도 적용된다. 지금까지 공중파 방송은 시청률이 잘 나오는 프로그램(오락, 드라마, 뉴스 등)을 주요 시간대에 배치하고, 공익성이 강한 전문 분야를 다루는 프로그램(문화, 과학 등)은 아침이나 심야에 배치하는 전략을 취해 왔다. 광고 단가가 높은 시간대에 시청률이 높은 프로그램을 방송해 광고 수익을 극대화하기 위해서다. 하지만 시청자들이 원하는 시간에 언제든지 시청이 가능한 모바일, 인터넷 VOD, IPTV, 스마트TV 등의 등장은 이러한 방송 시간대와 광고 수익의 관련성을 약화시킴으로써 광고주들이 공중파로부터 이탈하는 현상을 초래했다. 실제로 공중파의 광고 시장 점유율이 30퍼센트 밑으로 떨어진 반면, 네이버 등 인터넷 매체의 점유율은 20퍼센트 대로 급성장했다. 대부분 포털 사이트들이 네이버 캐스트, 다음TV 등 동영상 서비스를 강화하는 상황에서 공중파의 영향력과 수익률은 더욱 떨어질 것으로 예상된다. 이러한 방송 환경에서 '지식/과학 콘텐츠'는 공중파 방송의 '꼬리'로서 드라마, 쇼 같은 '몸통' 프로그램을 보완하는 대안으로 떠오르고 있다. KBS의 경우, 과학 관련 프로그램인 '과학카페', '환경스페셜', '생로병사의 비밀' 등의 시청률은 평균적으로 5퍼센트에서 10퍼센트 사이로 소위 '대박' 프로그램이 아니다. 하지만 이러한 프로그램들은 시청자 층이 두껍지 않은 반면 사회적 리더나 지식인 계층들이 적극적으로 '찾아서' 보고 피드백도 많다. 이런 시청자들은 필요에 따라서 방송사에 재방을 요구하기도 하고, 주변 네트워크를 통해 추천을 하거나 자발적으로 콘텐츠를 유포한다. 그리고 온라인을 통한 동영상이나 DVD로 만들어져 장기간 꾸준히 이용되고 팔리는 프로그램들도 대부분 자연, 과학, 의학 다큐멘터리들이다. 앞으로 과학 프로그램은 '단기간에 많이' 팔리기 보다는 '장기간에 걸쳐 지속적으로' 소비되는 콘텐츠로서 방송사의 수익과 인지도를 떠받쳐 줄 대안이 될 것으로 예상된다.

7. 과학 방송의 가치 사슬

경영학에서 특정한 제품이 생산에서 판매될 때까지 창출하는 가치를 도식한 것을 '가치사슬'이라고 한다. 천연 다이아몬드가 기술자의 손에 의해 가공되고, 유명 업체의 광고와 판매망을 거치면서 그 가격이 수십 배 상승하는 것이 그 좋은 예로 대체로 가치사슬이 길고 복잡할수록 창출되는 가치가 크다. 마찬가지로 방송 콘텐츠도 일종의 서비스 상품이라고 할 때, 가치사슬에 적용해 분석해 봄으로써 기획에서 방영에 이르기까지 창출되는 경제적 가치를 가늠해 볼 수 있다. 특히 방송 시장이 자유화되고 광고 경쟁이 격화되는 상황에서 가치 창출이 극대화되는 프로그램의 기획과 제작, 유통 시스템의 구축은 더욱 절실해지고 있다. 일반적으로 장르별로 볼 때, 쇼나 드라마와 같은 오락 프로그램이 교양, 다큐보다가치 창출 효과가 높지만 과학 콘텐츠를 중심으로 이러한 상식이 깨지고 있다.

대표적인 예가 BBC, NGC, 디스커버리 채널로서 이들은 과학 콘텐츠가 갖고 있는 잠재적 가치를 발굴해 부가 수익을 극대화하는 가치사슬을 구축하는 데 성공했다.

1) BBC 'Walking with Dinosaur'

1999년 발표 당시, 역사상 분당 제작비가 가장 비싼 다큐멘터리로 기네스북에 오른 이 6부작 다큐멘터리는 그 동안 영화에서만 사용되던 첨단 CG와 실사 애니메이션 기법animetronics을 처음으로 방송에 적용해 공룡을 살아 있는 것처럼 재창조함으로써 세계적인 화제를 모았다. BBC가 총 제작비 규모가 4천만 파운드(원화 환산 800억 원)에 이르는 이러한 대작 다큐를 기획할 수 있었던 것은 제작비와 자원 확보가 가능했고, 콘텐츠의 유통과 판매로 수익을 낼 수 있는 가치사슬이 정립되어 있었기 때문이다.

기획 초기 단계부터 피터 도드슨 등 고고학자들과 전문가로 이루어진 자문단을 구성해 과학적으로 치밀한 이야기를 짜고, BBC의 장비와 인력, 제작 노하우를 최적화한 리소스 계획을 세워 제작비용을 최소화 했다. 뿐만 아니라 콘텐츠 판매와 활용을 통한 수익을 확보하기 위해 국제적 배급망을 통한 선 판매, 전시/공연 계약, 부가 콘텐츠 개발 등을 프로그램 제작과 동시에 진행했다. 게다가 영국에서 BBC가 갖는 높은 위상으로 과학계, 문화 산업, 콘텐츠 배급망 등의 참여가 적극적으로 이루어진 것도 비용 절감에 긍정적으로 작용했다. 1999년 영국에서 높은 시청률을 기록한 것을 시작으로 미국 디스커버리 채널 및 전 세계 주요 방송사에 높은 가격으로 판매되었고, 어린이 판으로 재제작되거나, 속편에 해당하는 'Walking with Beasts', 'Walking with Monsters' 등의 시리즈로 이어졌다. BBC는 2010년 11월 'Walking with Dinosaur'의 극장용 영화 제작 계획을 발표하기도 했다. 가장 성공적인 스핀오프는 바로 공룡 라이브쇼 'Walking with Dinosaurs – The Arena Spectacular'로서 BBC는 브로드웨이 연출가까지 영입해 마치 살아있는 공룡을 무대 위에 등장시켜 관객을 매료시킴으로써 전 세계적으로 6백 5십만 명의 관객과 3천 5백만 불의 입장 수익을 거두었다. 그 밖에도 공룡 전시회 개최, 공룡을 캐릭터로 한 게임 Dinosaur World, 심지어 공룡 백과사전 출간 등의 무한한 스핀오프를 통해 콘텐츠의 가치 창출이 극대화될 수 있었다.

2) Discovery Channel

디스커버리 채널이 구축한 가치사슬의 핵심은 아카이브 관리와 콘텐츠 배급라고 할 수 있다.

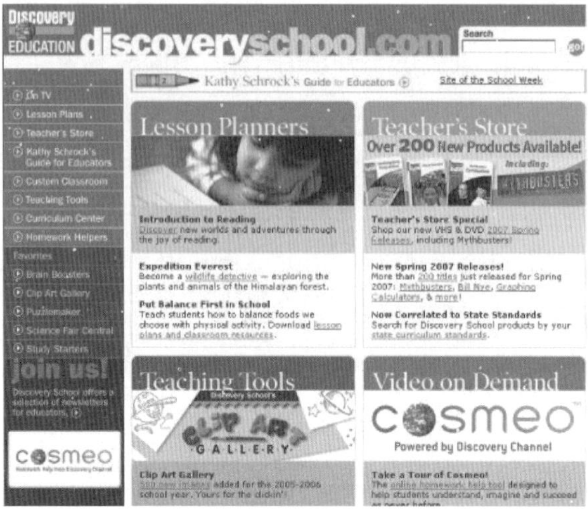

다큐멘터리의 제작비가 이미 픽션 영화에 육박하는 상황에서 상업적 모델이 확립되지 않은 콘텐츠 사업은 생존할 수 없다. 디스커버리 채널 제작 시스템의 특징은 프로그램 기획의 대부분을 자체 내부에서 하고 실제촬영, 편집 등 제작만 외주에 맡긴다는 점이다. 초기 비용은 많이 들지만 저작권을 전부 소유하고 미래의 가치를 독점한다는 측면에서 더 유리하다고 판단했기 때문이다. 또한 채널 정체성을 훼손하지 않기 위해서 광고와 스폰서를 제한적으로 팔고, 그 대신 글로벌 배급망을 통한 채널 가입료 수입을 극대화하는 전략을 채택하고 있다. 콘텐츠 유통의 관점에서 볼 때, 한 번 방송된 프로그램은 영상 아카이브에 디지털 파일로 저장되는데 대부분 시기별, 테마별로 재방영되거나 재편집을 통해 DVD, VOD 형태로 제작돼 부가 수익을 올린다. 그 중에서도 디스커버리 채널이 주력하고 있는 분야가 바로 교육이다. '디스커버리 에듀케이션'으로 명명된 이 온라인 사업은 디스커버리 채널이 보유하고 있는 방대한 과학 관련 영상 아카이브를 재가공해 교육용으로 서비스하는 것이다. 현재 미국 전역, 백만 명의 교사와 3천 5백만 명의 학생들이 가입되어 있으며 온라인과 교육 컨설팅을 통해 수업 계획을 위한 자료, 수업 교보재 영상,

숙제 도우미 자료 VOD, 학년별 맞춤형 영상 패키지, 온라인 교육 등을 제공한다. 특이한 점은 이러한 방대한 교육 서비스가 거의 무료라는 점이다. 학부모와 학생들은 회원가입만 하면 아무 제한 없이 무료로 이용할 수 있고, 교사도 연간 최소한의 회비만 지불하면, 교육 자료를 신청해 자유롭게 활용할 수 있다. 그 대신 디스커버리 채널은 대부분의 제작비용을 기업 스폰서 형태로 충당하는데, 기업의 입장에서는 교육에 기부를 하면서 회사의 이미지도 높일 수 있다는 점 때문에 포드사, 펩시 콜라, 클로락스, 프레디맥 같은 미국의 주요 기업들이 참여하고 있다. 디스커버리 채널은 과학 콘텐츠를 활용한 교육 사업을 통해 상업적 가치뿐만 아니라 공익적 가치 창출이 가능함을 보여 주었다는 측면에서 더욱 의미가 있다.

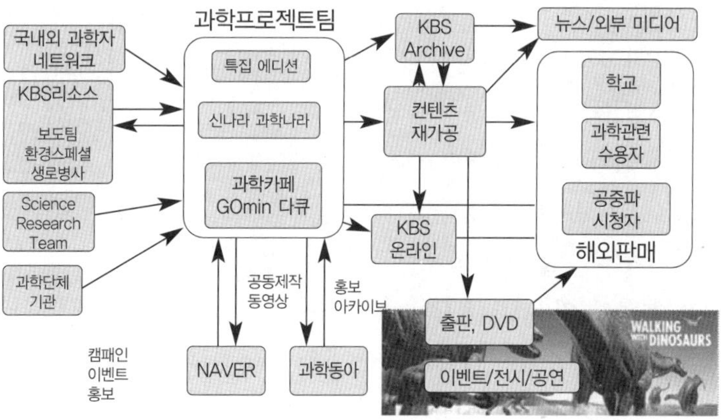

8. 과학 방송의 활용 전략 – 케이스 스터디

1) 리얼리티 Reality

앞서 과학 프로그램의 성장 배경으로 대중의 '리얼리티'에 대한 관심, 그리고 'Factual contents'의 인기를 꼽았다. 국내외를 막론하고 각양각색의 리얼리티 쇼가 상호 모방을 해가며 거대한 트렌드를 형성했듯이 과학 방송에서도 '리얼'이 대세다. 딱딱하고 이론적인 과학보다는 체험적이고 감성적인 과학이 방송 제작자들이나 시청자들에게 이른바 '먹히는' 것이다.

호주의 공영방송 ABC '라이프 시리즈'는 방송과 과학이 만나 어떻게 '사실성 혹은 진실성 Reality' 높은 과학 콘텐츠(프로그램, 웹사이트, 논문 등)를 만들 수 있는가를 잘 보여 주는 사례다. 이 프로그램은 호주 전역에서 선발된 11명의 아이들을 태어나는 순간부터 7살에 이르기까지 관찰 카메라와 장기 밀착 취재를 통해 있는 그대로 보여줌으로써 그 동안 베일에 가려있던 호주인들만의 성장 과정을 밝혀보자는 것이 주 기획의도다. '라이프 시리즈'는 2004년 호주에서 태어난 유아 만 명을 대상으로 대규모로 진행된 '호주 유아들의 성장 보고서'라는 종단 연구와 연계해 기획된 프로그램으로 아직 진행 중인 연구를 방송이 참여해 공동으로 실험을 디자인하고 관찰해 나간다는 점이 매우 혁신적이다.

현재 3년 동안 '성격 형성', '스트레스', '비만', '이상행동'에 대한 4편의 다큐멘터리가 방송되었고 웹사이트를 통해서는 11명 유아들의 성장 과정이 인터넷 TV를 통해 24시간 방영된다. 프로그램은 단순히 11명 유아들의 일상적인 생활 모습을 관찰하는 것 이외에 스튜디오에 유아들과 가족들을 모아 놓고 정교하게 세팅된 행동 심리 실험을 진행하기도 한다. 기존의 과학 프로그램 대부분이 연구의 결과만을 취재 형태로 소개하거나 기껏해야 재연하는 정도였다면 '라이프 시리즈'는 연구의 과정과 추이를 있는 그대로 보여주고 시청자의 시청자들의 피드백을 프로그램에 반영하는, 실험적이면서 의미 있는 시도로 과학이 주는 '사실성'이 잘 드러났다고 할 수 있다.

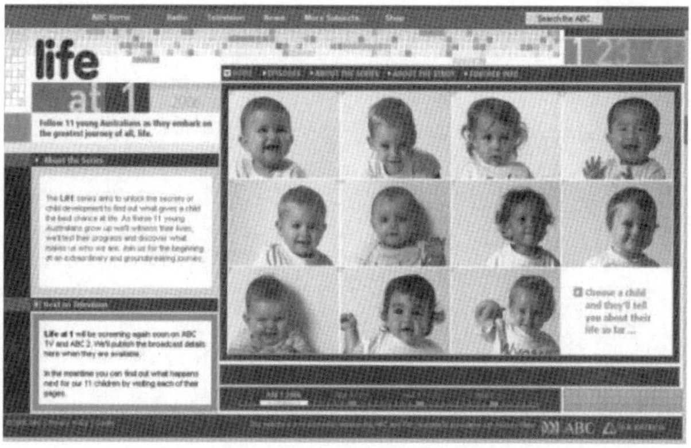

2) 과학 포털 서비스 Science Portal

다양한 정보 제공, 검색 기능, 네트워킹 등을 한 웹사이트에서 통합적으로 제공하는 인터넷 포털은 과학 콘텐츠의 성격과 가장 잘 맞는 미디어 플랫폼이라고 할 수 있다. 무엇보다 인터넷은 과학자들, 과학에 관심 있는 대중들에게 친숙한 매체고 상호 정보 교환이나 네트워킹, 업데이트가 적극적으로 이루어져 콘텐츠 확산 속도가 매우 빠르다는 장점을 갖고 있다. 또한 디지털 기술 덕택으로 온라인상의 채널수와 방송 분량의 제한이 거의 없고, 파일 형태로 전환될 경우 모바일, IPTV, 스마트TV 등 새롭게 등장한 디지털 장비를 통해 자유롭게 시청할 수 있다.

일례로 독일을 대표하는 막스플랑크 연구소는 독일 전역에 분야별로 따로 떨어져 있는 20여 개의 연구소들을 한 곳에서 통합적으로 볼 수 있도록 'Science-TV.com' 이라는 포털을 운영하고 있다. 화학, 물리, 의학 등 기초 과학뿐만 아니라 우주, 발명, 자연 재해와 같은 시의적이고 대중적인 주제들을 뉴스, 다큐멘터리, 매거진, 인터뷰 등 다양한 포맷으로 실시간으로 동영상 서비스한다. 현재 주 사용층은 과학자들과 연구원이지만 기술 사업화 그리고 교육 관련 콘텐츠를 강화하는 등 일반 대중을 끌어들이는 데에도 적극적이다.

한편 Science-TV.com이 다소 전문적이라면 AthenaWeb은 포괄적이면서 대중적인 과학 영상을 서비스하는 포털이다. 특히 유럽 연합의 전폭적인 지원으로 운영되는 만큼 유럽 여러 나라의 과학 영상들을 분야별, 테마별로 골고루 확보하고 있고, 방송사뿐만 아니라 학교, 연구소, 기업, 박물관 등이 보유하고 있는 영상들도 공유하고 이용할 수 있는 방대한 시스템을 구축해 놓았다. 특히 과학 영상에 대중의 접근성을 높이기 위해 모든 콘텐츠를 고화질로 무료 제공하고 있는데, 이는 저작권에 대한 인식이 높은 서구 미디어 환경에서 매우 이례적인 것이다. 또한 로그인(접속)을 과학자, 교사, 전문가, 미디어 등으로 구분해 할 수 있도록 하고, 각각에 맞는 맞춤형 콘텐츠를 제공하는 것도 특이한 부분이다. 앞으로는 기존의 서비스에 교육용 과학 영상 서비스와 과학콘텐츠 제작자들을 위한 온라인 마켓 서비스를 추가함으로써 과학 대중들의 다양한 요구를 충족시켜 나갈 계획이다.

앞으로 이러한 과학 콘텐츠 포털 서비스는 Podcast와 IPTV와 같은 디지털 플랫폼이 활성화될 경우 모바일, 아이패드 등 디지털 기기를 통해서도 시청이 가능해지기 때문에 더욱 전망이 밝다고 하겠다.

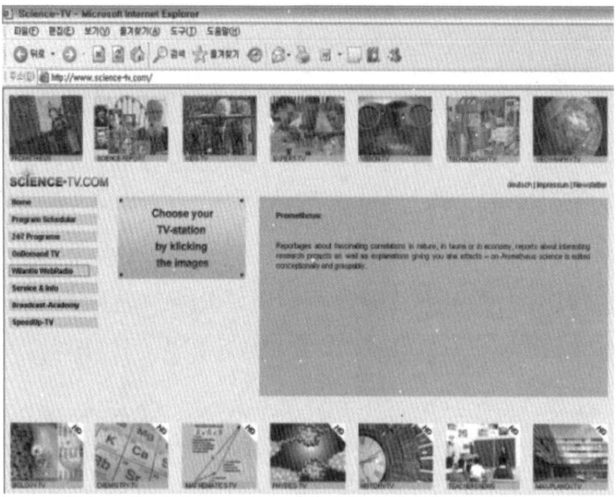

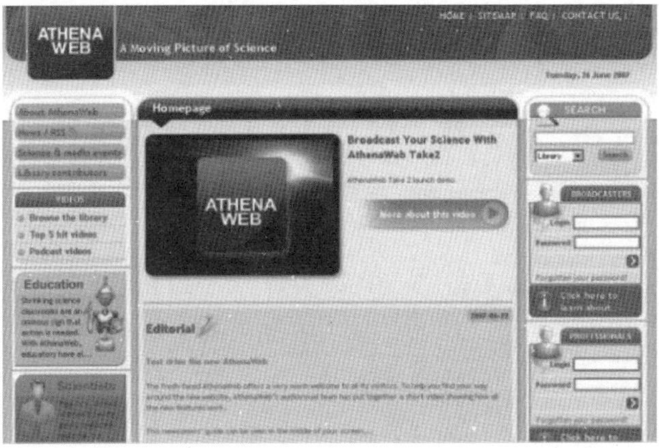

한편 디스커버리 채널이나, NGC, BBC 등 기존 TV 기반의 방송사들도 자사의 방대한 아카이브를 활용해 온라인 과학 영상포털을 구축하고 홍보에 주력하고 있다. 기존에 방송되었던 과학 콘텐츠를 분야별, 시청층별로 맞춤형으로 재가공하고 기존의 TV 시청률이 높지 않은 젊은층을 끌어들임으로써 미래의 광고 수익과 매체 영향력을 유지하기 위해서다.

3) Fun Science

BBC의 과학, 지식 채널인 'BBC Knowledge'의 슬로건은 'Entertainment Your Brain', 즉 '당신의 뇌를 즐겁게 하라'로 내걸었다. 과학을 교양, 교육적인 범주에 넣지 않고 오락, 재미의 영역으로 확대해야 한다는 것이다. BBC는 소재 선택에서부터 제작 기법 하나하나까지 대중들의 눈높이에 맞춰 재미를 주기 위해 끊임없는 시도를 하는데, 그 대표적인 작품이 공룡 다큐멘터리 'Walking with Dinosaur', 과학 실험 매거진 'Bang goes the theory'와 라디오 프로그램 'The Naked Scientist' 등이다. 영국의 과학 프로그램은 진행자, 즉 호스트host의 역할이 중요한데, 대부분 전문 진행자가 아니라 과학자들이 직접 출연하고 이야기를 이끌어 가는 경우가 많다. 유명한 'Life' 시리즈의 자연학자 데

이빗 아텐보로나 'The Human Body'와 'Super Human' 같은 혁신적인 의학다큐멘터리를 이끈 로버트 윈스톤 같은 과학자가 대표적인 예로 그들 특유의 위트와 현장감 있는 진행은 과학 프로그램도 재미 있을 수 있음을 보여주었다.

최근 몇 년간 '재미를 통한 과학'을 가장 성공적으로 실현한 프로그램은 'MythBusters'라고 할 수 있다. 전 세계 디스커버리 채널과 호주의 SBS, 영국의 BBC 등을 통해 높은 시청률을 기록하며 방영되고 있는 대표적인 사이언스 엔터테인먼트 프로그램이다. 대중적인 인기 때문에 출연자들(아담 새비지, 제이미 하이네만)이 미국의 Good morning America, 데이빗 레터맨 등의 쇼에 출연하는가 하면, 백악관에 초청돼 오바마 대통령과 면담을 하기도 했다. 두 명의 특수 효과 전문가들이 이른바 항간에 떠도는 소문, 즉 특이한 사건이나 현상들을 과학적인 실험을 통해 검증해 나가는 단순한 구성으로, 재미의 핵심은 두 출연자의 기발한 상상력과 '물불 가리지 않는' 실험 정신이다. 크고 작은 폭발물과 중장비를 동원해 대규모 사건이나 사고를 실감나게 재연하거나 실험 기구들을 직접 출연진들이 제작해 나가면서 실패와 성공을 거듭하는 과정은 과학의 엄밀성을 해치지 않으면서도 보는 재미를 극대화하는 요소가 된다.

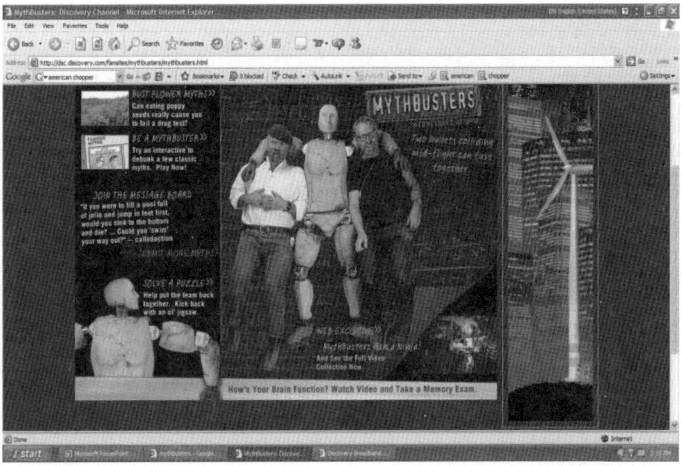

4) 가상현실

국내에서는 싸이월드가, 국제적으로는 트위터, 페이스북 등이 선풍적인 인기를 끌면서 SNS, 즉 소셜 네트워킹 서비스는 이미 시대적인 화두로 자리 잡았다. 인터넷 사용자들 혹은 네티즌들은 사회적 관계 유지를 SNS를 통해서 더 활발히 하고 있고, 방송 콘텐츠의 소비도 가상공간에서 네트워킹을 통해 서로 공유하고 의견을 교환하면서 하는 것을 선호한다. 유튜브나 페이스북이 이미 동영상을 SNS를 통해 추천하고 공유하는 서비스를 시작했고 구글TV와 애플TV는 방송 시청과 인터넷을 동시에 즐기면서 실시간으로 채팅이나 메시지를 주고받을 수 있다.

세컨드 라이프는 1999년 필립 로즈데일이 창시한 웹 기반의 가상현실 소셜 네트워킹 서비스로 현재 가입자 수가 전세계적으로 2천만 명이 넘을 정도로 인기가 높다. '두 번째 삶' 을 의미하는 세컨드 라이프는 사용자가 본인의 웹 캐릭터인 '아바타' 를 만든 다음 인터넷 상의 가상현실 공간에서 건물을 사고, 친구를 만나고, 가상 결혼을 하는 등 실제 현실에서 할 수 있는 일들을 체험할 수 있다. 소니, IBM 은 '세컨드 라이프' 내에 사이버 지점을, 일부 대학은 사이버 캠퍼스를 개설하기도 했다. 호주의 공영방송인 ABC는 지난 2006년 세컨드 라이프 내에 가상현실 방송국인 'ABC Island'를 세우고, 기존 TV에서 할 수 없는 가상 콘서트와 이벤트 개최, 스타와의 만남, 시청자들의 방송 참여 등 차별화된 서비스를 제공하고 있다. ABC Science를 통해 과학에 특별한 관심을 가져온 ABC는 가상현실 공간을 통해서도 실험적인 과학 방송을 시도하고 있다. 현실에서 불가능한 발명 아이디어를 그래픽을 통해 구현해 보고, 친환경 에코 하우스를 가족들과 직접 지어 보기도 하고, 유명한 과학자의 강의를 지역에 상관없이 들어 보고 질문할 수 있다. 호주의 대표적인 연구 기관인 CSIRO의 피터 클리프톤 박사는 지난 2007년 'Anti-aging and the prospect for human life extension'라는 의학 세미나를 세컨드라이프의 ABC Island에서 개최했다. 클리프톤 박사와 호주 전역과 전 세계에서 접속한 수만 명이 참가해 아바타로 변신, 3D 그래픽으로 만들어진 강의실에 모여 진행된 이 세미나는 실제 강의처럼 교수와 질의, 응답도 하고 주위 참가자들과 토론까지 하는 것이 가능했다. 또한 강의 중간에 인체 내부의 모습을 거대한 스케일로 등장시키고, 몸 안의 바이러스를 강의실 내부에 가득 채우는 등 가상현실로 가능한 표현 기법은 어려운 과학 정보를 쉽게 알려 주는데 매우 효과적이며 강의에 대한 흥미까지 높일 수 있었다. 다시 말해 이러한 가상현실 커뮤니티는 과학자들이 공간적, 표현적 제약 없이 광범위하게 대중과 만날 수 있는 창구로서 방송사 입장에서는 젊은층 위주의 인터넷 사용자들을 위한 매력적인 미디어 플랫폼으로서 활용도가 높다고 할 수 있다. CSIRO 연구소와 ABC 방송국은 전략적으로 제휴해 앞으로 가상현실을 활용한 과학 강의나 이벤트를 확대하고 다양한 프로그램을 개발해나갈 예정이다.

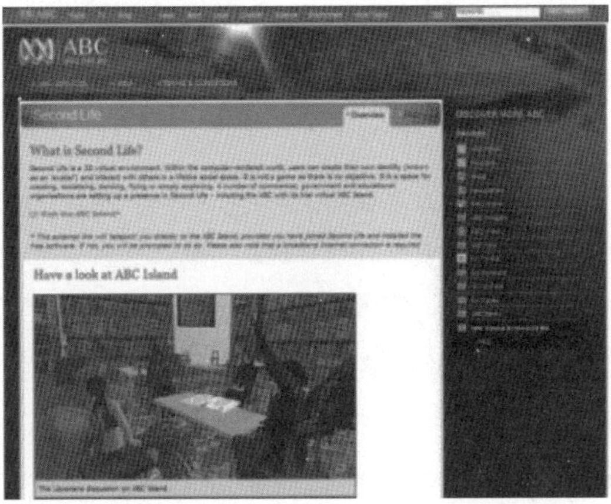

9. 과학 방송의 윤리

과학 프로그램은 차별화된 경쟁력과 무한한 가능성을 갖고 있는 미래의 콘텐츠로서 어떤 창조적 시도도 침해하는 제한이 있어서는 안 될 것이다.

하지만 과학 콘텐츠에는 본질적으로 반드시 지켜져야 할 가이드라인이 존재하는데 그 첫 번째가 (프레스) 엠바고 규정이다. 엠바고는 취재원이 언론사에게 특정일까지 자신의 보도를 하지 말도록 요청하는 것으로 의학, 첨단 기술 같은 민감한 과학 분야에서 주로 사용된다. 만일 엠바고가 깨지면 과학자는 연구를 제대로 알릴 수 없게 되고 해당 언론사는 반영구적인 취재 제한이라는 불이익을 받게 된다. 물론 특종과 단독취재를 추구할 수밖에 없는 언론의 속성상, 과학 콘텐츠의 엠바고는 까다롭고 지키기 쉽지 않은 규정이지만 과학 관련 미디어가 폭발적으로 증가하는 상황에서 더욱 강조되어야 할 부분이다.

둘째, 과학 정보의 엄밀성과 신뢰성이다. 과학자들은 논문이나 책을 저술할 때 출간 전에 반드시 'Peer Review' 라는 검증과정을 거치게 되는데 이는 무엇보다 연구의 신뢰성을 확보하기 위해서다. 많은 시간과 비용이 소요되고 자존심도 많이 상하는 과정이지만 수준 높은 연구로 평가 받기 위해서는 반드시 거쳐야 할 과정으로 과학자들은 받아들인다. 하지만 최근 과학계의 융합 트렌드와 과학 대중화 바람은 이러한 Peer Review과정을 대폭 간소화하거나 생략해버리는 원인이 되고 있는데, 방송에서 이런 '신뢰성'이 확보되지 않은 연구를 확인 절차 없이 연구 소재의 흥미적인 측면에만 끌려 소개하는 경우가 종종 있다. 이러한 실수를 범하지 않기 위해서는 방송국 내에 과학 전문 방송 인력을 양성하거나 외부에 과학자로 구성된 자문위원회를 두는 것이 필요하다.

그리고 대중적인 과학 프로그램이 자주 사용하는 특수 촬영, 컴퓨터 그래픽도 신중하게 사용될 필요가 있다. 표현하기 어려운 과학적 현상을 알기 쉽게 보여 주고 극적인 효과를 내기 위한 방법으로 특수영상은 매우 유용하지만, 신중하게 사용되지 못할 경우 일반인들에게 잘못된 정보를 알려 줄 수 있다. 특히 컴퓨터 그래픽은 비유적인 이미지 사용이 많고 내용의 일부만을 생략적으로 표현하기 때문에 과학 정보의 본질을 왜곡하거나 과장하기 쉽다.

마지막으로 오늘날 과학 프로그램은 정치성, 경제성을 띨 수밖에 없기 때문에 기획과 제작, 방영 전 과정에서 사회적 영향력을 반드시 고려해야 하며, 미래지향적이고 공익적인 주제들을 발굴하여 적극적으로 편성해야 한다. 전 지구적 화두로 떠오른 지구온난화, 이공계 기피 현상, 기초 과학 진흥 등과 같이 공익적인 측면에서 다뤄져야 할 과학 주제들은 시청률이나 광고 수익과 상관없이 제작, 편성될 수 있는 관행이 만들어질 필요가 있다.

10. 결론

과학 대중화는 더 이상 과학계만을 위한 것이 아닌 시대적 화두가 되었다. 기술 사업화를 노리는 기업계, 교육과 지식을 원하는 시청자, 이공계 활성화와 과학 정책을 추진하는 정부, 그리고 재미와 유익을 동시에 추구하는 방송사에게 과학 대중화는 반드시 필요한 흐름이라고 할 수 있다. 역사적으로 방송 매체는 서구의 BBC, PBS 등에서 검증된 것처럼 과학과 대중을 연결하는 가장 효과적인 매체로 각광 받았고 우리나라에서도 늦게나마 의학, 자연, IT 분야를 중심으로 그 역할을 인정받고 있다. 하지만 21세기 디지털 매체의 폭발적 증가, 미디어 시장의 개방과 거대화, 방송과 통신의 통합으로 대표되는 미디어 혁명은 기존 과학과 방송의 역학 관계에 또 다른 변화를 요구하고 있다.

미래의 방송 환경에서 과학은 더욱 주목 받을 것이다. 과학 관련 콘텐츠는 상업적 콘텐츠의 홍수 속에서 잠시 위기를 겪게 되겠지만 장기적으로 볼 때 미래의 매체 환경, 특히 웹2.0 시대에 최적화된 콘텐츠로서 경쟁력을 갖고 독자적 영역을 차지할 것이다. 앞서 보았듯이 과학 콘텐츠는 저작권과 이용료의 제약 없이 자유롭게 공유될 수 있고, 그 특유의 보편성 때문에 온라인 동영상 플랫폼이나 블로그, 페이스북, 위키피디아 등 소셜 네트워킹 서비스를 통해 확산되기가 쉽기 때문이다. BBC, NHK, ABC 등 세계의 주요 공영 방송들과 글로벌 다큐 채널들은 차세대 매체인 온라인 방송 플랫폼을 구축하는 과정에서 과학 분야를 핵심 콘텐츠로 설정하고 적극적으로 활용하고 있다. 예를 들어 내셔널 지오그래픽 채널의 'The Human Family Tree'와 BBC의 'UK Lab–Test your Brain' 등은 TV방송의 영향력과 온라인의 쌍방향성이라는 양쪽의 장점을 최대한 살려 결합시킨 경우다. 다채널, 다매체가 가져 올 미디어 경쟁시장 속에서 경쟁력 있는 과학 프로그램은 차별화된 콘텐츠를 필요로 하는 방송사들에게 공익적 평가와 상업적 수익을 동시에 가져다주는 킬러 콘텐츠인 것이다.

과학계 입장에서도 영상과 그래픽의 새로운 표현 수단이 과학계 내, 과학과 대중과의 소통을 위한 언어로 등장함으로써 연구 영역이 확대되고, 융합 연구와 같이 과학자들 간의 경계를 허무는 순기능을 할 것으로 기대된다. 이미 세계적으로 유명한 몇몇 과학 기관에서는 자신들의 연구 업적과 그 가치를 수준 높고 세련된 영상으로 제작해 홍보와 교육에 적극적으로 활용하고 있다. 일반인들이 직접 영상 제작을 할 수 있을 정도로 방송 제작 과정이 쉽고 저렴해졌고 유튜브 같은 동영상 사이트가 대중화 되면서 기존의 공중파 같은 네트워크 매체를 통하지 않고서도 과학자는 대중과 만날 수 있게 되었다.

방송 산업과 과학계는 불확실한 미래 앞에서 생존을 위한 변화를 모색하고 있다. 정부의 정책적인 지원, 기업의 과감한 투자와 미디어의 콘텐츠 개발, 여기에 시청자의 호응이 이어질 때, 과학과 방송의 전략적 결합은 미디어 빅뱅 시대의 경쟁 없는 무한한 시장, 블루오션을 개척할 것이다.

4부

과학과 뉴미디어

7장

과학인을 위한 온라인 매체의 이해와 활용

김 효 동
아주대학교 미디어학부 부교수

필자는 이 장을 다음과 같은 주제를 위해서 썼다. 과학과 관련된 사람이 자신의 지식을 세상과 소통하기 위해서 온라인 매체를 어떻게 활용하는 것이 좋을까? "과학과 관련된 사람"이라고 하면 좀 막연하지만 여기서는 과학 관련 과목 교육자, 전문 연구원, 과학 잡지, 방송채널의 종사자 등을 의미한다. 또 "세상"은 과학 관련자와 동등한 수준의 지식을 가진 사람이 아닌, 과학지식에 장단기적인 관심이 있는 평범한 사람들을 의미한다. "온라인 매체"는 인터넷 기술에서 파생되어 개발, 발전된 글쓰기를 위한 도구들을 의미하지만, 이 장에서는 인터넷 포털의 사용에 국한하여 설명과 논의를 하려고 한다. 따라서 이 장은 글 쓰는 방법이라든지 글의 내용이 어떠해야 하는가 등을 다루지는 않는다.

구체적으로 필자는 이 장을 통해 글쓰기에 도움이 되는 방법으로 개인화된 포털의 이용에 대해서 언급하려고 한다. 초반에는 사용방법에 대해서 기술적인 설명을 하고, 후반에는 왜 이 방법이 네이버와 같은 포털 서비스보다 유용한가에 대해 설명하려고 한다. 따라서 이 장은 실질적인 사용법에 대한 설명과 사용의 당위성에 대한 설명이 어우러져 있다.

1. 개인화된 포털의 이용

글을 효과적으로 쓰는 방법 중의 하나는 시의적인 비유를 사용하는 것이다. 이 책에 참여한 저자이며 글을 잘 쓰는 과학자로 잘 알려진 이덕환 교수가 소년조선에 기고해 온 "흥미진진한 과학세상"을 보면 주변 독자들이 우리 주변에서 일어나는 그때그때의 일들을 과학적인 지식으로 풀어서 생각해 보도록 유도하여 독자로 하여금 흥미를 유발한다. 이처럼 시의적인 비유를 잘 활용하기 위해서는 많이 읽는 것이 중요하다. 그렇지만 덮어놓고 많이만 읽을 수는 없다. 적절한 주제의 글들을 골라서 많이 읽는다면 도움이 될 것이다.

이를 위해서 필자가 소개하는 방법은 개인화된 포털 서비스를 사용해서 필요한 글들을 자신의 취향에 맞게 모아서 읽는 습관을 들이는 것이다. 이를 위해 읽을 자료를 잘 찾아 놓는 것이 중요한데, 필자의 경우에는 iGoogle 이나 wzd.com 과 같은 개인맞춤형 포털서비스를 활용하여 특정 주제와 관련 있는 글들이 모이도록 하는 장치를 이용하고 있다.

개인맞춤형 포털 서비스란 자신이 필요하다고 생각하는 사이트의 글들이 업데이트 되었나를 확인하여 개인 포털페이지에 모아서 관리하며 읽는 것이다. 여기에 큰 역할을 하는 것이 RSS라는 테크놀로지다. RSS는 Really Simply Syndication의 약자로(이를 굳이 옮기자면 "아주 간단한 공급"이라고 하겠다) 자주 갱신되는 정보나 콘텐츠의 내용을 공급하는 방법들을 포괄적으로 칭하는 단어이다.

자주 갱신되는 웹 내용이라면 신문사나 방송사 혹은 전문 웹사이트의 뉴스나 이와 관련된 콘텐츠 등이 (가령 날씨, 주식 정보 등등) 있는데, 이를 웹피드(web feed)라고 한다. 웹피드가 갱신될 때마다 이를 자동적으로 공급하는 방법을 RSS라고 하고, 공급되는 내용을 수집해 주는 프로그램을 "콘텐츠 수집 프로그램(aggregator)"이라고 하거나 "피드리더(feed reader)" 혹은 "뉴스리더(news reader)"라고 한다. 피드리더는 컴퓨터에 직접 설치하여 사용하는 데스크 톱 기반의 프로그램(어플리케이션)일 수도 있고, 웹 브라우저를 통해 볼 수 있도록 한 웹 기반의 프로그램일 수도 있다.

RSS가 활성화 된 후 대부분의 웹사이트는 콘텐츠 공급을 위한 feed를 제공하고 있다. 대개는 아래 그림과 같이 주황색 아이콘으로 피드 주소가 있는 페이지를 표시한다. 예를 들면, 한겨레 신문과 조선일보 전체기사의 피드는 아래와 같다.

http://www.hani.co.kr/rss/

http://www.chosun.com/site/data/rss/rss.xml

〈그림 1〉 RSS feed 아이콘

1) 신문의 구독

사용자가 뉴스리더에 이 정보를 저장해 두면 신문사의 정보가 갱신 될 때마다 그 내용의 전부 혹은 일부가 뉴스리더에 나타나게 된다. 이렇게 사용자가 피드를 이용해서 갱신된 내용을 읽는 것을 구독(subscription)이라고 한다.

최근의 포털 서비스 사들은 사용자에게 위의 피드리더 기능을 제공함으로써 사용자가 읽고 싶은 웹 콘텐츠들을 자신의 기호에 맞게 재단해서 읽을 수 있도록 한다. 아래는 iGoogle의 경우이다.

〈그림 2〉 iGoogle 포털 페이지의 예

이처럼 RSS(Really Simply Syndication)를 이용하면 평소에 자주 가는 신문사나 방송사 혹은 전문 잡지사 등을 등록하여 읽을 수 있다. 신문사들의 웹페이지에 매번 방문하여 새로 나온 기사를 찾아 읽는 것보다 훨씬 편리한 방법이다. 각 신문사의 RSS 피드는 전체기사, 정치기사, 경제기사, 사회기사 등등으로 세분화되어 있는 경우가 많으므로 즐겨 읽는 분야의 RSS만을 구독해도 좋을 것이다.

〈표 1〉 주요 신문사 RSS 피드 정보를 담은 URL

신문사	URL
경향신문	http://www.khan.co.kr/rss/rssdata/total_news.xml
국민일보	http://www.kukinews.com/news/article/list_all.asp?gCode=all
노컷뉴스	http://www.nocutnews.co.kr/rss.asp
뉴스와이어	http://www.newswire.co.kr/rss/rss.xml
동아일보	http://rss.donga.com/total.xml
디지털타임스	http://news.naver.com/rss/rss_presscenter.nhn?office_id=029
매경이코노미	http://news.mk.co.kr/rss/economy.xml
매일경제	http://news.mk.co.kr/rss/economy_all.xml

신문사	URL
머니투데이	http://stock.moneytoday.co.kr/flashnews/flashnews_list_1.htm
미디어오늘	http://www.mediatoday.co.kr/news/quickViewArticleList.html
서울경제	http://rss.hankooki.com/economy/sk00_list.xml
서울신문	http://www.seoul.co.kr/news/dailyList.php
세계일보	http://www.segye.com/Service5/ShellTotal.asp?TreeID=1051
아이뉴스	http://news.inews24.com/php/news_list.php?g_menu=020000
오마이뉴스	http://www.ohmynews.com/help/srv/h_sub03.aspx?GB=301
이데일리	http://rss.edaily.co.kr/econo_news.xml
전자신문	http://www.etnews.co.kr/rss/rss_guide.html
조선일보	http://www.chosun.com/site/data/rss/rss.xml
중앙일보	http://rss.joins.com/joins_news_list.xml
한겨레신문	http://www.hani.co.kr/rss/
한경비지니스	http://www.kbizweek.com/
한국경제	http://rss.hankyung.com/economy.xml
한국일보	http://rss.hankooki.com/news/hk00_list.xml
한국재경신문	http://www.jknews.co.kr/contents/rss_gen.xml

독자 중에는 네이버(http://naver.com) 혹은 다음(http://daum.net)과 같은 포털 사이트를 이용하면 분야별 뉴스를 읽을 수 있으며, 이 방법이 훨씬 편리하다고 생각할 수도 있다. 이는 다음, 네이버와 같은 포털 사이트가 각종 신문사의 기사들을 종합하여 편집을 한 후에 사용자에게 제공하므로 편리하다고 느끼는 것이다. (〈그림 3〉 참조)

그러나 이 방법의 단점은 어떤 기사가 읽을 만한 가치가 있는지를 사용자가 아닌 포털의 편집자가 결정한다는 점이다. 〈그림 3〉의 예를 보면, 뉴스 헤드라인의 내용들은 사용자가 지정한 것이 아닌 네이버의 편집자가 결정하여 제공한 것이다.

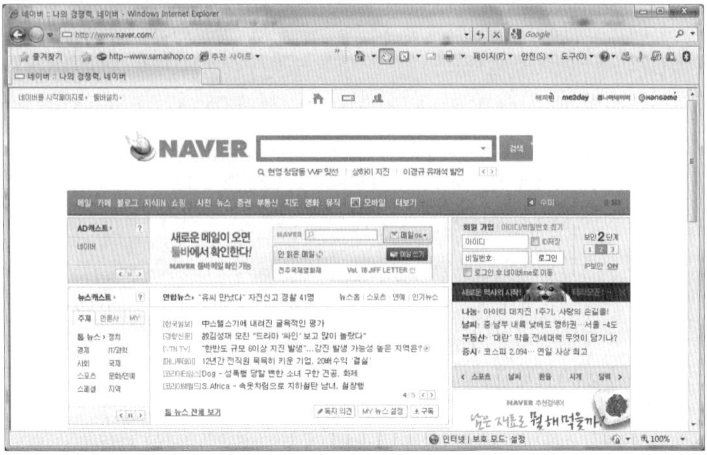

〈그림 3〉 Naver 포털의 대문화면

이런 방법, 즉 포털이 뉴스 콘텐츠의 배치를 결정하여 독자들의 클릭에 영향을 주는 것은 단지 사용의 편리함과 불편함을 떠나 정치 사회적으로 문젯거리가 되어 왔다. 국회가 수년 전부터 꾸준히 추진하여 왔던 포털 규제를 골자로 하는 법제화 노력은 이것이 얼마나 중요한 문제로 취급되는지 보여 준다[1].

인터넷이 보편화 된 후에 나타난 가장 큰 변화로 꼽는 것은 뉴스기사를 온라인을 통해 얻는 경향이 강해졌다는 것과 신문사보다는 포털을 이용하여 뉴스를 얻는 사용자가 많아졌다는 것이다. 이렇게 되면서 과거 신문사가 행사하던, 어떤 소식이 뉴스로 채택되고 지면의 어디에 어떤 크기로 실리게 되는가를 결정하는 게이트키핑(gate keeping)의 영향력보다 어떤 기사가 포털의 메인 페이지를 장식할 것인가라는 포털의 편집권이 강력해졌다. 혹 독자 중에는 아이돌이나 연예인의 가십거리를 읽는

---

1) 심화영(2006. 8. 18). 포털뉴스 규제 법제화 급물살. 디지털타임스. http://bit.ly/hvIp0E. 연합뉴스 (2006. 9. 28). 포털뉴스도 언론. 규제 받아야. 조선일보. http://bit.ly/hy7MQ1

청소년 자녀를 저급한 TV 문화에 휩쓸린다고 염려하는 경우가 있다. 청소년이 이런 내용을 일부러 찾아서 읽는 문제는 접어 두고라도, 사용하는 포털이 이를 권장한다고 생각하고 문제를 제기하는 것이다. 이것 또한 포털이 어떤 뉴스를 첫 번째 화면에 노출시킬 것인가를 결정하는 것과 관련이 있다.

따라서 네이버/다음과 같은 포털사이트의 게이트키핑 영향력을 줄이는 방법을 찾아 볼 수 있는데 Google과 같은 통합서비스에서 제공하는 뉴스 데이터베이스를 이용해서 뉴스를 읽는 것이 한 가지 방법이다. 뉴스 데이터베이스는 신문사가 공급하는 모든 뉴스를 총괄하여 시간에 따라서 제공하여 주기 때문에 특정 신문사나 방송사의 관점에 얽매이지 않고 뉴스를 읽어볼 수 있는 장점이 있다. 또 다른 장점으로는 나만의 RSS 피드를 만들어서 사용할 수 있다는 점이다.

구글이 제공하는 한국 뉴스 데이터베이스 서비스인 http://news.google.com/을 방문해보면 주요뉴스, 정치, 경제, 사회, 문화/생활, 정보과학, 연예, 스포츠 등으로 뉴스가 분류되어 있는데, 아이구글과 같은 서비스를 이용하면 사용자가 필요한 분야만을 받아서 뉴스를 볼 수 있다. 또한 사용자는 개인의 관심사를 검색어로 이용하여 뉴스를 검색하여 볼 수 있으며, 이를 RSS 피드로 변환하여 사용할 수도 있다. 아래 〈그림 4〉는 구글 뉴스에서 IPTV로 검색을 하여 뉴스를 살펴보는 화면이다. 구글 뉴스는 특정 신문사와 연관이 되어 있지 않으므로 IPTV라는 검색에 적합한 뉴스라면 신문사를 막론하고 검색을 하여 주며, 〈그림 4〉의 붉은 사각형에 표시된 것처럼 iGoogle에 "뉴스가젯을 추가"할 수도 혹은 "RSS 피드를 복사"하여 사용할 수도 있다. 〈그림 5〉는 IPTV 뉴스가젯이 iGoogle에 추가된 후를 나타낸다. (붉은색 사각형)

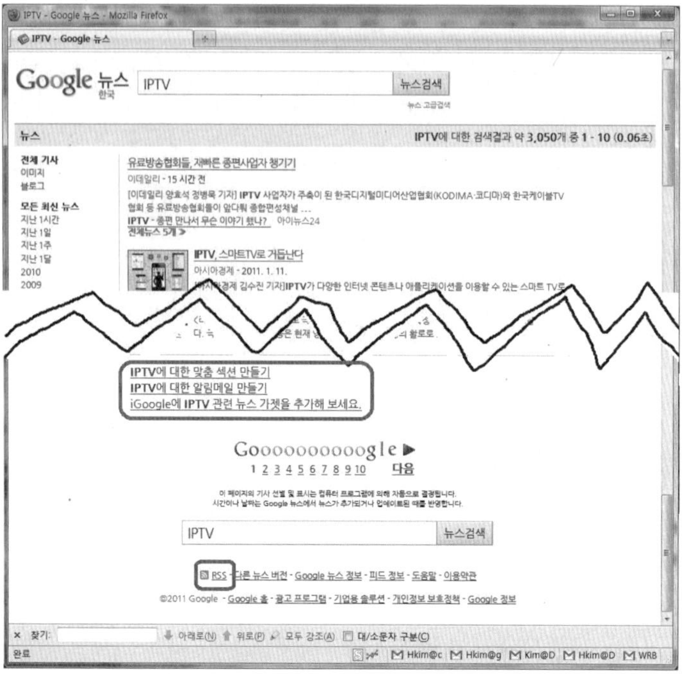

〈그림 4〉 개인화된 뉴스포털

〈그림 5〉 개인화된 뉴스포털

RSS 피드보다 좀 더 편리한 방법은 Google News라는 iGoogle용 가젯을 이용하는 방법인데, Google News라는 가젯을 iGoogle에 설치하고, 여기에 자신의 관심사를 추가하여 뉴스를 받아 보는 방법이다. 아래 그림은 "jyj, 증강현실"과 같은 키워드가 포함된 뉴스를 뉴스피드로 지정해 두고 이를 포털 사이트를 이용해서 볼 수 있도록 하여 둔 예이다.

이렇게 하면 원하는 분야의 뉴스를 개인적으로 구독할 수 있으며, 네이버나 다음이 행사한다고 하여 규제 받는 편집의(게이트키핑) 영향력과 상관없이 뉴스를 읽을 수 있다. 이는 마치 신문의 지면을 정치, 경제 등의 분야에 따라서 개인이 편집하여 읽는 것이 되개 때문이다.

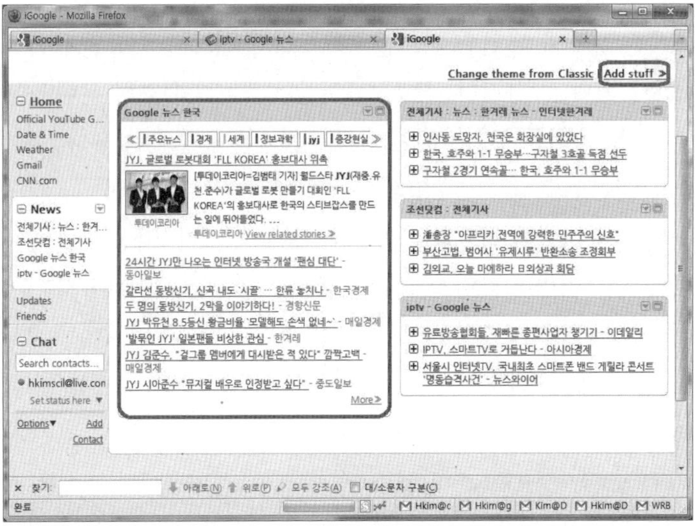

〈그림 6〉 개인화된 뉴스포털

이렇게 개인화된 포털 서비스를 활용하기 위해서는 우선 구글과 같은 개인화된 서비스를 제공하는 포털에 접속하여 계정을 만들고 뉴스 데이터베이스 피드를 등록하여야 한다. 포털 서비스 중의 하나인 아이구글을 사용하는 방법을 아래 사이트에 정리하여 두었다.

http://wiki.commres.org/UsingPortal#s-2

처음 igoogle 페이지에 이와 같은 콘텐츠가 있는 것이 아니라 사용자가 직접 만들어서 자신의 페이지로 활용하는 것이다. 전통적인 포털들은 대문페이지에 무엇이 걸릴 것인가를 포털 회사들이 결정을 해왔다. 그렇지만 개인맞춤형 포털은 RSS 주소를 이용하여 사용자가 사용할 콘텐츠를 직접 채우도록 한다.

2) 과학 관련 사이트와 전문 블로그의 글을 구독하는 방법

앞에서는 뉴스와 관련된 피드를 iGoogle에 사용하는 방법에 대해서 주로 설명하였다. 시사적인 것도 중요하지만 과학과 관련된 콘텐츠를 받아 보는 것도 자신의 관심사를 날카롭게 다지는데 도움이 된다. 사이언스(http://sciencemag.com)지와 네이쳐(http://nature.com)지는 최신의 과학뉴스와 지식이 전달되는 전문잡지로 유명하다. 여기에 실리는 소식을 모두 읽으려면 상당한 액수의 구독료가 필요하지만 보통사람이 읽을 수 있는 보편적인 내용은 공개되어 있으니 두 사이트의 RSS를 구독하는 것도 좋은 방법이다.

과학과 관련된 과학자들이 블로그를 만들어 저술을 하도록 하는 사이언스 블로그(http://scienceblogs.com) 또한 과학지식이나 소식을 접하기에 좋은 곳이다. 인류의 발생, 진화, 무신론에 대한 글을 써오며, 네이처가 뽑은 최우수 과학블로거 5에도 선정된 적이 있는 미네소타 대학의 마이어 교수의 블로그 또한 이 서비스를 통해 제공되고 있다. (http://scienceblogs.com/pharyngula/) 인터넷이 발전하면서 테크놀로지에 관한 다양한 글들을 소개하여 유명해진 Wired 사이트(http://wired.com) 또한 과학과 관련된 페이지를 운영하고 있다. (http://www.wired.com/wiredscience/science-blogs)

국내의 과학 관련 사이트로 단연 중요한 사이트는 사이언스올

(http://scienceall.com)이 되겠다. 한국과학창의재단이 과학기술진흥기금과 복권진흥기금을 이용하여 운영하는 이 사이트는 초 · 중 · 고등학교 학생들은 물론 일반인을 대상으로 한 과학과 관련된 지식, 콘텐츠 등이 집적된 사이트이다. 아쉬운 점으로는 다루는 분야가 방만한 편이어서 RSS피드를 제공하지 않는다는 점이다. 한겨레신문사에서 운영하는 사이언스온 (http://scienceon.hani.co.kr)이나 과학동아 (http://www.dongascience.com/) 등도 과학과 관련된 소식을 알 수 있는 좋은 사이트이다. 그러나 아쉽게도 과학동아 또한 RSS 피드를 제공하지 않고 있다.

〈표 2〉 과학관련 전문 사이트의 RSS 정보 페이지

블로그 이름	URL
네이쳐지	http://www.nature.com/nature/newsfeeds.html
사이언스지	http://sciencemag.com/
Wired Science	http://www.wired.com/wiredscience/feed/
사이언스 블로그	http://scienceblogs.com/
파링굴라 (Paul Myer 교수의 블로그)	http://scienceblogs.com/pharyngula/
사이언스온	http://scienceon.hani.co.kr/
사이언스올	http://scienceall.com

과학과 관련된 내용을 다루거나 과학적인 배경지식을 이용한 글을 게제하는 블로그들도 상당수 있다. "밤은 천개의 눈물"이라는 제목의 블로그는 총 32강으로 이루어진 천문학개론을 비롯하여, 중고생, 대학생, 일반인을 대상으로 한 천문학에 관한 에세이 식의 과학지식을 제공하고 있다. 천문학, 우주 등과 관련된 블로그로는 Across the Universe, The Elegant Universe, 푸른행성의 과학 등의 사이트가 있다. 특히 마지막 "푸른행성의 과학"은 경기북과학고등학교 조영우 교사(지구과학 담당)가 운영하고 있는 사이트로 지구, 달, 행성 등과 관련된 지구과학 이야기와

지식이 생산되고 있는 곳이다. (RSS 피드 정보: http://www.skyobserver.net/zbxe/39363) 또한 이 사이트에서는 지구과학 교사들의 포럼이 운영되고 있어 교수법 소개와 연구, 과학도서 소개와 서평, 연구자료의 공유, 토론실 등이 활발하게 이루어지고 있다. 이 외에도 생물학, 물리학, 정보통신, 화학 분야의 블로그를 아래에 정리하여 두었으니 참고하시기 바란다.

〈표 3〉 과학관련 블로그들의 URL

블로그 이름	URL
밤은 천개의 눈물 (천문학)	http://blog.naver.com/njinka
Across the Universe (천체, 우주)	http://blog.naver.com/strategicdh
The Elegant Universe (천체, 우주)	http://blog.naver.com/liveinguitar
푸른행성의 과학 (지구과학, 천문학)	http://www.skyobserver.net/zbxe/
진화하자 (생물학)	http://adnoctum.tistory.com/
여분D (물리학)	http://extrad.egloos.com/
오마이피지카 (물리학관련)	http://ohmyphysica.tistory.com/
하제를 위한 개발새발 (정보통신, 컴퓨터)	http://binote.com/
LG ELIT 블로그 (과학 일반)	http://www.lg.or.kr/servlet/blog
경향신문의 과학블로그 (과학 일반)	http://science.khan.kr/
메카과학 블로그 (과학일반)	http://kr.blog.yahoo.com/choeso/folder/3.html
티사의 과학블로그 (초등과정 과학교육 중심)	http://blog.daum.net/sciedu
진화영 선생님 과학 블로그 (화학)	http://blog.naver.com/chemijhy/
버둥거리는 비엔나 소시지 (생물학, 과학일반)	http://iiai.blog.me/118220211
신현석의 디자인/웹	http://hyeonseok.com/
최진순 기자	http://onlinejournalism.co.kr/
유창선 기자	http://yuchangseon.com/
서명덕 기자	http://itviewpoint.com/blog
미디어2.0	http://media20.tistory.com/

마지막으로 특별한 경우일 수도 있겠지만, 전문 학술지를 RSS 피드를

이용하여 구독할 수도 있다. 전문 학술지 데이터베이스 서비스를 제공하고 있는 DBpia는(http://www.dbpia.co.kr/) 각 학술지의 새로운 논문에 대한 소개를 RSS 피드를 이용하여 제공하고 있다. 가령 한국분석과학회의 학술지인 분석과학의 RSS피드는 http://www.dbpia.co.kr/export/rss/rss_issue.asp?codetype=publication&id=776인데, 이를 이용하면 논문이 나올 때마다 이를 갱신해서 살펴 볼 수 있다. 단 사용자의 소속기관이 해당 저널을 실질적으로 구독하고 있지 않다면, 본문을 모두 읽기 위해서는 비용을 지불해야 한다. 해당 학회의 회원이거나 소속기관이 학술지를 구독하고 있다면 새로운 연구 소식을 접하기 좋은 방법이다.

외국저널의 경우도 마찬가지이다. 다양한 분야의 저널을 출판하고 있는 Sage 출판사는(http://online.sagepub.com/browse/by/title) 출판하고 있는 저널에 대한 RSS 피드를 제공하여, 독자로 하여금 새로운 논문의 내용을 구독할 수 있도록 서비스하고 있다. 가령 Sage 출판사가 출판하고 있는 Communication Research라는 저널의 RSS 피드(http://crx.sagepub.com/rss/)를 이용하면, 이 저널의 최신 논문의 내용을 살펴볼 수 있다. 아래 〈그림 7〉은 분석과학과 Communication Research 저널의 RSS 피드를 구독한 상태를 보여준다.

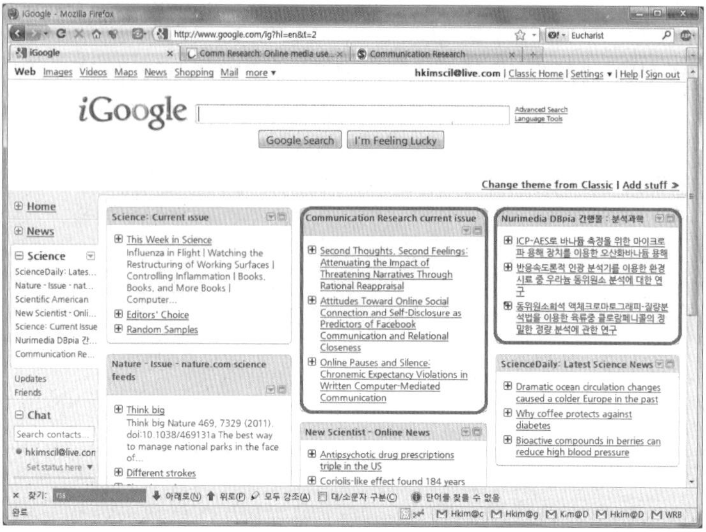

〈그림 7〉 전문 저널의 RSS를 구독한 예

맞춤형서비스로 구글의 예를 들었는데 다른 서비스들도 많다. 예를 들면, 위자드웍스(http://wzd.com)나 Netvibes(http://netvibes.com) 도 맞춤형 개인포털서비스를 제공하는 회사이다. RSS 테크놀로지를 이용하여 iGoogle과 거의 동일한 서비스를 구현하고 있다. (〈그림 8〉, 〈그림 9〉 참조) 포털 서비스를 이용한다는 것과는 약간 다른 의미를 가질 수 있지만, RSS 피드를 받아서 글을 구독할 수 있도록 도와주는 데스크탑용 프로그램들 또한 존재한다. 즉 RSS 구독 프로그램을 자신의 컴퓨터에 설치하여 사용하는 경우를 말한다. 대표적인 예가 '한 RSS 프로그램' 이다[2].

2) http://www.hanrss.com/ 참조.

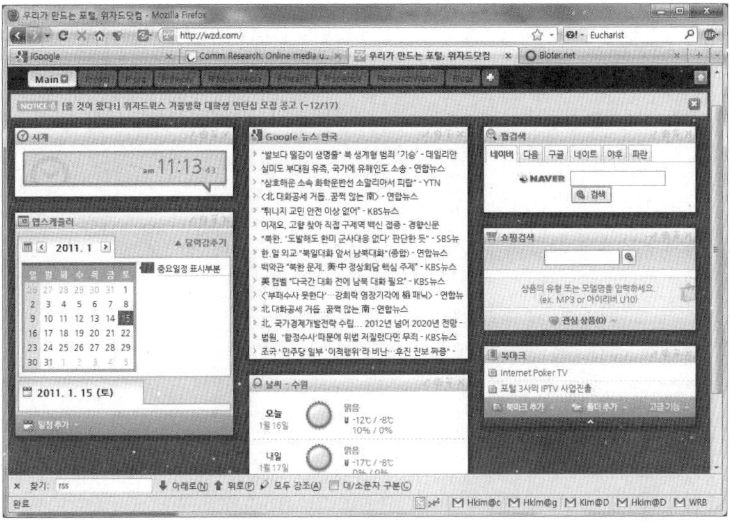

〈그림 8〉 위자드웍스의 대문화면 (http://wzd.com)

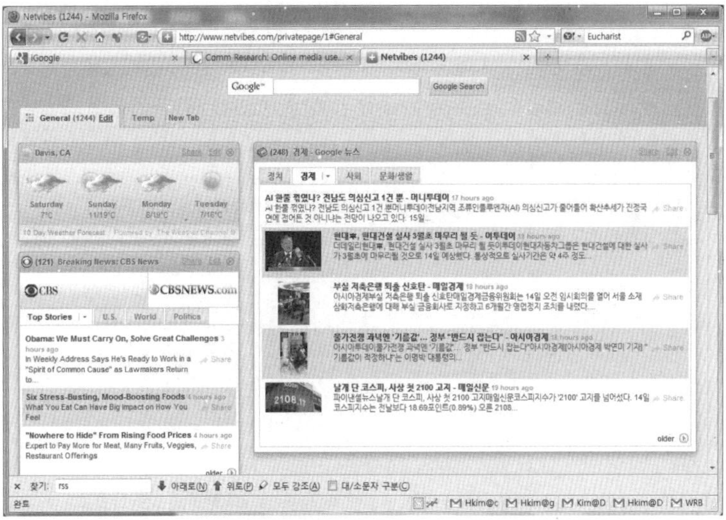

〈그림 9〉 Netvibes의 대문화면 (http://netvibes.com)

필자는 간략하게나마 맞춤형 포털 서비스를 사용하는 방법을 예시를 들어 설명하였다. 그리고 이 방법의 가장 근간이 되는 테크놀로지는 RSS 라고 소개하였다. 사용자로서 자신이 관심 있는 분야에 대한 시의적인 정보를 얻기 위해 뉴스를 구독하는 방법, 전문 블로그나 과학 관련 사이트를 구독하는 방법, 전문학술지의 새로운 내용을 구독하는 방법 등을 소개하였다. 이 외에도 이메일, 캘린더 등의 서비스 또한 제공되고 있다. 이 글을 읽는 독자가 위의 모든 방법을 다 사용하지는 않겠지만, 자신이 필요한 것들을 찾아서 내용을 채워보면 자신만의 포털 페이지를 완성하여 사용할 수 있을 것이다.

필자의 경우 IPTV, 증강현실, 정보통신 등을 검색단어로 하여 뉴스 서비스를 구독하여, 수업과 연관 지어 이야기 할 수 있도록 하고 있다. (그림 참조) 이와는 별도로 National Geographics사와 NASA에서 발행하는 '오늘의 이미지' 를 구독하여 시각적인 즐거움을 얻기도 한다. 이렇게 포털 서비스를 사용하면 테크놀로지가 개개인의 개성에 맞추어 사용되는 것이므로 일괄적으로 편집된 내용이 제공되는 네이버/다음의 포털 사이트의 서비스보다 의미 있는 서비스가 된다. 또한 포털이 언론의 기능을 한다고 하여 시도되는 여러 가지의 입법화 시도가 큰 의미를 갖지 못할 것이다.

〈그림 10〉 뉴스데이터 베이스를 이용한 맞춤형 뉴스의 예

여기까지 필자는 과학과 관련된 사람이 좋은 글을 쓰기 위해 포털을 어떻게 활용하면 좋을까에 대해서 설명하였다. iGoogle은 2005년에, 위자드웍스는 2006년에 시작되었으니 이런 서비스가 시작된 지도 벌써 수년이 지났지만 아직도 많은 사람들이 네이버와 다음의 포털 서비스를 이용하고 있다. 사실 포털을 규제하려고 하는 사람들은 포털을 사용하는 방법이 네이버와 다음과 같은 방법만 있는 것으로 생각할 확률이 높다[3]. 이렇게 보면 포털이 미치는 영향력이 반세기를 거쳐서 논의되었던 매스미디어(주로 텔레비전과 신문)의 영향력과 맞먹는 것이 되기 때문이다.

그렇다면 왜 사람들은 좀 더 편리한 맞춤형 포털 서비스를 사용하지 않고 옛날 방식의 포털 서비스 사용을 고집하는 것일까? 이어지는 절에서는 이에 대해서 논하고자 한다. 필자가 풀어나가는 논의의 주된 주제는 "인터넷의 개방성과 역사성"에 기반을 두고 있으며, 이에 상반되는 행위는 곧 "지식 창조와 공유"의 효과를 떨어뜨린다는 것이다. 좀 더 자세한 내용을 다음 절에서 다루고자 한다.

2. 맞춤형 서비스가 활발하지 않은 이유에 대해서

이 절의 표면적인 목적은 왜 네이버와 다음과 같은 포털 서비스가 구글에 비해 더 많이 사용되는가에 대해 이야기 하는 것이지만, 실질적인 목적은 과학적인 지식의 탐구와 공유의 방법이 더 효율적이고 효과적이며, 인터넷이 발전하는 과정에서 과학적 지식 탐구와 공유의 방법이 결정적인 역할을 하였다는 것을 지적하는 데 있다. 이 목적을 위해 필자는 인터넷이 개방과 공유의 철학을 바탕으로, 즉 과학적인 견지와 태도를 기반으로 하여 크게 성공하였음을 이야기 하고자 한다. 이를 풀어나가기

3) http://bit.ly/ePFuPl 사이트 참조

위해서는 인터넷의 역사를 잠시 훑어볼 필요가 있다.

1) 인터넷의 역사

인터넷이 언제 생겼는가를 거슬러 올라가 보면 1969년이라고 추정하는 것이 가장 보편적이다. 1969에 미국의 국무성(US Department of Defense)에서 ARPA(Advanced Research Projects Agency)라고 하는 프로젝트 중의 일환으로 컴퓨팅 관련 프로젝트(IPTO, Information Processing Technology Office)를 진행한 것으로 보는 관점이 대다수이기 때문이다.

ARPA 프로젝트는 1958년에 소련과의 우주 및 군사력 경쟁 중에 만들어졌으며, 이 프로젝트 중의 한 분과가 IPTO였다. IPTO는 미 전역을 네트워크로 연결한 레이다 시스템을 구축하기 위한 SAGE 프로그램(Semi Automatic Ground Environment)의 후속 연구였다. 1965년 IPTO의 수장이었던 Robert Taylor가 Lawrence Roberts에게 연구의 총괄 책임자가 되어 줄 것을 권유하였고, 이를 수락한 Roberts의 일련의 프로젝트 진행과정과 결과물이 1969년에 실질적으로 테스트 되었는데, 이것을 인터넷의 시초라고 본다.

Roberts는 1968년에 연구초안을 완성하고 제시하여, UCSB(University of California Santa Barbara), UCLA(University of California Los Angeles), SRI(Stanford Research Institute), 그리고 University of Utah를 잇는 컴퓨터 네트워크를 AT&T 라는 통신회사의 전화망을 빌려 구축할 것이며 이에 필요한 네트워크 컴퓨터 장비[4]를 BBN이라는 회사가 제공하기로 한다. 이듬해인 1969년에 이를 완성하여 미 서부와 중부를 잇는 네 개의 서버가 연결된다. 이를 백본이라고 하였는데, 이에 다른 서버들이 연결되면서 일종의 컴퓨터의 군집이 이루어졌고, 이를 초기에

---

4) 이를 Interface Message Processors(IMP)라고 불렀다.

는 ARPANET이라고 불렀으며, 흔히 이를 인터넷의 시초라고 본다.

위의 기술은 인터넷의 단초가 되는 컴퓨터 간의 연결이 가능해진 테크놀로지를 의미하는 것으로, 이 시기에 오늘날 인터넷이 제공하는 서비스들이 한꺼번에 만들어 지지는 않았다. 인터넷 서비스들은 1969년 이후 ARPANET을 통하여 구현되고 소개 되었는데 일부는 크게 성공하여 오늘날까지 사용되고 있고 일부는 점차 다른 테크놀로지로 대체되기도 하였다.

예를 들면 1960년대에는 데이터 전송방법으로 기존 전화 테크놀로지를 이용하는 서킷스위칭에 반한 패킷스위칭이 소개되었는데, 이 기술은 데이터가 효율적으로 전송되도록 함으로써 오늘날의 인터넷이 있도록 한 기술이다. 2년 후인 1971년에는 이메일과 FTP(File Transfer Protocol) 테크놀로지가 소개되어 사용되기 시작하였으며 같은 해에 Gutenberg라는 프로젝트가 시작되기도 하였다. 1970년대 말에는 패킷스위칭 기술을 바탕으로 하여 컴퓨터 대 컴퓨터 통신규약을 구체적으로 설명하는 TCP/IP 규격이 구체화[5]되고 1984년에 전격적으로 인터넷 기술에 사용되기 시작하였다. 1979년에는 Usenet이라는 기술이 개발, 소개되어 널리 이용되었다. 이후 1980년대에 이런 기술이 점차 정교화, 구체화되면서 현재의 도메인이름 (예를 들면 scicomm.org와 같은)이 사용되었다. 그리고 1991년에는 Tim Berners-Lee에 의해 HTTP 기술이 소개된 후, 1994~5년을 거치면서 세상에 널리 퍼져 현재의 WWW(World Wide Web)이 사용되었다[6].

5) 이 기술은 인터넷 기술의 핵심이 되며, 인터넷의 개방성과도 관련이 깊다.

6) http://wiki.commres.org/InternetHistory 에 인터넷의 시간흐름을 좀 더 자세히 기록해 두었다

2) 인터넷의 개방성

인터넷이라는 테크놀로지가 이렇게까지 발전하게 된 이유 중의 하나는 그 개방성에 있다고 본다. 이 개방성은 기술의 발전과 적용, 프로토콜의 개발, 어플리케이션의 구현 등등 인터넷 모든 부분에 적용이 된 것으로 이는 곧 세계적인 기업인 구글이나 아마존, 야후와 같은 기업이 탄생되도록 하는 밑거름이 되었다.

우선 인터넷 기술은 망(network), 하드웨어, 소프트웨어, 그리고 콘텐츠 각 부분이 모두 독립적으로 개발되어 발전된 인류 역사상 유일무이한 매체이다. 이 특성이 인터넷이 기존의 매스미디어라고 일컬어지는 책, 신문, 라디오, 텔레비전, 영화와 같은 매체들과 근본적으로 다른 성격을 갖는다는 것을 의미한다. 인터넷은 디자인 단계에서부터 콘텐츠와 망전송, 그리고 하드웨어, 소프트웨어가 분리되어 생각되어 왔다. TCP/IP는 인터넷 망에서 정보가 어떻게 전송, 수신되어야 하는지를 규정하는 규약이다. 이 규약을 디자인 할 때에 크게 4가지의 가정이 있었는데, 그 중 하나가 정보의 전송을 담당하는 라우터가 정보를 차별화하지 않는다는 것이었다.[7] 즉 내가 인터넷 망 위에 존재하는 한 내가 출판하는 내용이 사전에 검열되는 불이익을 받지 않는다는 것이다. 그리고 이와 같은 생각은 당시의 인터넷이 과학자에 의해서 디자인되었기에 가능했다. 즉 상업적인 생각에 기반하고 기술을 개발하는 것이 아닌, 과학 연구의 대상이자 과학 연구를 돕는 매개체로서 인터넷을 생각했다는 것이다. 이는 인터넷이 생긴 지 2년 뒤인 1971년에 '구텐베르그 프로젝트'가 생긴 것을

---

7) TCP/IP는 Bob Kahn에 의해서 디자인되었는데, 네 가지 기본 가정은 다음과 같다. 첫째, 이미 존재하는 로컬네트워크가 어떤 종류이더라도 손질이나 차등 없이 인터넷에 합류할 수 있도록 할 것. 둘째, 이를 라우터나 게이트웨이라는 장치를 써서 구현할 것. 셋째, 라우터나 게이트웨이가 정보를 차별화하는, 즉 어떤 정보인지 판별하는 기능을 갖지 않을 것. 즉 정보의 검열이 없을 것. 넷째, 중앙집권적인 콘트롤이 없을 것. (참조: http://www.isoc.org/internet/history/brief.shtml)

보아도 알 수 있다. 이 프로젝트는 인류가 출판한 책을 전자정보로 모아서 배포하는 것을 목적으로 하고 저작권이 없는 문서를 시작으로 그 대상을 넓혀가려는 계획을 가진 프로젝트였다.

인터넷과는 달리 매스미디어의 하나인 신문사를 보자. 신문사는 (기자를 고용하여) 콘텐츠를 생산하며, 이를 지면에 인쇄하고(퍼블리쉬), 이를 대중에게 판매한다. 대중의 신문 콘텐츠에 대한 지배력이나 콘텐츠 생산에 기여할 수 있는 가능성은 제로에 가깝다. 즉 내가 무언가를 기사화하고 싶다면, 신문사를 경영하는 수밖에 없다는 것이다. 콘텐츠의 생산은 대부분 가내공업 형태로(흔히 in-housing이라고 한다) 이루어진다. 즉 신문사에 고용된 사람들(기자)에 의해 콘텐츠는 생산이 되며 이를 통해 신문사는 콘텐츠의 방향이나 내용에 대해 영향력을 행사하게 된다. 신문을 읽는 독자는 신문사가 주는 영향력에 저항을 할 수 있을지언정 피해갈 수는 없다. 신문사가 미치는 영향력을 흔히 "게이트 키핑(gate keeping)"이나, "프라이밍", "프레이밍 효과" 등으로 규정하고 이에 대한 연구가 전통적으로 진행되어 온 것을 보아도 신문의 영향력이 얼마나 크다고 생각하는지 알 수 있다.

텔레비전이라는 매체를 살펴보아도 마찬가지이다. 텔레비전은 방송채널(망)과 시설(매체)을 독점하고, 이를 이용하여 가내공업형 콘텐츠를 생산한다. 과학자인 내가 국민에게 알릴 좋은 내용이 있다고 해서 이를 텔레비전 프로그램으로 방영할 수 있는 확률은 전혀 없다. 방송 콘텐츠와 방송 채널이 서로 묶여있기 때문이다. 방송이 내보내는 콘텐츠는 대중(시청자)에게 막대한 영향력을 미친다고 생각되고 있으며 바로 이런 이유에서 막강한 영향력을 행사할 수 있는 정치권력이나 경제권력이 텔레비전의 내용이나 편집에 간섭하기를 갈구한다. "제3자 효과", "폭력에 관한 모방 효과", "정화 효과" 등에 관한 연구결과들은 방송 콘텐츠가 사회나 개인에게(흔히 "나를 제외한"이라는 단서가 붙지만) 얼마나 큰 영향을 미치는지 보여주는 지표가 된다.

하나하나씩 짚어 가기에는 너무 뻔한 내용이므로 생략하겠지만, 우리가 흔히 “매스미디어”라고 칭하는 것들은 모두 이와 같은 성격을 가지고 있다. 막강한 영향력은 흔히 사회적 책임이나 공익성을 담보로 하는 권력이므로 어떤 형태로든지 규제를 받아야 한다는 생각이 자연스럽게 퍼져 있으며 이는 정치적이나 경제적인 힘들에 대한 비정상적인 규제로 실현되어 나타난다. 정치권의 압력이나 기업의 광고주로서의 압력 등이 좋은 예이다. 가장 역사가 깊은 책만이 자율적인 규제가 어느 정도 이루어지고 있는 형편이다. 그리고 대중은 일괄적인 내용으로 가득한 콘텐츠에 무차별하게 노출된다. 나를 위한 드라마라고 생각하도록 하지만, 사실은 대다수의 사람을 만족시키기 위해 만들어진 드라마이며, 이 드라마가 주는 영향력은 그저 나를 수 십 만 명 중의 하나로 만들어 버린다.

하지만 인터넷은 이와는 다른 매체이다. 가령 지구과학 교사인 내가 좋은 콘텐츠를 가지고 있다면, 방송국에 호소하는 것보다 인터넷 콘텐츠를 만들어 사람들이 선택할 수 있도록 하는 것이 더 빠른 효과를 볼 것이다. (예: 경기북과학고등학교 지구과학교사가 운영하는 블로그 http://www.skyobserver.net/zbxe/) 즉, 인터넷 콘텐츠의 생산, 배포에 대한 장벽은 신문, 방송에 비하면 비교할 수 없을 만큼 낮다. 이는 월드와이드웹을 만든 Tim Berners-Lee가 의도적으로 고려했던 부분으로 그는 이 기술을 구현할 때 “open architecture”의 정신을 암묵적으로 받아들였다. 그는 어떤 사람이든지 자신의 컴퓨터에 http 데몬 프로그램(흔히 웹서버라고 하는 프로그램)을 설치한 후 문서를 만드는 방법에 제약을 두는 방법을 강구하지 않았으며 (콘텐츠 생산자로서의 개방성), 누구나 그 내용에 접근하여 읽을 수 있도록 하는 것을 (사용자로서의 개방성) 염두에 두었다. 이렇게 월드와이드웹은 누구나 생산자가 될 수 있으며 또한 소비자가 될 수 있는 환경에서 만들어진 것이다. 월드와이드 웹이 방송, 신문, 잡지, 라디오 등 기존 매스미디어와 근본적인 차이점이 있다면 바로 이와 같은 개방성을 가진다는 점이다.

콘텐츠 생산이 개방적이라 함은 콘텐츠가 성공하기 위해서 경쟁력을 가져야 한다는 것을 의미한다. 즉 내가 생산자/배포자라면 콘텐츠가 다른 사람의 것에 비해 훌륭하다는 것이 알려져야 할 것이다. 이 때 중요한 역할을 해 주는 것이 인터넷 검색 기능이다. 내 콘텐츠가 검색어와 잘 어울리며 그 검색이 요구하는 정보를 가지고 있다면 많은 사람들이 방문할 것이다.

구글, 야후 등의 검색엔진들은 인터넷이 셀 수 없이 많은 생산자들의 콘텐츠로 구성되어 있고, 이들 중에서 검색어와 관련이 깊은 페이지들을 순서대로 내주어야 하는 것을 공통적인 가정으로 삼고 있다. 즉 개방적인 인터넷(월드와이드웹) 환경은 수많은 콘텐츠들을 생산하도록 하고 이 중에서 옥석을 추려내기 위한 효과적인 메커니즘으로 검색어와 관련이 되는 내용을 제공하는 것을 목적으로 하고 있다. 아마도 인터넷과 월드와이드웹이 정보의 바다[8]라고 불리는 이유가 여기에 있을 것이다.

수많은 정보의 홍수 속에서 나의 정보가 유난히 훌륭하다면 나는 그에 따른 보상을 받게 된다. 즉 인터넷 콘텐츠의 개방성은 좋은 콘텐츠가 살아남는 생산 메커니즘의 하나라고 할 수 있는 것이다. 따라서 검색기술은 모든 정보를 검사하고 이를 효과적으로 제시하는 것을 첫번째 목표로 하게 된다.

3) 인터넷의 역사성

오늘날 정보고속도로를 제어하고 구조화하려고 하는 노력들이 많이 나타나고 있다. 이런 와중에 인터넷과 유즈넷이 모범적인 모델이 되고 있다는 점은 굉장히 중요하다. 만약에 이 기술들이 없었다면, 정보화고속도로는 위에서 아래로 흐르고 제어되는 형태와 구조를 띄어야 한다는 주장이 대세가 되었을 것이다. 그렇지만 정보화고속도로를 제어하고 구조

8) 위키백과사전. (2010). 인터넷. http://ko.wikipedia.org/wiki/인터넷

화하는 데는 실로 다양한 방법들이 있다. (1995년 12월 Tom Truscott, Netizens: An Anthology에서. http://www.columbia.edu/~rh120/forward 섹션)

위의 글은 Usenet이 한 역할에 대해서 Tom Truscott가 남긴 글이다. Usenet, newsgroup의 위계적인 구조와 참여방식의 개방적인 성격이 없었더라면 정보고속도로가 위에서 아래로 조직화되는, 따라서 콘트롤이 가능한 그 무엇으로 되었을 것이라고 주장하고 있다.

Usenet은 1979년 Tom Truscott에 의해 개발되어 90년대까지 (WWW이 세상을 덮을 때까지) 가장 활동적으로 사용되어 왔던 일종의 글로벌 메시지 시스템이다. 사용자가 Usenet서버에 접속하여 필요한 메시지를 읽거나 남길 수 있도록 하는, 오늘날의 게시판과 비슷한 역할을 하는 기술이었다. 사용자가 많아지면서 메시지가 분류될 필요성이 제기되어 초기의 Usenet은 메시지 그룹을 8개로 분류하여 사용자가 메시지를 남길 때 지정할 수 있도록 하였다.(〈표 4〉 참조) 사용자가 Usenet 서버에 접속하여 글을 남기는 것만을 봤을 때에는 지역적인, 즉 로컬 메시지 시스템이라고 생각할 수 있지만, Usenet은 UUCP (혹은 NNTP) 프로토콜을 이용하여 이 메시지가 세계로 (글로벌하게) 전파되도록 하였다.

〈표 4〉 Usenet Newsgroup의 첫 수준단계

뉴스그룹	하위그룹(예)	메시지 사용 목적
alt.		Alternative의 약자로 이 뉴스그룹 내에서 사용자는 하부 뉴스그룹을 자유롭게 만들 수 있었다.
biz.		비즈니스와 관련된 뉴스그룹.
comp.		컴퓨터와 관련된 뉴스그룹.
news.		뉴스와 관련된 뉴스그룹.
rec.		여가생활(recreational)과 관련된 뉴스그룹.
sci.		과학 관련 그룹.
soc.		사회 전반과 관련된 뉴스그룹.

뉴스그룹	하위그룹(예)	메시지 사용 목적
	soc.culture.	사회 → 문화와 관련된 뉴스그룹
	soc.culture.austrian	호주 → 사회 → 문화와 관련된 뉴스그룹 the Austrian society's culture.
talk.		General talk.

좀 더 설명을 하자면 UUCP를 장착한 (훗날에는 NNTP) 서버들이 인터넷을 통해 연결되어 있는 상태에서 이 서버들은 서로 메시지를 자동적으로 교환하게 되어 있다. 로컬 네트워크나 인근의 네트워크를 통해 Usenet을 사용하는 이용자들이 Newsgroup들 중의 하나를 선택하여 메시지를 남기면, 이 메시지가 ARPANET의 이웃 UUCP 장착 서버에 복제되도록 하고, 복제된 내용을 가진 서버는 다시 두 번째 단계의 이웃 서버에 복제를 하게 되고, 이 과정이 계속되면서 메시지가 확산되도록 하는 기술이었다. 각 서버의 사용자들은 이를 읽고 답글을 달 수 있도록 하였으며 이런 답글 또한 같은 원리로 UUCP 장착 서버에 복제되도록 하였다. 원래 메시지를 작성한 주인이 로컬 Usenet 서버의 메시지를 지운다고 해도, 다른 서버에 복제되어 간 메시지가 다시 복제되어 오기 때문에 자신의 메시지라고 해도 일단 복제가 되면 제어할 방법이 전혀 없게 되는 것이다. 이는 어느 한 장소에 메지시가 집적되어 검열이나 조작, 제어 등이 쉽지 않도록 되었다는 것을 뜻하며, 이를 통해 다양한 종류의 아이디어와 생각들이 유통되게 되었다.

필자는 '인터넷=민주주의' 라는 다소 왜곡된 생각이 바로 이 테크놀로지가 폭발적으로 사용되면서 암묵적으로 퍼져 나갔다고 본다. 누구도 나의 글을 지울 수 없다는 현상은 민주주의 보다는 테크놀로지 디자인에 기인한 것임에도 불구하고 인터넷에 남긴 내 메시지는 정부권력도 지울 수 없는 것이라는 생각이 민주주의와 암묵적으로 묶여져 버린 것이다. 이제는 전설처럼 멀어져 버린 Tim Berners-Lee의 월드와이드웹에 대한 소개, Linus Torvalds의 LINUX 운영체제에 대한 소개 또한 Usenet

그룹 메시지를 통해 알려지게 되었으며, 대부분의 새로운 인터넷 사용자들은 Usenet을 통하여 인터넷이 비영리적이며 공익을 위해서 운영되어야 한다고 알게 되었다.

이 기술은 1979년에 처음 소개되어 80년대와 90년대에 최고의 활성화를 보였으나 월드와이드웹이 널리 퍼진 후 (1995~6년 무렵)부터 점차 사용량이 줄어들게 된다. 따라서 인테넷 사용자들은 월드와이드웹이 활성화되기까지 약 20년 정도 Usenet을 메시지 시스템으로 활용한 셈이다. 이 과정에서 위에서 언급한 메시지 복제 방법은 인터넷 사용자에게 두 가지 영향력을 미치게 되는데, 첫째는 메시지에 대한 신중함이고 둘째는 자발적인 커뮤니티 형성과 메시지의 기여이다.

처음 네 개의 노드(node)가 서로 연결된 후 이후에 연결되는 노드들은 대부분 미국의 대학교들이었다. 70년대를 지나 80년대를 거치면서 점차 인터넷에 연결된 대학교들은 대학 구성원들에게 이메일 계정과 학교 서버에 접속할 수 있는(모뎀을 이용하여 교외에서 연결하는 방법) 연결권을 주게 되었다. 낮은 수준의 자원 (느린 속도의 전화 연결과 터미널 연결을 이용한 방법)은 사용자들로 하여금 자원의 중요함을 일깨워주었고, 새로 영입되는 멤버들로 인해 늘어나는 인터넷 사용자에 대한 교육도 중요하게 되었다. 이에 대한 교육이 자발적으로 이루어진 곳이 Usenet의 Newsgroup이다. Zen and the Art of the Internet이라는 인터넷 사용에 관한 문서나 Netiquette이라고 불리는 문서 등이 자발적으로 만들어져 공유되던 곳도 Usenet이었다.

이런 문서들은 주로 인터넷 시스템에 접하는 새로운 구성원(주로 대학 신입생들)들이 Usenet과 이메일 사용시 간단한 전자서명을 만드는 방법, 멀티포스팅과 크로스포스팅을 피해야 하는 이유, 주제에 어긋나는 포스팅이나 토론이 되는 포스팅을 다른 주제의 토론으로 바꾸는 행위(하이재킹), 프레이밍을(Usenet이나 이메일 상으로 심한 논쟁을 하는 행위) 피하기 위해 노력해야 할 것들 등에 관한 것들이었다. 대학 교육을 받는 구성원들은 이런 과정을 자연스럽게 습득하게 되고 몇몇 예외[9]를 제외하고는 인터넷을 평화롭고 자유롭게 정보를 공유하는 장소로 활용하게 된다. 즉 월드와이드웹이 활성화되기 전의 20여년 동안의 인터넷 사용은 인터넷이라는 매체가 어떤 매체이고 어떤 공동체여야 하는가에 대한 사회 문화적인 동의를 중심으로 이루어졌다는 것이다.

1994~6년은, 1991년 Tim Berners-Lee가 처음 소개한 월드와이드웹(WWW)이 세상에 급속도로 퍼진 시기였고 인터넷이 더 이상 비영리적이며 연구공동체를 위해 존재하는 매체가 아닐 것이라는 생각이 지배되는 시기였다. 2001년 무렵의 닷컴버블의 붕괴가 시작될 때까지 인터넷은 새로운 기업이 우후죽순 생기는 새로운 기회의 땅이 되었다. 이런 기회의 시기에도 인터넷 이용자들은 상업적인 용도로 영리를 추구하는 회사들의 등장에 부정적은 아니더라도 비판적인 시각을 견지하는 경향이 강했다. 가령 선전과 광고가 대부분의 콘텐츠로 이루어진 웹사이트라든지 필요 이상의 개인정보를 요구하는 사이트, 움직이는 광고를 이용하여 사용에 불편을 끼치는 등의 상행위는 암묵적으로 추구되고 지켜지던 인터넷 정신에 위배되는 행위라고 생각하여 사용자들로 하여금 버림을 받게 되었다. 사실 2001년 무렵의 닷컴붕괴는 "무엇으로 돈을 벌 것인가?"에 대한 고민과 노력이 다양하게 시도되는 시기였으며 매스미디어가 추구하던 상투적인 광고행위로는 새로운 시대에 살아남기 어렵다는 것을 일깨워 준 시기였다.

따라서 닷컴버블 붕괴의 시기에 살아남은 몇몇의 회사들은 나름대로 사용자에 대한 철학을 가지고 이를 지킨 회사들이었다. 예를 들면 구글은 클릭광고가 사용자들에게 비판받는 것을 염두에 두고 새로운 종류의 광고기법을(Adwords와 훗날의 Adsense) 고안하여 크게 성공을 거둔 케

---

9) 운영체제(OS)나 컴퓨터의 종류에 관한 뉴스그룹은 언제나 논쟁의 장이었다. 주로 애플과 피씨 간의 싸움이기도 하였고, 지금은 사라진 OS/2라는 운영체제와 마이크로 소프트사의 윈도우 운영체제 간의 싸움이기도 했다. 이런 종류의 싸움은 예외에 속한다.

이스였다. 아마존닷컴은 클릭 하나만으로 인터넷 쇼핑이 이루어지도록 고안하고 비슷한 독서 취향의 사용자들이 어떤 종류의 책을 구입하는지, 책에 대한 독자들의 평가가 어떠한지에 대한 정보를 주는 채널을 제공함으로써 어려운 경제위기를 넘긴 케이스라고 볼 수 있다.

요약하자면, 인터넷에서 성공한 오늘 날의 회사들은 바로 위에서 말한 20년 동안의 인터넷의 역사성과 사회성에 대해 잘 알고, 이를 사용자에게 편리하고 유용한 서비스를 제공하는 데 활용한 회사들이라는 점이다. 그리고 이런 과정에 결정적인 역할을 한 매체가 바로 인터넷의 Usenet 이었다는 점이다.

4) 개방성과 역사성이 우리에게 주는 것

여기까지 필자가 한 이야기를 간단히 종합해보면, 인터넷은 개방적이라는 점(누구나 콘텐츠의 생산자가 될 수 있다는 점), 따라서 누구든지 좋은 콘텐츠를 생산할 수 있으며 콘텐츠가 훌륭하다면 이에 대한 보상을 받을 수 있다는 점이 첫 번째 논의이고, 두 번째로는 인터넷의 역사성이 인터넷 사용자가 인터넷이 어떤 서비스여야 하는가에 영향을 주었다는 것이다. 바로 이런 환경에서 단련되고 가다듬어진 후에 살아남은 구글, 야후, 아마존, 이베이와 같은 인터넷 업체들은 세계적인 기업이 될 수 있었다.

이 절에서는 이것이 우리나라의 인터넷 서비스 사용 환경과 어떤 관계가 있는가에 대해 이야기 해보려고 한다. 이 절을 요약하자면 첫째, 인터넷 역사성의 부재는 인터넷 사용자의 비판적인 안목을 저해하도록 했고 이에 따라 인터넷 서비스가 기형적으로 발전하게 되었다는 점이다. 둘째, 우리나라의 경우 인터넷의 개방성이 저해되는 쪽으로 인터넷의 서비스가 발전되고 있고 이는 궁극적으로 인터넷 산업이 사양화되는 쪽으로 기여할 것이라는 점이다.

우리나라 인터넷은 1982년에 시작되었다. 그러나 처음에는 서울대와 과학기술원을 중심으로 하는 소규모의 연결망이었고 이마저도 전산관련 전문연구를 위해 설치된 것이었다. 그 후 10여 년 간 인터넷의 보급은 미국의 경우와 같이 대학교를 중심으로 퍼져 나가기는 했지만, 규모로나 사용자의 특성으로나 특수한 경우에만 인터넷 사용이 허락되는 수준이었다. 한국의 인터넷이 본격적으로 커지게 된 계기는 1994년 무렵, 월드와이드웹이 '모자이크'라는 웹브라우저 프로그램을 통해 세상에 널리 알려지기 시작할 때였다. KORNET, Dacom, INET 등의 ISP(Internet Service Provider)가 등장하여 서비스를 제공하기 시작했고 이 당시는 모자이크와 그 후속 상품인 네트스케이프, 그리고 마이크로소프트사의 인터넷 익스플로러 등의 웹브라우저가 소개되어 널리 퍼지던 시기였기에 대부분 상업적인 인터넷 서비스를 이용하는 사용자들은 Usenet의 뉴스그룹이나 telenet과 같은 서비스보다는 월드와이드웹을 이용한 웹페이지 서비스에 먼저 눈을 뜨게 된다. 또한 95년부터는 인터넷이 시작된 미국에서 닷컴회사들이 우후죽순 생겨나고 우리나라에도 그와 같은 성공을 바라는 회사들이 생기게 되었다.

여기서 필자가 지적하고 싶은 것은 당시 일반적인 인터넷 사용자들의 머리 속에는 미국의 사용자들이 가진 "인터넷이란 이런 것이다"라는 개념이 그들처럼 자리 잡혀 있는 상태가 아니었다. 오히려 당시에는 인터넷 서비스와 사용 경험을 바탕으로 "인터넷이란 이런 것이구나"라는 사회적 함의가 구축되기 시작했다고 보는 것이 맞다. 필자는 우리나라의 사용자들이 인터넷 광고에 관대한 태도나 자신의 감정을 거르지 않고 표출하는 행위, 어떤 특정한 의견에 선동되어 한쪽으로 의견이 쏠리는 경우 등이 바로 "인터넷의 역사성과 사회성"을 충분히 갖지 못한 채 상업적인 인터넷을 경험했기 때문이라고 생각한다.

중학교에 다니는 조카가 네이버 광고를 지우고 인터넷을 사용하라고 하면 어색해하는 것이나 이메일과 뉴스서비스, 지식인 등 다양한 서비스를 제공하는 다음이나 네이버를 문제 삼는 것이 매정하게 들린다고 이야기하는 중학생들의 태도가 합당하게 들리기도 하는 이유가 여기에 있다. 아직까지는 "그 사람들도 먹고 살아야지요."라는 대답이 필자가 받은 대답의 대부분을 차지한다. 네이버나 다음의 서비스가 사용자에게 일정한 가치를 제공해 준다는 것에 이의를 달 생각은 없다. 그러나 이 서비스들이 인터넷이라고 하는 테크놀로지가 발전하게 된 철학적인 기반을 공유하고 있는가에 대해서는 생각해 볼 필요가 있는 것이다.

우선 네이버의 콘텐츠는 네이버 밖에서는 찾을 수가 없다. 인터넷 검색엔진이라고 하는 구글이나 야후 등을 이용해도 네이버 지식인의 콘텐츠는 검색이 되지 않는다. 그 이유는 네이버가 검색엔진의 인덱싱에서 배제될 것을 요구하기 때문이다. 기계적인 알고리즘에 따라 검색을 하는 검색엔진은 간단한 장치 하나만으로 검색을 하지 않고 건너 뛰도록 할 수 있는데, 네이버는 이 장치를 사용하고 있다.[10)]

따라서 네이버 지식인이나 카페, 블로그 등의 내용은 세상에 알려지지 않은 내용이다. 그보다는 옛날 PC통신의 동호인 모임 정도의 정보라고 치부할 수도 있다. 그렇게 느껴지지 않는 이유는 순전히 네이버라는 동호회에 사용자가 충분히 많기 때문이다. 네이버에 사용자들이 제공하는 정보(지식인의 정보, 카페에서 공유되는 정보, 그리고 블로그를 통해 제공되는 정보 등)는 네이버 사용자를 위한 것이지, 인터넷 사용자를 위한 것은 아닌 것이다. 다시 이야기하지만, 이 말이 틀리게 느껴지는 이유는 순전히 네이버의 사용자가 압도적으로 많기 때문이다. 더욱이 네이버의 지식인, 카페, 블로그의 정보는 네이버라는 회사의 서버에 -그 서버의 숫자가 몇 개가 되는지 간에- 기록되어 있는 국지적인 정보이다. 몇 해 전 어떤 국회의원의 "네이버 평정"이라는 말이 자연스럽게 들리는 이유는 전화 한 통으로 네이버 서버의 전원을 내리도록 할 수 있다고 말하는

---

10) robot.txt라는 문서파일을 필요한 디렉토리에 놓고 검색엔진의 검색을 제어할 수 있다. 최근의 네이버는 이 정책을 약간 바꾸기는 하였지만 거의 대동소이한 정책을 유지하고 있다.

것이 신빙성 있게 들리기 때문이다.[11] 이런 이유는 네이버의 정보 정책이 폐쇄적이기 때문이다. 어떤 이들은 네이버의 검색엔진으로 필요한 정보의 링크를 찾아도 다시 네이버 내부의 카페나 블로그의 회원으로 가입해야했던 경험이 있을 것이다. 이는 정보의 공유와 개방적 사용이 우리 인터넷 사용자에게 얼마나 낯 선 것인가를 보여주는 좋은 예이다. 따라서 네이버에서 지식적인 행위를 하는 것은 인터넷에서 지식 공유의 행위를 하는 것과 그 성격을 달리 한다.[12]

네이버나 다음과 같은 국내 포털의 폐쇄성은 위에서 말한 인터넷의 철학적 가치에 위배된다는 추상적인 것을 넘어서는 단점을 내포하기도 한다. 2009년 네이버가 "구글은 무임승차, 화난다"라는 기사의 내용을 zdnet을 빌어 발표하였을 때 이에 대한 토론이 이루어진 사이트가 있다. 이 토론 중에는 아래와 같은 논조의 토론도 보인다.

> … 개인적으로는 인류의 진보를 위해 모든 정보/지식은 공개되어야 한다고 생각하지만 구글은 너무 무서워요. 구글이 국내도 독점하게 되면 과연 NHN이나 다음 만큼의 국내 IT 인력을 채용할까요?

위의 글을 쓴 이의 염려에는 충분한 일리가 있다. 그렇지만 이런 염려 밑에는 우리나라는 구글과 같은 서비스를 개발하여 중국이나 중동, 미국 등에 서비스할 수 없음을 암묵적으로 인정하는 논리가 깔려있다. 그런 회사가 있다면 네이버나 다음의 10배가 넘는 인력을 고용할 테니 말이다. 즉 이공계인으로서 "창업인(entrepreneur)의 정신[13]"을 갖기 보다

---

11) 이 일은 의원이 압력을 준 것은 사실이고 압력을 받은 일은 없는 것으로 밝혀졌다.

12) http://bit.ly/eRkAhW을 참조해보면, 2009년에 네이버의 운영담당자가 구글의 무임승차에 화가 난다고 표현한다. 이 말이 억지인 것은 네이버의 검색 결과가 네이버에 국한되지 않는 것을 보면 알 수 있다.

13) 한국과학기술원의 안철수 교수가 수년에 걸쳐 매스미디어를 통해 주장하고 있는 "벤처창업과 기업가 정신"은 바로 이와 같은 이공인의 위축된 정신을 초대하는 나라의 정책을 비판하는 것이다.

는 회사에 묶여 일정한 월급을 받고자 하는 개발자의 직업 선택을 당연하게 여기는 현상에 우리나라를 대표하는 포털의 폐쇄성이 어느 정도는 기여를 하고 있는 것이다.

필자는 어린 시절 우리나라는 자원이 부족한 나라라고 배웠다. 자원부족의 단점을 극복하고자 우리는 서비스와 관련된 3차 산업이나 두뇌와 관련된 부가가치가 높은 산업에 치중해야 하는 것을 당연시 해왔다. 만약 이런 가치들이 아직도 유효하다면 환경도 이를 뒷받침하는 쪽으로 조성이 되어야 하지 않을까라는 생각을 해본다.

이 장의 논점은 비교적 간단하다. 필자는 효과적인 정보를 수집하여 글쓰기에 보탬이 되는 것을 목표로 하고 개인화된 포털 서비스에 대한 소개를 먼저한 후 이 서비스의 이용이 개인에게 좀더 유용한 서비스라는 점을 주장했다. 이 주장의 밑바닥에는 인터넷이라는 새로운 매체의 특성인 "개방성"과 "사회(역사)성"에 부합하게 매체를 활용할 필요가 있다는 주장이 깔려 있다. 지면의 한계상 여기에서 더 언급은 못하지만 다른 기회가 닿는다면 이렇게 얻은 정보를 어떤 종류의 온라인 매체를 이용하여 콘텐츠화 할 것인가에 대해 이야기해보려고 한다. 아마도 위키의 활용이나 블로그의 활용, 나아가 스마트폰과 같은 모바일 매체를 활용하여 지식을 알리는 방법들에 대한 소개가 되지 않을까 한다.

8장

과학, 온라인 미디어 제대로 만나려면

- 개방, 공유, 참여의 속성 이해하기 -

김 광 재
한양사이버대 광고미디어학과 교수

온라인 미디어, 그 가능성의 연장선상에 과학 역시 존재할까?
웹(Web, 온라인 미디어)이 세상을 혹은 지구를 구할 수 있을까?

돈 탭스콧과 앤소니 윌리엄스(Don Tapscott & Anthony D. Williams)의 〈매크로위키노믹스(Macrowikinomics)〉란 책이 2010년 하반기 세상에 나왔을 때, 「파이낸셜타임즈」는 이 책에 대한 서평기사 첫머리에 이와 같은 질문을 던지며 글을 시작했다. 저자들이 제시한 것처럼 웹이 지닌 무한한 가능성에 무게를 두면서도 아직 확신을 갖기 어려운, 탐구해야 할 문제이기에 그러했을 것이다. 그럼에도 매크로위키노믹스는 이 질문에 단호한 대답을 주고 있는 것처럼 보였다. 웹을 통한 대량협업 방식은 지구를 구할 수 있다고 말이다. 이로 인해 이 책을 읽었던 몇몇 인사들은 저자들은 극단적 옹호론자라며, 그들이 보인 웹에 대한 지나친 신뢰에 대해 경계심을 드러내기도 했다. 사실 돈 탭스콧 외에도 지난 10여 년간 인터넷의 가능성에 주목했던 수많은 연구와 저작물들이 있었다.

그러나 여전히 이 문제에 대해선 현재까지도 시각이 엇갈리고 있는 게 사실이다. 그 이유는 기술(technology) 자체가 사회에 어떤 영향을 주는가에 주된 촛점이 맞춰져 있는 경우가 많아 일치된 의견을 이뤄내기가 결코 쉽지 않기 때문이다. 그런데 사고를 좀 더 바꿔 보면 기술 자체의 영향을 무시할 순 없지만, 인간의 운영능력과 방식이 결국 그 기술의 활용에 영향을 주고 사회경제적 의미를 만들어낸다고 생각해 볼 수 있지 않을까? 돈 탭스콧의 매크로위키노믹스는 그런 점에서 마냥 웹이 지구를 바꿀 것이란 예언만 늘어놓지는 않은 것처럼 생각됐다. 저자들은 오히려 웹의 가능성을 우리가 극대화할 수 있도록 이 사회, 국가, 그리고 전 세계 모든 부분이 협력적으로 참여해 나가기를 주창하고 있는 것 같았기 때문이다.

다만 웹의 가능성이 저자들의 주장만큼이나 그처럼 클까에 대해선 여전히 의문이 남는다. 그럼에도 불구하고 우리가 아직 웹을 전적으로 신뢰하지 못하는 문제는 기우에 불과하다는 돈 탭스콧의 반박과 사례들은 제법 흥미롭다. 적어도 책을 읽는 동안만은 그의 주장을 한 번 따라가 보는 것도 괜찮으리라 생각됐다. 그리고 다시 생각해보는 것도 좋을 듯 했다.

온라인 미디어가 과학을 제대로 만나기 위한 조건을 이야기하는 첫머리에 돈 탭스콧과 윌리엄스의 신작 매크로위키노믹스의 이야기를 들고 나온 이유는 우선 온라인 미디어로 대변되는 웹과 과학간의 연결고리가 어떤 형태로 가능하며 그 효과는 어떠한가를 이야기해보고 싶었기 때문이다. 이를 통해 온라인 미디어 속에서도 과학은 여전히 매우 유용한 대상이며 그 대상은 다시 온라인 미디어의 도움을 받을 때 더욱 빛날 수 있다는 사실 또한 제시해 보고자하는 욕구가 저변에 깔려있기도 하다. 저의를 드러냈으니 이제 이 글에 약간의 읽는 재미를 좀 더해보고 싶다. 돈 탭스콧이 제시한 몇 가지 재미있는 에피소드는 이러한 논의의 좋은 출발점으로 삼을 수 잇는 재미를 제공할 듯하다. 이 책에 등장했던 몇 가지를 제시해 보겠다.

1. 에피소드 I

과학자 집단의 협업구조는 평균 몇 명일까? 복잡계 분야 연구를 위해 설립된 미국의 산타페 연구소에서 수행된 한 연구조사 결과에 따르면 고효율에너지 분야의 과학자들은 세계적으로 평균 173명의 협업자들과 함께 연구를 진행하고 있는 것으로 나타났다. '설마' 라는 의구심을 떨치기 어려울 것이다. 그렇다면 이 글을 읽는 독자 가운데 과학의 영역에서 일하고 있는 사람이라면 한번 주위를 둘러보라. 본인의 연구실에서 본인과 관계하고 있는 사람들의 직접적인 수가 어떻게 되는지 그리고 다음으로 그 사람들과 연결된 연구자들의 수를 짐작해 본다면 그리 무리가 아니라는 것을 쉽게 알 수 있을 것이다. 그것도 국제적으로 연결된 수까지 포함한다면 어쩌면 173명이라는 숫자가 오히려 적게 느껴질지도 모른다. 그렇다면 이러한 과학자들의 연결 네트워크의 힘은 어디에서 나오고 또 어떻게 가능하게 된 것일까? 특정 연구자 한 사람이 뛰어나서 그러한 것이 가능해질까? 아니면 과학이라는 학문적 특수성으로 인해 그러한 연결망, 소위 과학자 네트워크가 가능한 것일까? 조금만 더 그 환경을 생각해 보면 바로 이들을 묶고 있는 힘은 과학영역에 대한 공통의 관심사를 공유하고 있으며 이를 효율적으로 공유할 수 있도록 하는 매개체, 바로 미디어가 작동하고 있음을 짐작할 수 있을 것이다. 그런데 이 미디어의 힘이 갈수록 강력해지고 있다. 바로 온라인 미디어의 등장으로 말이다. 좀 더 구체적인 이야기는 에피소드 뒤에 다시 이어가겠다.

이미지 출처: http://pemto.tistory.com/tag/%EC%9D%B8%ED%84%B0%EB%84%B7

〈그림 1〉 과학자 네트워크는 온라인 미디어의 등장으로 인해 더욱 활성화되고 있다.

2. 에피소드 Ⅱ

환자는 언제나 무지한 초보자이고 의사는 항상 전문가일까? 인간의 질병에 관한 정보는 일반적인 질환의 경우 상당 부분 축적돼 있어 의료계가 매우 효율적으로 대처하고 있다. 모두 아는 사실이며 당연하게 받아들이는 내용이다. 그러나 전세계적으로 희귀한 질병의 경우, 예를 들어 루게릭(Amyotrophic Lateral Sclerosis, ALS)병[1]은 어떠할까? 일 년에 10만 명당 약 1~2명에게서 발병하는 루게릭병에 대한 임상경험을 풍

1) 루게릭병은 운동신경세포만 선택적으로 사멸하는 질환으로 대뇌 겉질(피질)의 위운동신경세포(upper motor neuron, 상위운동신경세포)와 뇌줄기(뇌간) 및 척수의 아래운동신경세포(lower motor neuron) 모두가 점차적으로 파괴되는 특징을 보인다. 임상증상은 서서히 진행되는 사지의 위약(weakness, 쇠약) 및 위축으로 시작하고, 병이 진행되면서 결국 호흡근 마비로 수년 내에 사망에 이르게 되는 치명적인 질환이다. 일 년에 10만 명당 약 1~2명에게서 루게릭병이 발병하는 것으로 알려져 있다. 루게릭병은 50대 후반부터 발병이 증가하며, 남성이 여성에 비해 1.4~2.5배 정도 더 발병률이 높다.(이 각주는 온라인 미디어(Naver) 백과사전에 제시된 내용을 인용해 작성한 것이다. 이 글의 작성과정도 온라인 미디어의 도움이 있었기에 더욱 효율적이었음을 밝힌다.)

부하게 갖고 있는 의사들은 얼마나 될까? 환자들이 필요로 하는 응급상황에 언제라도 적극적으로 대응할 수 있을 정도로 모든 의사들이 풍부한 경험을 지니지 못하고 있을 것은 명약관화(明若觀火)한 일이다. 그렇지 않다면 희귀병으로 불릴 리도 없을 테니 말이다. 오히려 환자들이 보이는 증상에 대한 데이터가 부족해서 의사나 의료진들이 환자반응에 적절하고 신속하게 대처하기 힘든 경우가 많을 수도 있다. 그런데 만약 실제 환자들이 자신들의 증상과 처치과정에 대한 데이터를 웹과 같은 온라인 미디어를 활용해 대량 협업시스템으로 축적한다면 어떠할까? 의료진들에게 보다 효율적인 연구데이터는 물론 치료환경을 구축할 수 있도록 하는 데 많은 도움을 줄 수도 있지 않을까? 그렇다면 수 세기 동안 유지돼왔던 다음과 같은 의약산업의 원칙은 바뀌어야 할지 모른다.

"의사는 많은 경험과 교육을 받았기 때문에 똑똑하다. 반면 환자는 의학적으로 연관된 지식을 습득하지 못했기 때문에 미련하다"

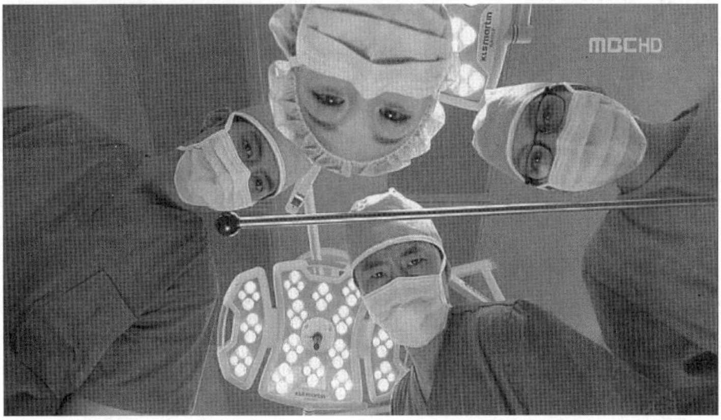

이미지 출처: MBC의 한 의학드라마 사진, http://www.koreahealthlog.com/1002에서 재인용.

〈그림 2〉 온라인 미디어가 의학분야에서 제대로 활용된다면, 더 이상 의사는 환자를 대상으로 우월적 지위를 지속하기 어려울지도 모른다.

3. 에피소드 Ⅲ

“온라인 미디어, 과연 믿을 수 있나?” 이 질문에 대한 독자 여러분들의 생각은 어떠한가? 아마도 자신 있게 믿을 수 있다고 대답하는 사람이 아직은 그리 많지 않을 것이다. 필자 역시 이 글을 읽는 독자들의 생각과 크게 다르지 않다. 다만 조금은 더 긍정적일 것이다. 지금은 다소 미흡하더라도 앞으론 더욱 신뢰할만한 미디어로 거듭날 수 있다는 믿음 때문이다.

그러나 현재 진행형인 미디어 산업이 보이는 지형을 살피다보면 부인하기 어려운 결론 중 하나는 신문과 같은 전통적 개념의 매체는 몰락하고 새로운 형태의 뉴스매체들이 부상할 것이란 점이다. 새롭게 부상하는 미디어들은 주로 웹에 기반을 두고 있기 때문에 이러한 미디어를 통해 생산 및 유포되는 뉴스의 특징은 참여적이다. 더불어 문화적 관점에서 보면 뉴스 미디어는 민주적인 특징을 보인다. 이른바 권력의 독점 현상이 걷히고 있는 것이다. 소수의 공급자에 의해 뉴스 미디어의 방향이 일방적으로 결정되어 뉴스가 전달되는 과정을 밟지 않고 있는 것이다. 그렇다면 저널리즘 관점에서 미디어의 뉴스 생산과정은 어떠할까? 흔히 아마추어 저널리스트들의 전문성과 신뢰성에 의문을 제기하는 회의론자들이 많을 것이다. 그러나 최근 드러나는 데이터들은 그런 우려가 기우에 불과할 수 있음을 보여준다. 아마추어와 프로 저널리스트의 차이가 사실상 사라지고 있음을 말해주고 있기 때문이다. 돈 탭스콧과 윌리엄스의 매크로위키노믹스에서 제시하고 있는 데이터에 따르면, 블로그를 중심으로 활동하고 있는 많은 블로거들(28%)은 각자의 분야에서 전문성을 인정받고 있는 사람들이며 이들 가운데 40%는 기존의 전통적 미디어(신문, 방송 등)에서 근무했던 경력을 지니고 있는 사람들이라는 것이다. 이제 블로거의 전문성에 시비를 걸 날이 그리 많이 남아 있지 않을 수 있다. 그들보다 더 전문화된 지식과 풍부한 경험을 앞세우지 않은 채 시비를 건다면 오히려 무안해질 수 있지 않을까?

자, 이제 우리가 이야기하고자 했던 본론으로 돌아가 보자. 온라인 미디어의 무한한 가능성의 연장선상에 과학 역시 엄연히 자리할 수밖에 없지 않을까? 에피소드 중심의 이야기들만으로도 우리가 이미 겪고 있는 혹은 겪게 될 변화상을 일부라도 인정해야 하지 않을까? 그렇다면 그 변화의 흐름을 주도하는 것은 무엇일까? 바로 이 장의 주제인 온라인 미디어다. 그리고 그 변화의 축에 과학을 두고 이야기하고자 한다. 이제 우리가 논의하고자 하는 초점은 과학과 온라인의 관계, 이 둘 간의 잘 짜여진 관계이다. 그 이유는 우리가 온라인 미디어에 종속되는 것이 아닌, 활용의 주체가 되어야 하기 때문이다. '어떻게' 에 대한 물음에 대한 답은 온라인 미디어의 특성을 제대로 파악하는 일로부터 시작하는 것이 맞을 것이다.

4. 온라인 미디어 그리고 은유(Metaphor)

온라인 미디어의 특성을 압축적으로 표현할 때 빠짐없이 등장하는 몇 가지 은유적 개념 가운데 아마도 '네트워크' 라는 단어를 배제하기는 어려울 것이다. 그렇다면 학문공동체 모두가 힘을 모아 강조하는 네트워크는 그렇다면 어떤 의미를 담고 있을까? 정답은 없지만, 가장 많은 지지와 동의를 얻었던 몇몇 정의를 살피다보면, 우리 스스로를 어디쯤에 위치시키며 온라인 미디어의 특성을 정립해야 하는지 가늠해 볼 수 있을 것이다. 전자적 개척자, 정보고속도로, 사이버스페이스에 담겨진 의미를 우선 간략하게 살펴보자.

전자적 개척자(Electronic Frontier)는 법과 질서 이전의 시대, 즉 개척시대의 개념에 근거하고 있다. 개척자, 영주들은 영토를 요구할 수 있는 기회를 갖고 있다. 한 마디로 어느 누구의 소유도 아닌 채 남겨진 자유의 땅이 존재하는 것으로 간주한다. 이런 시각에서 정보는 자유롭게 유통되어야 한다는 점을 강조한다. 그러나 이러한 은유는 기존의 역사적 사실에 바탕을 두고 볼 때 그리 적절한 비유는 아닐 것이다. 영토분쟁을 통해 승자가 결정되고 나면 자유롭게 남는 것이 없어진다. 그리고 우리는 디지털 시대에 그것이 곧 진리라고 받아들이게 된다. 누가(개척자-토발즈, 성주-빌게이츠) 그 땅(space)을 차지하든 간에 결국 남은 자에게는 어떠한 차이도 없다.

정보고속도로(Information Highway)는 네트워크가 도로와 같은 통로를 통한 단순한 정보전달 이상의 의미를 갖고 있음을 이야기한다. 즉 고속도로의 개념뿐만 아니라 이 도로상에서 지켜야 할 속도, 신호체계와 같은 다양한 형태의 교통규제처럼 규제에 대한 접근의 중요성을 역설한다. 법률가, 유통업자, 정치인들이 주로 이 개념을 활용하는 경우가 많다. 이들은 대부분 창조물이나 제품 보다는 길 위의 소유구조에 초점을 맞춘다. 이 개념은 신경제의 원칙에 입각한 사고체계다. 이들은 상품을 제조한 사람들보다는 관문을 소유하고 스위치를 조작할 수 있는 램프를 소유한 사람들이 정보의 가치를 결정할 것이라는 점에 주안점을 둔다.

사이버스페이스(Cyberspace)는 이용자와 창조자가 하나가 되는 공간이자 서로에게서 도움을 주고받으며 학습하는 공간의 개념으로 전자적 공간을 인식한다. 이 공간에서 중요한 요소는 항해하는 능력이며 또한 탐사를 통해 의미를 발견하는 것이다. 이 관점은 보다 전체적인 차원의 얘기며 정보에 대한 환경적 관점, 경제적 가정들을 제공한다. 따라서 이 개념 속에서는 항해자 모두가 권좌를 공유하는 것으로 인식한다.

여러분들은 지금까지 제시된 세 가지 은유 가운데 어디에 더 점수를 주고 싶은가? 사람마다 약간의 차이는 있겠지만, 아마도 사이버스페이스(Cyberspace) 개념이 가장 익숙치 않은가? 그렇다. 세상은 이미 여러분의 뜻과 함께 하고 있는지도 모른다. 온라인 미디어가 갖는 내재적 속성과 함께 다시 한 번 그 실례를 살펴보자.

5. 개방(Openness)

개방, 사람을 연결하고 그들에게 중요한 것을 공유하는 데 보탬되기, 혁명, 정보 흐름, 미니멀리즘.

제법 귀에 익은 이야기일 것이다. 그런데 정확히 어디에서 들었는지 자신있게 얘기할 순 없을 것이다. 출처를 밝히면 바로 20대 세계적 부호의 반열에 오른 소셜네트워크서비스(Social Network Service, 이하 SNS) 페이스북의 창업자인 마크 주커버그가 자신의 페이스북에 내세운 신조라고 한다. 모두가 부러워하는 대상인 20대 부호에 대해 우리는 얼마나 알까. 2012년쯤 상장될 예정인 페이스북의 현재 가치는 줄잡아 230억달러. 지분 30%를 가진 주커버그 재산은 69억달러(약 7조 8,000억원)에 달한다(매일경제신문, 2010년 10월 22일자). 애플의 스티브 잡스나 미디어 제왕 루퍼트 머독보다도 많다. 아마도 그의 부의 규모에 주로 집중하다 보니 그의 성공열쇠에 대해선 다소 소홀했던 면이 있을 것이다.

그의 성공은 어디에서부터 시작됐을까? 주커버그는 개방이라고 이야기하는 데 주저하지 않는다고 한다. 그렇다면 무엇을 개방했을까?

이미지 출처: 매일경제신문 사이트, http://news.mk.co.kr/v3/ view.php?year=2010&no=572531

〈그림 3〉 주커버그의 신조는 개방에 있다. 온라인 미디어를 통해 무엇을 개방할지 그는 알고 있었던 것이다.

주커버그는 2007년 빌 게이츠 MS 회장이 페이스북 지분 1.6% 인수 대가로 2억 4,000만달러를 투자한다는 제안을 받아들였다. 그해 페이스북은 외부 개발자에게 응용프로그램 개발 플랫폼(API)을 공개했다. 소위 F8 전략이다. 이는 MS의 윈도와 마찬가지다. MS와 페이스북은 그래서 닮은꼴이다. 이런 개방성 덕분에 페이스북은 이듬해 SNS 최강자였던 마이스페이스를 앞질렀다.

주커버그의 이야기가 다소 황당하다면 좀 더 과학적 성공에 대해 이야기해 보도록 하자. 2009년 우리 사회는 물론 전 세계를 공포로 몰았던 신종 플루 사건을 기억할 것이다. 이 사건을 떠올리는 사람에 따라선 신종 플루는 두려운 기억 혹은 슬픈 기억으로 점철돼 있을 수 있지만, 미디어를 전공한 필자의 입장에선 색다른 해석을 가능케 했던 사안이었다. 즉, 신종 플루의 대처에서 얻은 교훈 가운데 하나는 바로 전 세계가 신속하게 공동 대응하여 그 피해를 최소로 줄일 수 있도록 만든 기제는 무엇이었을까 하는 점이다. 해석상에 이견이 있을 수 있지만, 필자는 인터넷이라는 온라인 미디어의 역할에 주목했다. 인터넷을 통해 전염 정보가 실시간 전 세계 과학자들에게 전달됨으로써 각국은 신종 플루 관리체계에 큰 도움을 얻을 수 있었을 뿐만 아니라, 신속한 백신체계를 확립할 수 있었다는 점이다. 과거 스페인 독감과 같은 유사한 질환을 떠올려보면 사실 2009년 전 세계를 긴장시켰던 신종 플루는 멕시코에서 희생자가 많았던 것을 빼면 우려했던 수준은 결코 아니었음을 과학자들은 누구나 알고 있다. 개방이라는 온라인 미디어의 속성이 거둔 쾌거로 일정 부분 그 공과를 나눠주어도 되지 않을까싶다.

6. 공유(Sharing)

혁신적인 자동차 회사 한 곳이 만드는 기적 한 토막으로부터 공유의 의미를 추출해보자. 우리에게 자동차 회사는 흔히 완성차 업체와 동일시

된다. 즉 GM, 토요타, 현대, 삼성 등 머릿속에 떠오르는 회사들은 모두 수많은 하청 업체에 대해 상대적으로 우월적 지위를 지닌 매우 거대한 제조업체다. 그런데 로저스(Rogers)라는 인물에 의해 창조된 자동차 회사는 이러한 일반적 공식에서 많이 벗어나 있다. 로저스가 세운 자동차 회사의 출발은 미국 자동차 산업의 메카인 디트로이트의 무능에 대한 목격에서 시작됐다고 한다. '로컬모터스(Local Motors)', 로저스가 세운 자동차 회사의 이름이다. 이제 이 회사의 운영방식을 보자. 이 회사는 디자인팀을 따로 고용하지 않았다. 더불어 내부에 연구개발(R&D) 팀도 만들지 않았다. 대신 그는 온라인 커뮤니티를 통해 121개국 출신의 약 5,000명의 디자이너들과 자신의 아이디어를 공유했다. 디자이너들은 콘테스트에 참가하고 다음 세대 자동차의 집합적인 디자인을 고안하는 작업을 시도했다. 자동차 부품은 어떻게 해결할까? 로저스는 부품 사용에 관한 의사결정을 내릴 때에도 최신의 합성 프레임을 제외하고는 모든 결정을 혼자 내리지 않았다. 그는 모든 것을 포드나 BMW, 메르세데스의 하청 업체에 있는 기술자들과 온라인 커뮤니티를 통해 아이디어를 공유했다. 그리고 최적의 부품조합을 통해, 완성차를 만들어 나갔다. 가격은 당연히 경쟁력을 지닐 수 있었고, 제품은 고객의 필요에 최대한 접근해 있었다. 온라인 미디어 속에서 과학은 산업이 되고, 그 결과는 다시 우리에게 돌아오고 있는 것이다.

이미지 출처: 로컬모터스 홈페이지 캡처. http://www.local-motors.com/

〈그림 4〉 로컬모터스는 온라인 미디어를 이용, 아이디어와 자원을 공유하는 메커니즘을 통해 완성차를 생산해내는 플랫폼을 구축하여 업계의 주목을 끌고 있다.

7. 참여(Participation)

무엇에 참여할 수 있을까? 나 하나의 참여가 세상을 바꿀 수 있을까? 아니 과학적 결과에 어떤 영향을 줄 수 있을까? 이런 생각 한두 번쯤 해 보지 않은 과학자들은 없을 것이다. 사실 어떤 과정에 초대 받지 않았음에도 불구하고 자발적으로 참여해서 목소리를 낸다는 것은 그리 쉬운 일은 아니다. 특히 전문가의 영역인 과학은 자칫 잘못된 목소리를 냈을 경우 그 파장은 훨씬 크다. 그런데 이러한 과정들이 정말 미디어와 관련이 있는 것일까? 그것도 온라인 미디어와 말이다. 결론부터 이야기하자면 관련이 매우 깊다. 아니 그 어떤 매개체를 이용한 참여보다도 파장이 매우 크다. 우선 작은 예부터 제시해 보겠다.

1999년 캐나다 토론토의 금광 회사 골드코프(Goldcorp)는 금광 개발에 어려움을 겪고 있었다. 이 회사 롭 맥이웬(Rob McEwen) 사장은 리눅스의 개발 사례에서 아이디어를 얻어 지난 50년간 모아놓은 광산 지질

데이터를 인터넷에 공개하고 총 57만 5,000달러의 상금을 내건 금맥 후보지 발굴 콘테스트를 열기로 했다. 일반적으로 광산업 특성상 지질 자료는 회사의 가장 중요한 비밀 자산 가운데 하나로 여겨진다. 2000년 3월 콘테스트가 시작되자 전 세계의 다양한 전문 지질학자를 비롯해 대학원생, 수학자, 군대 장교 등의 참가자들로부터 110곳의 새로운 금맥 후보지가 제안되었다. 결과적으로 이들 후보지 80% 이상에서 금맥이 발견되었다. 연 매출 1억 달러에 불과했던 골드코프는 대박을 터뜨리며 90억 달러 규모의 거대 광산업체로 성장하게 되었다. 기업 밖의 수많은 사람이 참여하는 대규모 협업(mass collaboration)을 활용하는 기업이 미래를 주도하게 될 것임을 보여주는 대표적 사례로 〈위키노믹스〉라는 책에 소개된 사례다.

이제 좀 더 큰 사례로 접근해보자. 인터넷을 아무리 몰라도 위키피디아(wikipedia)라는 용어가 그리 낯설지는 않을 것이다.

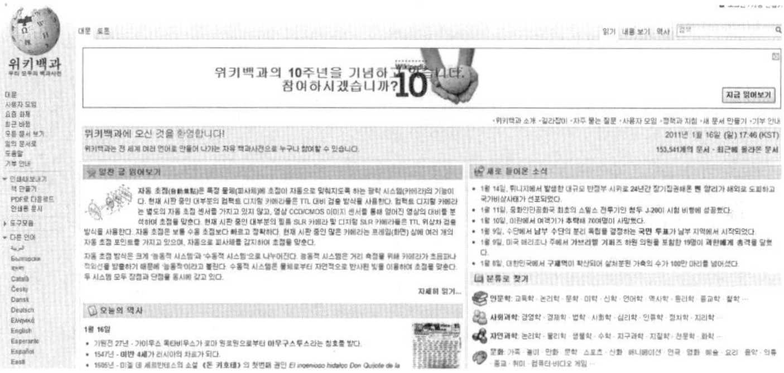

이미지출처: 위키피디아 홈페이지 화면 캡처.
http://ko.wikipedia.org/wiki/%EC%9C%84%ED%82%A4%EB%B0%B1%EA%B3%BC:%EB %8C%80%EB%AC%B8.

〈그림 5〉 참여를 통해 집단지성의 가치를 실질적으로 제시하고 있는 위키피디아 홈페이지.

2001년 1월 15일에 시작된 위키백과는 비영리 단체인 위키미디어 재단에서 운영하고 있다. 2010년 9월 현재 영어판 340만여 개, 한국어판

15만여 개를 비롯하여 모든 언어판을 합하면 1,600만여 개 이상의 글이 수록되어 있으며 꾸준히 성장하고 있다. 처음 위키피디아가 온라인 미디어인 웹을 통해 구현되었을 때 어느 누가 이 정도의 성장을 예상했을까? 혹자는 지나치게 자유주의적인 위키의 운영정책까지 비판하며 내용의 부실함을 지적했지만, 현재 위키피디아는 세계 그 어떤 백과사전과 견주어도 그리 떨어지는 수준이 아님을 우리는 이미 알고 있다. 오히려 시시각각의 사회 변화상을 반영하며 현실과 더욱 가까운 지식을 제공하고 있다는 평가까지 얻고 있다. 대량 협업에 의한 지식 생산과 유통의 중심에 과학이 존재하고 있다는 사실 또한 분명해진 듯하다.

그렇다면 온라인 미디어와 과학이 결코 떼려야 뗄 수 없는 관계에 놓여 있으며 우리 사회가 이들 간의 관계에 부여하는 주된 가치가 사이버스페이스(Cyberspace)임을 인정할 수 있지 않을까. 특히 이 정의에 내재된 속성인 개방, 공유, 참여의 방식이 어떻게 활용되느냐에 따라 우리 사회에 무척이나 크고 다양한 결과가 초래된다는 사실도 충분히 공감하게 되지 않았을까 생각된다.

이제 논의의 출발점이 되었던 곳으로 돌아가 이 글의 결론을 맺어보고자 한다. 필자는 온라인 미디어에 우리가 종속되는 것이 아닌, 활용의 주체가 되기 위해 우리는 온라인 미디어의 특성을 파악하고 이해하며 이를 활용할 수 있는 위치로 올라서야 한다고 주장했다. 그리고 이를 이해하기 위해 다양한 개념들을 제시했다. 바로 개방과 공유와 참여의 방식이다. 이 개념들은 지금 이 시간에도 과학적 지식과 매우 돈독한 관계를 맺으며 서로가 서로를 보완하고 있다. 매우 긍정적으로 말이다. 우리가 이 대열에 합류하는 것은 과학의 입장에서는 더이상 단순한 선택의 문제만은 아닌 듯하다. 더욱 적극성을 가지고 과학의 입장에서 그리고 미디어의 입장에서 서로를 위한 투자를 아끼지 말아야 할 시점이다.

참고문헌

Don Tapscott & Anthony D. Williams(2010), Macrowikinomics, Portfolio.

매일경제신문 2010년 10월 22일자

http://pemto.tistory.com/tag/

http://news.mk.co.kr/v3/ view.php?year=2010&no=572531

http://www.koreahealthlog.com/1002

http://ko.wikipedia.org/

http://www.local-motors.com/

5부

과학과 대인 커뮤니케이션

9장

과학을 어떻게 소통할 것인가?

김 연 종
단국대학교 커뮤니케이션학부 교수

1. 말과 소통

1) 말과 표현의 중요성

과학에 대해 말하는 방법은 여러 가지가 있다. 글이나 그림, 영상을 활용할 수도 있고 파워포인트 등을 이용해 과학을 전달할 수도 있다. 하지만 어느 경우든 가장 보편적인 방법은 말을 통해 과학을 전달하는 것이다. 이 장에서는 말을 어떻게 할 것인가에 대해 설명하고자 한다.

최근 표현의 중요성이 부각되면서 말하기에 대한 관심이 높아지고 있다. 얼마 전만 해도 우리나라에서 말하기는 그다지 중요하게 여겨지지 않았다. 오히려 말하지 않는 마음을 헤아리는 것이 더 중요하게 간주되었다. 침묵하는 사람이 더 신중하고 믿을 만한 사람이고 말을 많이 하는 사람은 가볍고 신뢰하기 어려운 사람으로 치부되었다. 하지만 요즘 세상에서 말을 한다는 것은 자기의 존재를 드러내는 일이 되었다. 반대로 말을 하지 않는다는 것은 자신의 존재감을 나타내지 않거나 의견이 없고 실력이 없는 사람으로 평가받기에 이르렀다. 이렇듯 표현되지 않는 것은 존재하지 않는다는 현실적 이해가 공감을 얻으면서 표현의 대표적 수단인 말하기가 주목을 받게 된 것이다.

말하기가 중요한 이유는 다음 몇 가지 측면에서 찾아볼 수 있다. 첫째,

말은 그 사람의 인격을 드러낸다. 인품이나 가치관, 사고의 깊이 등을 반영한다. 말을 흔히 교양과 인격의 척도로 삼는 이유는 말이 사람됨을 드러내는 중요한 수단이라는 것을 나타낸다. 둘째, 말하기는 곧 그 사람의 인간관계를 결정한다. 가는 말이 고와야 오는 말도 곱다는 말은 곧 말이 사람 사이의 관계에서 매우 중요한 기능을 하고 있음을 시사한다. 주위를 보아도 인간관계가 좋은 사람은 어딘가 말 씀씀이가 남다르고, 반대로 말이 거칠거나 투박한 사람은 인간관계에서 불화를 빚거나 고립이 되는 경우를 쉽게 목격할 수 있다. 이렇듯 말을 잘하면 상대방의 마음도 사고 좋은 관계를 만들 수 있으며 때로는 심각한 갈등도 피할 수 있다. 불화를 겪는 부부의 경우도 대부분 말로 상처를 주고받는 경우가 많다. 셋째, 말은 곧 그 사람의 능력을 나타내주는 지표가 된다. 발표를 못하거나 연설을 못하면 우리는 곧 그 사람이 능력이 없다고 말한다. 아무리 뛰어난 능력을 지니고 있어도 그것을 표현하지 못하면 상대의 인정을 받을 수 없다. 인터뷰나 프레젠테이션 등에서도 말을 어떻게 하느냐에 따라 그 사람의 잠재력이나 능력이 평가되고 결정된다. 정치인은 말을 통해 이미지를 만들고 능력을 평가 받으며 말로 정치생명을 이어간다. 이렇듯 말하기는 자기의 존재를 드러내고 인간관계에 영향을 미치며 자신의 가치를 드러내는 핵심 능력이 되었다.

말하기는 궁극적으로 자기를 표현하여 누군가의 호감과 동의를 얻는 결과를 낳는다는 점에서 결국 소통이라고 정의할 수 있다. 말하기의 목적이 소통을 전제한다는 면에서 보면 말하기는 결국 소통의 수단이라고 할 수 있다. 그렇다면 말하기와 소통은 어떻게 다른 것일까? 말을 아무렇게나 하는 사람이 없다고 전제하면 말하기는 소통을 위한 수단이자 방법 가운데 하나이다. 그리고 단기간의 훈련으로 그 능력을 향상시킬 수도 있는 기술적 측면이 강하다고 할 수 있다. 하지만 소통은 수단이나 기술로만 이루어지지 않는 인간관계적인 측면이 강조될 수밖에 없다. 말을 아무리 잘해도 소통은 불가능할 수 있다는 점에서 인간관계의 깊은 이해와 성찰의 측면을 포함한다고 할 수 있는 것이다.

2) 말하기와 소통

소통, 즉 커뮤니케이션(communication)의 본래 의미는 나눔과 공감이다. 갑과 을이 메시지를 나누었더니 비로소 서로가 통하게 되었다는 의미가 소통이다. 다른 말로 바꾸면 너와 나의 이심전심(以心傳心)의 마음이 소통이라고 할 수 있다.

그렇다면 말을 잘하면 소통을 잘하는 것일까? 그럴 수도 있고 아닐 수도 있다. 말을 잘하면 소통을 하는 데 도움이 될 수 있지만, 반드시 말을 잘한다는 것이 소통을 보장하는 것은 아니다. 소통은 상대방의 이해를 구하고 공감을 불러일으켜 궁극적으로 상대방의 마음을 얻는 작업이다. 그런 의미에서 소통은 말보다는 마음을 움직이는 일에 가깝다고 할 수 있다. 메시지의 수용도 중요하지만 그의 진정성이 느껴지고 확신이 들 때, 우리는 비로소 마음을 열기 때문이다.

가령 말을 잘했지만 국민의 마음을 얻고 신뢰를 받는 데 실패했던 정치인의 경우를 떠올려 볼 수 있다. 말을 잘한다는 것이 자신이 가진 생각을 잘 표현하는 것이라면 노무현 전 대통령은 참으로 말을 잘한 사람이다. 하지만 재임 중에 그분이 국민과의 소통에 성공했는가 하면 꼭 그렇다고 말하기 어렵다. 국민들이 노 대통령의 뜻을 이해해주지 못했기 때문이다. 물론 언론의 꼬리 흔들기식 왜곡보도도 한몫했고 노 대통령 스스로도 소통의 깊은 맥락을 고려하지 못한 책임이 크다. 가령 그는 공적인 자리에서 사적인 말하기를 구사함으로써 대통령의 품격에 맞지 않는다는 비난을 듣곤 했다. 또한 대통령의 격에 맞지 않는 파격적인 언어나 표현을 구사함으로써 국민들의 반감을 샀다. 말을 잘하는 사람이 결국 말의 궁극적 목표인 소통에는 실패한 결과를 낳은 것이다.

촛불 사태 이후 이명박 대통령의 소통 방법도 살펴볼 필요가 있다. 노무현 대통령과는 다른 맥락이지만, 이명박 정부의 소통 역시 소통에 대한 바른 이해가 문제로 대두된다. 쇠고기로 촉발된 촛불 사태의 원인을 두고 정부는 국민이 정부가 하는 일을 제대로 이해하지 못한 결과라고 판단했다. 이러한 문제 인식은 이후 이 대통령이 라디오를 통해 대국민 접촉을 강화하고 정부의 홍보 기능을 확충하는 등 많은 노력을 기울이는 것으로 나타났다. 하지만 이후 정부와 국민이 제대로 소통하고 있는지는 여전히 의문으로 남는다.

이러한 문제는 소통에 대한 이해의 부족에서 비롯된 일이다. 노 대통령은 진심은 통한다는 순진한 생각을 했을 가능성이 크고 이 대통령은 소통을 정보의 전달로 단순화해버린 것이다.

소통은 실제로 훨씬 복잡한 맥락을 갖는다. 말을 하는 송신자와 수신자의 소통능력, 상호 간의 인식과 그들의 관계, 이해, 경험, 심리 상태, 메시지의 내용과 전달 방법, 그리고 시간과 장소, 상황 등 매우 복잡하고 다층적이며 맥락적인 행위이다. 더구나 소통에 관련된 모든 변인은 상수가 아니라 변수이다. 다시 말해 모든 소통의 요소들이 상대적이며 순간적으로 변화한다는 점이다. 이러한 점에서 말을 통해 소통을 증진한다는 것은 결코 쉬운 일이 아니다.

3) 말하기의 지향점

앞에서 우리는 말이 중요한 것이 아니라 궁극적으로 커뮤니케이션, 즉 소통이 중요하다고 강조했다. 그런데 우리는 흔히 말에 대해 관심을 갖고 말하기를 배우려고 할 때 어떻게 하면 말을 멋있게 할 것인가, 어떻게 하면 효과적으로 말을 할 것인가 등 전달의 방법에 지나치게 주목하는 경향이 있다.

대부분의 말하기 관련 서적도 이러한 측면을 강조한다. 이들 책에서 강조하는 말하기의 방법들은 다음 몇 가지로 요약된다. 당당할 것, 호감을 살 것, 청중을 사로잡을 것, 신뢰감을 제공할 것, 공감을 불러일으킬 것, 설득할 것 등이다. 이를 위해 긴장하거나 떨지말고, 자신있고 멋지게 자신을 연출하라고 가르친다. 그래서인지 말하기를 배우려는 사람들도 자신의 외모에 신경을 쓰고 발음이나 발성을 교정하려고 하며 상황별 화법을 연습한다. 가령 여러 사람 앞에서 멋진 건배사를 하거나 청중을 사로잡는 유머 또는 기억에 남는 촌철살인의 언어를 구사할 수 있기를 기대한다. 이럴 때 흔히 떠올리는 롤 모델은 아나운서나 연예인이다. 그들처럼 말하고 싶다는 욕구의 반영이다.

하지만 말을 잘하는 데 어떤 절대적인 방법이 있거나 말하기를 배우는 것이 누구처럼 따라 말하는 것은 아니다. 사람은 저마다 생김새와 성품이 다르고 말을 하는 방식도 제각각이어서 이를 고려하지 않은 말하기의 방식을 따르다가는 상대에게 오히려 거부감을 줄 수 있다. 자신에게 어울리지 않는 엇박자 말하기는 상대를 더 곤혹스럽게 하고 공감을 이끌어내기 어렵다. 우리나라 정치인들을 보면 하나같이 비슷한 화법을 구사한다. 소리를 지르고 멋진 제스처를 구사하며 외모를 가꾸는 데 힘을 쏟는다. 마치 어디선가 말하기의 공식을 전수받은 듯 보인다. 정치인의 말하기가 국민에게 외면 받는 이유의 하나가 아닐까 싶다. 듣는 사람의 입장에서 보면 멋진 옷과 머리 모양, 소리치기 등이 공감을 주고 설득력을 보장하는 것은 아니다. 오바마 미국 대통령은 같은 정치인이지만 소리를 크게 지르지 않는다. 그의 스피치가 교감을 얻는 것은 그가 청중인 나를 향하여 말을 하기 때문이다. 멋진 스피치를 보여주기 위해 혼자 소리를 지르는 것이 아니라 상대를 향해 끊임없이 소통을 시도하고 있다는 것이다.

말은 그것을 구사하는 사람과 동떨어질 수 없다. 그 사람의 존재와 가치, 내면의 성찰과 지혜, 지식과 경험이 총체적으로 어우러져서 나타나는 모습이다. 몇 가지 외형적인 스타일이나 단점을 교정한다고 해서 말이 순식간에 달라지지 않는다. 물론 소통의 투박한 걸림돌들은 교정할 필요가 있다. 가령 습관적이고 비정상적이며 듣기 거북한 나쁜 버릇이나 습관은 수정해야 한다. 하지만 궁극적으로는 말을 하는 스스로에게 가장 잘 어울리는 말하기 방법을 찾아 가장 자연스러운 스피치를 구사해야 한다. 그래야 내게 맞는 가장 자연스러운 스피치를 구사할 수 있다. 그렇게 되면 비로소 상대방도 어색하지 않게 받아들이고 자연스레 자신의 생각을 가다듬게 된다. 스피치 교육은 그래서 자신의 장단점을 찾아 장점은 발전시키고 단점은 교정하는 훈련이라고 할 수 있고 누구나 교정이 가능한 학습 방법이다.

4) 메타 커뮤니케이션 (meta-communication)

소통은 단지 말을 얼마나 잘하느냐의 차원을 넘어선다. 그런 의미에서 소통은 메타 커뮤니케이션의 차원을 지닌다. 메타 커뮤니케이션은 메시지의 단순한 의미를 넘어서는 보다 상징적이고 초월적인 의미의 교환이다. 메타(meta)란 '전반적인', '포괄적인' 이라는 뜻인데, 여기서는 '메시지에 관한 메시지(message about message)' 의 의미에 가깝다. 다시 말해 메시지를 교환했을 때 그것의 의미가 보다 명확하게 읽혀지는 메시지이다. 메타 커뮤니케이션은 소통 시 메타 언어들이 교환되는 것을 말하는데, 가령 사랑한다고 고백할 때, 사람들은 언어적인 메시지의 의미보다 그 말을 하는 사람의 감정이나 진심에 더 주목하고 그것을 통해 상대를 받아들인다는 것이다.

사실 커뮤니케이션, 즉 소통에 참여하는 사람들은 온몸으로 메시지를 교환한다. 머리, 감정만 따로 움직이는 것이 아니라 감정과 이성, 육체와 정신이 동시에 작동하며 행위한다. 그런 의미에서 말을 한다는 것은 사실 말을 하고 듣는 것만이 아니라 그 사람의 표정이나 자세, 옷차림, 손짓 등을 함께 보고 듣는 행위라고 할 수 있다. 나아가 그 사람에 관한 경험이나 지식, 과거의 모든 정보들이 메시지의 평가와 수용에 직간접적 영향을 미친다. 메시지가 단지 메시지만으로 해독되는 것은 아니란 말이다. 예를 들어 영화를 감상할 때 관객은 영상과 음향을 통해 내용을 받아들일 뿐만 아니라 자신의 경험, 감정상태, 지식, 신체상태 등 복합적 요소를 작동시키면서 메시지를 해석하고 내용을 이해한다. 단지 메시지만이 교환되는 것이 아니라 매우 다양한 요소들이 복합적으로 작동하여 의미를 받아들이는 것이다.

예를 들어 한미 간 쇠고기 협상시 정부의 발표를 국민들이 신뢰하지 않았던 일을 생각해보자. 정부는 국민을 상대로 협상의 결과를 설명하고 국민의 이해의 폭을 넓히는 소통을 증진하고자 했지만, 정부가 전달하고자 한 메시지를 국민들이 곧이곧대로 받아들이지 않았다. 정부에 대한 신뢰성에서 비롯된 것이었지만, 국민들은 발표내용의 투명성에 의심을 품었고 혹 정부가 은폐하거나 왜곡하는 정보는 없는지 온갖 정보와 경험 등을 메시지 해석에 동원했다. 우리가 사람을 평가할 때도 상대를 신뢰하지 않거나 이해관계가 얽혀있다면 그가 하는 말을 곧이곧대로 받아들이지 않는다. 그가 하는 말의 내용도 평가하며 듣지만, 상대의 눈동자, 표정, 자세, 사전 정보 등 갖가지 정보를 총 동원해 판단하고 평가한다.

이럴 경우 문제는 정보 전달자의 신뢰도겠지만, 사람들은 무엇보다 상대가 나를 진심으로 위하고 배려하는지를 먼저 평가하고 그 다음에 비로소 상대의 메시지를 받아들이는 순서를 밟게 된다. 이렇듯 소통은 송신자와 수신자와의 신뢰를 바탕으로 그가 제공하는 정보를 이해하고 동의하고 결과적으로 서로가 마음이 일치되어 함께 당면과제를 대처해 나가는 것이라 할 수 있다. 이렇게 될 때 비로소 소통이 되었다고 할 수 있는 것이다. 다시 말해 궁극적 소통이란 정보의 공유, 이해와 공감, 행동의 일체성이 모두 하나가 되는 경지라고 말할 수 있다.

과학에 대해 말할 경우 영역의 특성상 대부분 정보를 먼저 바르게 전달하고 상대의 이해를 돕는 데 목적이 있을 것이다. 하지만 과학뿐 아니라 어느 경우도 정보 전달이 궁극적인 목적이 되는 경우는 그리 많지 않다. 정보 전달을 하더라도 이를 통해 상대의 이해를 구한다든가, 자신에 대한 평가를 높여주길 기대한다든가 등 송신자가 궁극적으로 원하거나 바라는 것이 있는 경우가 대부분이다. 따라서 과학을 전달하는 일 또한 기록이나 자료, 안내, 고지, 통고의 수준에 그치지 않는다. 과학이라는 정보의 속성은 다를 수 있지만, 과학을 소통하는 일 또한 결국은 인간사이의 이해와 공감의 문제가 된다. 따라서 과학을 말할 때에도 우리는 어떻게 말을 통해 사람의 문제를 풀어갈까 고심할 필요가 있다.

5) 프레임 (Frame)

모든 말은 시간과 장소, 상대와 적절하게 어울려야 한다. 뜬금없는 말이거나 상황에 부합하지 않는 말은 상대의 호응을 이끌어내기 어렵고 그 효과를 기대하기 어렵다. 사람들은 메시지를 수용할 때 자신의 학습과 경험에 의해 그것을 이해하고 판단하는 프레임을 작동시킨다. 프레임이란 학습과 경험에 의해 사물과 상황을 지각하는 인식 틀이라고 정의할 수 있는데, 어느 경우든 시간과 공간, 직업, 역할 등에 대해 사람들은 공통의 인식 틀을 갖추고 있다는 것이다.

메시지 수용에 있어 프레임이 중요한 것은 그것에 부합하지 않는 경우 사람들이 메시지 수용을 거부하거나 쉽게 이해하지 못하기 때문이다. 가령 시간 프레임을 예로 들면, 심야시간에 어울리는 음악과 그렇지 않은 음악을 사람들은 쉽게 구분한다. 따라서 음악을 방송하는 연출자는 사람들이 갖고 있는 시간이라는 프레임에 맞추어 적절한 음악을 들려주어야 한다. 심야에 시끄럽고 신나는 음악이 어울리지 않듯 오전시간에 지나치게 가라앉는 음악은 청취자의 외면을 받기 쉽다. 이렇듯 말을 하는 사람의 경우도 시간이나 장소, 자신의 역할에 맞추어 메시지를 구성해야 하고 소통을 해야 한다. 앞서 언급한 노무현 전 대통령은 대통령이란 지위나 역할, 그리고 공적 공간이라는 프레임을 벗어난 말하기를 구사했기에 소통에 실패했다. 즉 사적 공간에서의 말투나 어법을 공적인 공간에서 표출하여 국민들의 프레임에 어긋나 거부당했고 일부 언론의 비판을 초래했다. '대통령 짓' 이라는 표현이나, 연설을 하는 데 주머니에 손을 넣은 경우가 대표적이다. 개인 간 사적 장소나 대화에서는 얼마든지 용인

될 수 있는 언어와 비언어적 표현 방식이었지만, 대통령이란 직책을 가진 사람은 이러저러해야 한다는 프레임을 갖고 있는 대중에게는 쉽게 수용되기 어려웠다. 대통령의 격에 맞지 않다고 인식했고 이에 많은 국민들이 동조한 것이다.

따라서 말이나 글을 통해 소통을 시도할 때 사람들이 어떤 프레임을 갖고 있느냐에 주목해야 한다. 이때 프레임은 특별하고 새로운 것이 아니라 사람들의 머릿속에 자리잡은 상식이나 통념이라고 이해하면 쉽게 이해된다. 때문에 내 안에 어떤 전하고자 하는 메시지가 있다면 그것을 어떻게 전달할 것인가 고려할 때 이 프레임을 떠올리고 이에 맞추어 메시지 구사방식을 조절할 필요가 있다. 프레임에 어긋나면 상대를 이해시키기도 어렵고 소통이 거부당할 수도 있다. 반대로 프레임이 단순 명확하면 어떤 이야기든 쉽게 이해가 간다. 그만큼 프레임이 가진 힘은 크다고 할 수 있다.

6) 말하기의 형태

말하기의 다양한 형식으로는 독백, 대화, 담화 등이 있다. 가령 발표, 설명, 프레젠테이션(PT) 등 공중담화(Public Speech)가 있고 사람 사이의 대화(Conversation) 그리고 토의(Discussion)와 토론(Debate)도 있다.

이 가운데 사람들이 일반적으로 가장 어려워하는 것은 공중담화이다. 과학을 말할 때도 사람들이 두려워하는 스피치는 과학에 대해 여러 사람에게 말하는 경우이다. 사람들 앞에 서는 일이 두렵기 때문이다. 한 통계에 의하면 10명 중 8명은 다른 사람 앞에 서는 일에 두려움을 갖고 있다고 한다. 그만큼 사람 앞에 서는 일이 쉽지 않다는 점을 나타내준다.

하지만 공중담화는 두려움만 극복하면 사실 가장 쉬운 스피치라고 할 수 있다. 사전에 준비할 수 있고 연습할 수도 있으며 무엇보다 상대가 내가 하는 말에 대해 제어나 저지를 할 가능성이 거의 없기 때문이다. 이에 비해 토의나 토론은 상대의 이견이나 반박에 맞추어 말을 해야 한다는 점에서 순발력도 필요하고 전문지식도 필요한 경우에 해당한다. 하지만 토의나 토론 또한 나름의 규칙이 있고 사전에 예고된 주제에 대해 준비하고 연구할 수 있으며 상대의 반박도 어느 정도 예측 가능하다는 점에서 대응이 가능한 말하기의 방식이라고 할 수 있다.

이에 비해 대화, 그 가운데에서도 나를 가장 많이 아는 가까운 사람과의 대화는 특별히 가장 어렵다고 할 수 있다. 준비도 소용없고 예측도 불가능하며 때와 장소에 따라 매우 변화무쌍하기 때문이다. 또한 가까운 사람과의 소통 수단은 말 보다는 말투, 눈빛 등 사소한 것이 보다 중요하게 작동한다는 측면에서도 그러하다. 가까운 사람과의 대화에서 가장 중요한 소통 수단은 말의 내용이나 논리 등 메시지의 내용과 형태가 아니라 대화 당사자 사이의 평소의 태도나 감정 상태, 몸가짐이나 말투 등 비언어적 요소나 심리적 관계 등이다. 앞서 언급한 메타 커뮤니케이션의 차원이 더 중요한 소통 요소가 된다는 점에서 가까운 사람과의 소통은 결코 간단치 않다고 할 수 있다.

2. 소통의 조건

그렇다면 소통을 제대로 하기 위한 방법은 무엇일까? 이를 알아보기 위해 소통에 내재되어 있는 몇 가지 핵심 요소를 먼저 살펴볼 필요가 있다. 이를 이해하면 말하기의 방법과 목적을 보다 명쾌하게 간파할 수 있기 때문이다.

1) 상대가 있는 게임

소통은 먼저 상대가 있는 게임이다. 게임이라고 명명하면 다소 가볍게 느껴질 수 있지만, 소통은 메시지를 보내는 송신자의 일방적 전달이 아니라 송신자와 수신자가 서로 보이지 않게 밀고 당긴다는 의미에서 상대성 게임이라고 할 수 있다. 소통에는 필연적으로 메시지를 보내는 사람과 받는 사람이 존재한다. 누군가는 메시지를 보내고 누군가는 받는다는 것이다. 이들은 서로 연결되어 있다. 가령 내가 어떻게 하느냐에 따라 상대의 반응도 달라진다. 내가 긍정의 메시지를 보내면 그도 긍정의 반응을 보내고 내가 부정적 메시지를 표현하면 그의 반응도 부정적인 경우가 대부분이다.

역으로 상대의 반응에 따라 나의 메시지의 내용과 구사 방식도 달라진다. 상대의 반응이 부정적이거나 시큰둥하면 나의 메시지 내용이나 구사 방식도 달라질 수밖에 없다. 소통의 방식은 기본적으로 상대가 어떻게 하는가에 따라 달라진다는 것이다. 나아가 사람은 상대가 어떻게 반응할 것인가를 고려하면서까지 메시지를 구사하기도 한다. 상대방의 반응에 반응을 보이는 것이 아니라 반응을 예측하고 미리 메시지를 전략적으로 선택하고 구사한다는 것이다. 이렇듯 이들의 관계는 나와 상대가 각자 반응에 대해 반응하는 순환적 고리를 형성한다. 누가 주도적인지는 상황에 따라 달라질 수 있다.

분명한 것은 내가 어떻게 하느냐에 따라 상대도 그만큼 한다는 점이다. 대표적으로 남녀관계를 보면 이러한 상대성을 쉽게 확인할 수 있다. 남녀 간의 사랑은 대개 네가 내게 얼마나 헌신하는가의 조건적 반응을 일컫는다. 네가 나를 얼마나 사랑하느냐가 나의 사랑을 결정하는 경우가 많다는 것이다. 이기적인 것 같지만 어떻게 보면 합리적인 선택과 행동 기준이라고 할 수 있는데, 이는 인간은 누구나 자기를 보존하려는 자기 중심적 성향을 갖고 있기 때문이다.

때문에 이러한 자기중심적인 상대를 고려하지 않는 소통은 실패하기 쉽다. 교수의 성향을 맞추지 못한 답안이나 리포트는 좋은 결과를 내기 어렵고 마음이 닫힌 상대에게 전해지는 꽃의 아름다움은 무력하기 짝이 없다.

같은 맥락에서 상대방에 맞추어 어떻게 메시지를 구사해야 하는가는 매우 중요하다. 소위 눈높이 소통은 이런 면을 강조하는 것이다. 가령 자기중심적인 언어는 상대와의 소통을 어렵게 한다. 특히 과학을 소통하는 경우 대부분의 수용자가 무지하다면 그들을 이해시키기 위해 친절하게 기초적인 설명부터 실시해야 한다. 상대가 알아듣든 모르든 상관없이 자기가 준비한 메시지를 전달하겠다는 식의 방식은 상대방을 배려하지 않는 소통 방법일 수 있다. 소통은 상호 간의 눈높이에서 서로 알아듣는 언어로 행해져야 하고 상대의 지적수준에 맞추어 행해져야 한다. 소통의 언어가 장벽이 된다면 내용에 대한 이해는 물론 내가 기대하는 소통의 결과물을 얻을 수 없게 될 것이다. 언어가 내용을 전달하는 장애물이 되지 않을 때 비로소 소통에 도달할 수 있다.

따라서 소통의 효과를 극대화하기 위해서는 메시지를 어떻게 구사할 것인가의 고려도 필요하고 그것이 어떻게 해독될 것인지도 염두에 둬야 한다. 다시 말해 내가 원하는 소통의 효과를 극대화하기 위해 메시지를 적절하게 구성하고 표현 방법을 개발할 필요가 있다는 것이다. 이것은 말의 유창함을 말하는 것이 아니다. 너무 유창한 언변은 오히려 역작용을 일으킬 수 있으며 오히려 적절한 침묵이 훌륭한 메시지 수행 능력이 될 수도 있다. 상대에 맞추어 적절한 메시지를 구사하는 능력이 곧 소통 능력이라고 할 수 있다.

2) 복합적인 게임

커뮤니케이션은 '상징적'이다. 언어를 포함한 상징부호들을 통해 의미가 전달된다. 상징 가운데 가장 많이 사용되는 것은 문자와 언어이다. 문자와 달리 말을 할 때는 말만이 오로지 메시지가 되는 것은 아니다. 내가 가진 모든 것이 메시지가 될 수 있다. 언어라는 상징 뿐 아니라 말투나 목소리의 톤, 제스처, 시선, 표정 등의 비언어적 상징 그리고 옷차림, 화장, 냄새 등의 다양한 요소가 메시지의 범주에 포함된다. 가령 우리는 나에게 호감을 보이는지, 관심이 있는지 등 상대의 의중을 파악하는 데 말보다 시선이나 웃음, 표정 등 다른 정보를 활용하는 경우가 많다. 때로는 나를 향해 먼저 인사를 했다는 이유만으로 공연히 그 사람에게 호감이 가기도 하고 인사를 안 한다는 이유로 그 사람을 싫어하는 경우도 있다.

물론 상징을 사용하거나 해석하는 일은 쉽지 않다. 적절하게 활용해야 하고 그것을 해석할 때도 정확성을 기할 필요가 있다. 상징을 잘못 사용하면 의도한 목적과 달리 의미의 손실, 왜곡 현상이 발생할 수도 있고 오해를 불러일으킬 수도 있다. 상징의 사용은 언어와 일치할 때 효과를 발휘한다. 언어와 비언어가 충돌하는 경우 우리는 오히려 상대의 비언어적 상징을 중요시하는 경향이 많다. 사랑한다고 고백을 할 때, 우리는 대개 말에 주목하기보다 상대의 시선이나 표정을 통해 상대의 진정성에 주목한다. 앞서 언급한 메타 커뮤니케이션은 언어의 이러한 복합적인 측면을 설명한 것이다. 우리는 언어라는 상징을 통해 소통을 시도하지만 정작 수용자는 언어를 넘어 마음이나 느낌으로 전해지는 메타언어에 주목한다. 말이라는 상징의 범위가 그만큼 폭넓고 복합적이라는 것을 보여준다.

3) 변화하는 게임

커뮤니케이션을 둘러싼 모든 것은 변화한다. 소통의 당사자인 사람도 변하고 소통의 수단인 기호나 매체도 바뀌고 그것을 둘러싼 상황도 빠르게 변화한다. 이러한 환경에서 소통은 '진행형'이라는 사실을 인식하는 것이 중요하다. 소통은 정적으로 그 자리에 머물러 있는 것이 아니라, 언제나 진행 중인 동적인 과정이며 커뮤니케이션의 각 요소가 살아 움직이는 유기체로 소통의 메시지도 상대의 피드백(feedback)에 따라 순간순간 변화한다.

개인적인 차원에서 보면 소통을 잘하기 위해서는 상대의 반응에 민감하게 대처해야 한다. 긍정적인 반응에는 계속적으로 메시지를 구사할 수 있으나 상대의 부정적인 피드백을 감지하면 변화와 대처가 필요해진다. 그렇지 않으면 나의 메시지는 위력을 상실하고 상대와의 교감에 실패할 수 있다. 소통에서 피드백은 송수신자의 연결고리를 보여주는 중요 요소이지만 피드백 자체가 문제는 아니다. 그 보다는 소통을 증진시키기 위해 그것을 어떻게 받아들여 활용하느냐가 보다 더 중요하다고 할 수 있다.

예를 들어 정치는 국민과의 소통이라고 할 수 있다. 국민의 반응에 맞추어 정치권이 대(對) 국민 메시지를 수정하는 행위이다. 만약 어떤 정당이 국민의 반응이 부정적인데도 불구하고 선거에서 특정 후보를 고집하여 공천했다면, 그 결과는 실패일 수밖에 없을 것이다. 흔히 국민과 호흡하는 것이 정치라고 하는 말은 정치가 국민을 떠나서는 연명하기 어렵다는 근원적 속성을 드러내는 말이지만, 민심의 변화에 민감하지 않고는 살아남을 수 없다는 것을 나타내는 말이기도 하다. 정치권이 끊임없이 지역민심을 살피고 여론조사를 실시하는 것도 국민의 변화하는 민심을 따라잡기 위한 노력의 일환이다. 그런 의미에서 정치는 유권자인 국민의 반응에 민감하게 귀 기울여 그들의 요구와 필요를 충족시켜줄 수 있도록 노력하는 일이라고 할 수 있다. 교수에게도 좋은 강의란 학생들의 반응을 고려하여 적절하게 강의 수준과 내용을 조절하는 것이 핵심이다. 상황의 변화를 무시하고 수 년째 똑같은 내용의 강의를 고집한다면 그 강의는 결코 좋은 평가를 얻기 어려울 것이다.

다소 다른 차원이지만, 최근 매체 환경에 따른 소통 환경의 변화 또한 주목해 볼 필요가 있다. 소통의 형식이나 내용이 급격한 변화의 소용돌이에 처해있기 때문이다. 최근 트위터를 필두로 한 소셜미디어나 스마트폰으로 상징되는 매체 환경의 변화는 단지 매체의 속성이 바뀌고 있다는 것에 그치지 않는다. 그들이 촉발시킨 변화는 소통의 내용물을 담는 그릇이나 방법 모두의 변화를 초래하고 있다. 정치, 경제, 문화 등 모든 영역에 걸쳐 엄청난 변화가 일어나고 있는 것이다. 변화는 비단 송신자나 수신자의 생활패턴뿐 아니라 그들 간의 소통의 질과 형식도 바꾸고 있다. 트위터의 경우 메시지의 절대량이 제한되는 탓에 간단하고 쉽게 메시지를 전달할 수밖에 없다. 하지만 여기서 시작된 변화는 우리 사회 전반에 걸쳐 소통 메시지의 간결함을 촉발시키고 있다. 복잡하고 어려운 메시지는 거부당하는 환경에 처하게 된 것이다. 마셜 맥루한(Marshall McLuhan, 1980)의 논리를 따르면 이러한 매체의 변화는 메시지의 변화를 가져오고 메시지 환경의 변화는 인간의 사고의 변화, 나아가 사회와 문화의 변화를 이끌게 된다.

실제로 스마트폰으로 촉발된 정보 환경은 소통의 이러한 측면을 명확하게 보여준다. 더 이상 수직적이고 일방향적인 정보제공으로는 수신자와 소통하기 어렵게 되었다. 송신자가 다수에게 정보를 제공하던 일방향적 전달 시대는 급격하게 상호 간의 정보 공유시대로 바뀌고 있기 때문이다. 정보통신기기의 발달로 이젠 누구도 정보를 독점하는 것이 어렵게 되었고 송신자와 수신자의 정보 격차도 크게 발생하지 않게 되었다. 송신자가 가르치고 수신자는 오롯이 듣고만 있던 상황이 바뀌고 있는 것이다. 수신자는 언제라도 정보를 검색할 수 있으며 필요하다면 더 고급의 정보를 제공할 수 있게 되었다. 이런 환경에서 정보 소유자의 권위와 힘은 급격히 붕괴한다. 이렇게 시대가 바뀌는데 과거의 전통적인 메시지 전달법을 고수한다면 소통의 효율성이 떨어질 수밖에 없다. 삼성경제연구소(2010)의 자료에 따르면 과거의 소통형태가 1) 상사가 소통의 중심이고 2) 말 위주의 3) top-down의 방식이자 4) 내용중심의 5) 지시형이었다면, 현재의 소통은 1) 모든 사람이 주체이며 2) 경청이 중요하고 3) 쌍방향/ 수평형 소통으로 4) 비업무 영역까지 확장하여 5) 상호이해를 통한 참여형 커뮤니케이션으로 변화하고 있다. 이런 환경에서 권위를 앞세운 일방적 메시지 전달은 더 이상 공감을 얻지 못한다. 청중의 반발도 있을 것이고 일방적이고 주도적인 소통방식은 환영받기 어렵다. 이런 상황에서 송신자는 정보를 공개하여 청중과 공유하며 허심탄회하게 대화를 할 수밖에 없다.

말하기를 할 때도 일방적으로 가르치는 식의 소통은 더 이상 어울리지 않는다. 전달자가 전문성이나 권위를 내세우기도 어렵게 되었다. 발음이나 발성 등 스피치 훈련을 배우는 과학자는 늘고 있지만 그것만으로 수신자의 공감을 얻기 간단치 않다. 소통의 방법에 대해 고민하지 않을 수 없게 된 것이다.

이런 관점에서 보면 현대사회, 특히 국민의 주권이 향상되고 정보해독력이나 이해력이 증진된 사회에서는 더 이상 일방향적인 송신자 중심 사고나 소통방식은 소통의 걸림돌로 작용할 수밖에 없다. 소통이 원활해지기 위해서는 송신자나 수신자가 함께 소통에 참여하고 노력해야 할 필요가 있다. 커뮤니케이션이라는 단어는 라틴어 커먼(common)과 그 동사형 커뮤니카레(communicare)에서 어원을 찾을 수 있는데, 커뮤니카레는 '함께 만들다' 는 의미이다. 현대적 소통의 방법은 아마도 송신자와 수신자가 함께 노력하고 찾아가는 공유와 나눔의 본래 정신에서 찾아져야 할 것 같다.

3. 말하기의 방법

지금까지 우리는 말하기를 둘러싼 소통과 소통의 필수요소, 그리고 소통환경의 변화 등을 살펴보았다. 이제부터는 이러한 상황에서 말하기는 결국 어떻게 해야 하는지 방법론을 살펴볼 것이다. 말하기는 자기의 장단점을 파악하여 장점은 극대화하고 단점은 교정하는 훈련이 필요하다고 할 수 있는데, 지면상 일일이 언급할 수는 없지만 여기서는 그 구체적 실천 방법의 핵심에 대해서만 설명하겠다.

1) 자신에 대해 알라

말을 잘해서 소통을 극대화하기 위한 첫 번째 순서는 자기의 현재 모습을 점검하는 일이다. 말을 잘한다는 것은 남을 흉내내거나 멋진 모습을 연출하는 것이 아니다. 그렇게 한다면 오히려 상대방의 공감을 얻기 어렵다. 상대가 그것을 이미 알아채기 때문이다. 따라서 가장 좋은 방법은 자신에게 가장 잘 어울리는 화법을 구사하는 것이다. 이를 위해 먼저 할 일은 자신이 어떤 사람인지를 객관적으로 평가하는 일이다. 여기서 객관적이라는 의미는 상대방에게 비쳐지는 나의 모습을 파악하라는 것이다. 스스로의 장점과 단점, 한계는 무엇인지 자신이 가진 속성들을 꼼꼼히 들여다보고 문제가 있다면 그것을 교정하고 장점은 발전시키는 것이 소통의 효율성을 높이는 지름길이 된다. 이를 위해 가장 좋은 방법은 비디오를 찍어 자신의 모습을 관찰하는 것이다. 이러한 방법을 통해 자신의 외형적인 모습을 들여다볼 수 있다.

외형적인 부분은 다음 세 가지로 나누어 살펴볼 수 있다. 첫째는 표정이다. 사람 간의 소통에서 표정은 가장 중요한 비언어적 수단이자 제일 먼저 첫인상에 영향을 미치는 결정적 요소이다. 표정이 좋은 사람은 호감을 얻고 표정이 나쁜 사람은 호감을 얻기 어렵다. 표정은 자신에 대한 인상을 결정하는 데 가장 중요한 요소라고 할 수 있다.

둘째는 자세이다. 말이 상대의 마음을 얻고 신뢰감을 주기 위해서는 그 말이 믿을만한가가 중요하다. 이때 자세는 화자의 말에 보이지 않는 신뢰성을 제공하는 가장 핵심적인 요소이다. 표정이 거부감을 주지 않는 요소라면, 자세는 그 말에 무게와 진실성을 답하는 신뢰감의 척도가 된다. 자세가 제대로 잡혀있으면 말에 무게감이 실리고 신뢰감이 증가한다. 대개 말이 경박스럽다는 것은 말 자체가 문제인 경우도 있지만, 자세가 그 말을 그렇게 느껴지도록 만드는 경우가 많다.

셋째는 말하는 방식이다. 말을 어떻게 적절하게 하는가가 소통의 핵심이다. 사람마다 말하는 방식이나 스타일이 달라서 사람들은 평가를 달리한다. 흔히 '아' 다르고 '어' 다르다는 말은 이러한 말하기의 극명한 차이를 나타낸다. 흔히 유사언어(para-language)라고 하는 것이 여기에 해당하는데 가령 목소리의 크기, 속도, 높낮이, 강약, 리듬, 어투 등을 일컫는다. 크기는 상황에 따라 적당하게 표현되어야 하고 말이 리듬감이 있도록 강약과 고저 등이 조화를 이루어야 부담 없이 들리고 전달력이 좋아진다. 특별히 자신의 목소리 톤과 말투 또한 점검할 필요가 있는데, 대부분 상대가 내 말에 감정적으로 반응하는 것은 나의 말투에 문제가 있는 경우가 많다. 같은 메시지라도 말을 어떻게 하는가는 상대의 감정을 유발하거나 누그러뜨리는데 중요한 기능을 한다.

이와 같은 부분이 자신을 점검하는 데 외연적 요소라면 자신에 대한 내면적 요소의 점검도 중요하다. 가령 평소 자신이 가진 신뢰성의 정도는 얼마만큼인지, 상대방이 자신에 대해 좋은 인상이나 경험을 가지고 있는지, 또 자기에 대한 상대방의 인식수준과 평가 및 이미지는 어떤지, 서로 간에 소통의 걸림돌은 없는지, 혹 나의 소통 방법에 문제는 없는지 등도 살펴보아야 한다. 아무리 말을 잘한다고 해도 이미 상대가 나에 대해 신뢰감이 없어 마음을 닫았다면 소통은 불가능한 일이 된다.

아리스토텔레스는 이를 에토스(echos)라고 명명하고 신뢰성, 전문성, 열정을 중요한 요소로 꼽았는데, 소통에서 자신에 대한 상대의 인지 정도가 얼마나 중요한지를 나타내는 척도라고 볼 수 있다. 따라서 자신에 대한 청중의 인식 정도가 미흡하다면 그것을 보완하는 일이 말을 잘하는 것보다 중요할 수 있다. 말은 마음의 다리를 놓는 작업이기 때문에 말보다 관계가 중요하고 그 관계에 기반한 상대에 대한 신뢰성이 중요 요소라 할 것이다.

2) 상대에 대해 알라

자신에 대한 점검이 끝나면 다음으로 수신자에 대해 보다 자세히 알 필요가 있다. 그들이 누구인지, 어떤 공통점과 차이점이 있는지, 지적 수준이나 감정 상태는 어떤지, 그들이 내가 전달하고자 한 주제에 대해 무엇을 얼마나 알고 있는지, 그들의 사전 지식이나 이해의 정도는 얼마나 되는지, 공감을 위한 개선의 여지는 있는지 등을 살펴보아야 한다. 이러한 점검이 이루어져야 내가 무엇을 어떻게 말할 것인지가 결정되고 소통을 위해 무엇이 필요한지 찾아낼 수 있다.

수용자에 대해 알려고 할 때 그 수준은 정보 능력과 감정이라는 두 가지 차원으로 나눠볼 수 있다. 얼마나 내 주제에 대해 알고 있는지, 그리고 나와 내 정보에 대해 어떤 태도를 가지고 있는지를 파악해야 한다. 모른다면 이해시키고 알고 있다면 긍정적인 태도로 발전시켜 이해와 공감의 폭을 넓혀야 한다.

흔히 과학자들의 소통 방식을 보면 자기 위주로 말을 하는 경우를 많이 볼 수 있다. 상대에 대한 배려 없이 내가 아는 수준에서 말을 한다는 것이다. 이것은 자기 중심의 화법이자 일방적 선포이고 상대를 배려하지 않는 소통 방식이다. 이럴 경우 준비와 전달은 잘 했다하더라도 소통이 이루어지기는 어렵다. 그런 관점에서 눈높이 교육이나 소통은 수용자 중심의 화법이라고 할 수 있다. 상대방의 눈높이나 필요, 욕구에 맞추어 말을 하는 방식이기 때문이다.

과학에 대해 말을 하는 경우 일반적으로 보통 사람들의 인식이나 지식 정도는 매우 낮다고 할 수 있다. 때문에 보다 친절하고 섬세하게 설명해야 하는 경우가 많을 것이다. 반대로 내부 청중이나 관련 분야 전문가들을 향한 경우는 서로 공유하거나 이해하는 정도가 많기 때문에 전문용어나 지식을 기반으로 소통을 시도해야 할 것이다. 청중이 누구냐에 따라 말하기의 내용, 방식이 달라지는 것은 물론 소통의 목적도 달라져야 한다. 가령 일반 청중을 대상으로 했을 때는 정보 제공이 목적이 될 수 있겠지만, 전문가를 대상으로 한 스피치는 이해와 공유, 공감, 설득의 수준까지 나아가는 경우가 있을 것이다. 이런 이유로 수용자에 대해 아는 일은 소통의 선결요건이다.

흔히 수용자를 아는 방법으로 동원되는 과학적 기법은 다음과 같다. 첫 번째는 수용자를 사회경제학적 속성으로 분류해 보는 것이다. 가령 나이, 성별, 학력, 직업, 소득수준 등의 기준으로 수용자를 분석해 보면 대략 그들이 어느 범주에 해당하는지 가늠해 볼 수 있다. 복잡한 설문조사 등을 통하지 않고도 사전에 관련자에게 몇 마디 물어 보는 것만으로도 정보를 얻어낼 수 있고 이에 맞추어 메시지의 방향을 결정할 수 있게 된다. 두 번째는 심리학적 속성을 살펴보는 일이다. 앞의 사회경제적 속성이 수용자의 외연적인 측면이라면 심리적 속성은 내면적 속성에 해당한다. 수용자의 필요가 무엇인지, 욕구는 무엇인지, 어떤 기대감을 갖고 있는지 등을 안다면 메시지 준비에 큰 도움이 된다. 이 경우는 관련자나 수용자와 사전에 대화하거나 교감을 통해 정보를 취득할 수 있을 것이다. 세 번째로는 지리적 속성을 생각해 보는 것인데, 사는 지역에 따라 메시지의 구상을 달리하는 것이 도움이 되기 때문이다. 가령 서울처럼 대도시에 사는 사람과 중소도시 또는 시골에 거주하는 사람의 생각이나 욕구는 다를 경우가 많을 것이다. 비슷한 맥락에서 각 지역에 따라 사회문화적 의식수준도 다를 수 있다. 이런 몇 가지 방법을 사전에 고려할 수 있다면 스피치나 소통에 많은 도움이 될 수 있을 것이다.

3) 상황에 대해 파악하라

다음으로 커뮤니케이션은 언제나 상황이란 변수를 고려해야 한다. 상황이라 하면 흔히 시 · 공간적 요소와 사회심리적인 상황으로 구분할 수 있다. 물리적 상황은 장소, 시간적 상황은 시기와 시간, 심리적 상황은 상대와의 관계를 말한다.

가령 우리는 언제 어디서 누구를 만나느냐에 따라 옷차림을 달리 고려한다. 정부도 좋은 뉴스를 국민에게 제공하고 싶다면 월요일 아침, 뉴스의 집중도가 높은 날을 선택한다. 만약 부정적인 정보라면 가능한 한 주말에 흘려서 관심을 분산시키는 것이 홍보의 요령으로 되어 있다. 커뮤니케이션은 이렇듯 특정한 시간과 공간이라는 상황 속에서 발생한다. 그러므로 상황에 대한 고려는 커뮤니케이션의 성패를 결정하는 중요변수이다. 말을 할 때 내가 어떤 시간과 장소에서 하느냐를 염두에 두고 메시지를 고려하는 것이 소극적 차원의 소통전략이라 한다면, 시간과 장소 또는 상대가 누구냐에 따라 내가 어떤 정보를 제공할 것이지 말 것인지를 선택하고 그것을 통해 무엇을 얻을 것인가를 고려하는 것은 보다 적극적이고 전략적인 메시지 접근법이 될 것이다.

비슷한 맥락에서 어떤 경우인지 상황을 파악하는 것도 필요하다. 예를 들어 특정 모임에서 그 모임의 성격에 맞춰 드레스 코드(dress code rules)를 지정하는 경우가 있는데, 이때 그것을 지키지 않게 되면 낭패에 빠지는 경우가 있다. 다른 사람들은 상황에 적절하게 대처했는데 나만 하지 못했기 때문이다. 그 상황이 공식 만찬인지, 단순 모임인지, 공식 세미나인지, 비공식적인 모임인지 등 속성을 파악하라는 말이다. 덧붙여 그 모임에 등장하는 사람들과의 심리적 거리도 점검해 둘 필요가 있다. 내가 불편한 사람인지, 편한 사람인지, 지위나 역할에 있어 어떻게 위치해 있는지 등도 점검해 두어야 한다. 그리고 그러한 사람들이 어떻게 모여 있거나 위치해 있는지 등도 사전에 파악해야 한다. 회사에서 최고위직 상사와 부하들이 함께 하는 자리에서 프레젠테이션을 한다고 하면 나는 누구에게 초점을 맞추어 소통을 시도할 것인지, 나의 목표공중(target audience)은 누구이고 어디쯤에 자리하는지도 사전에 알아둘 필요가 있다.

4) 논리적이고 체계적으로 말하라

우리는 상대가 하는 말을 알아듣기 힘들 때 습관적으로 어렵다거나 복잡하다거나 앞뒤가 안 맞는다거나 이치에 합당하지 않다거나 논리가 없다는 말을 쉽게 한다. 이는 우리의 사고, 논리 구조에 상대의 말이 딱 맞아 떨어지지 않는다는 것을 간접적으로 표현하는 말이다. 이렇듯 우리가 상대와 소통할 때 우리는 자기도 모르게 상대를 이해하는 사고구조를 작동시키는데, 이것을 논리 프레임이라고 한다. 앞서 언급한 프레임의 한 형태라고 할 수 있다.

논리 프레임은 인지, 사고, 논리를 제어하는 심리구조로 주로 사물을 이해하고 판단하는 데 작동하는 사고틀을 말한다. 논리 프레임의 가장 간단한 구조는 사물을 하나로 이해하는 것이다. 가령 복잡한 이야기를 들었을 때 흔히 결론이 무엇이냐, 핵심이 무엇이냐는 질문은 사건상황을 하나로 이해하려고 하는 자연스런 의식의 발현이다.

그 다음 차원의 구조는 2단 구성으로 문제와 해결의 구조이다. 주로 회의시 사용되거나 기획서의 핵심을 이루는 구조로 문제가 무엇인지를 드러내고 그에 맞추어 해답을 제시하는 구조이다. 복잡한 상황에서 관리자나 상급자가 듣고 싶어하는 핵심으로, 이를 활용하면 문제나 상황을 해결하는 데 도움이 된다.

세 가지 구조는 가장 일반화된 논리구조인데, 가장 대표적인 것이 서론–본론–결론의 삼단구조이다. 우리의 논리구조에서 가장 안정된 구조라고 할 수 있는데, 가장 대표적으로 나타나는 경우는 글을 쓰거나 대중연설을 하는 경우이다. 가령 자기소개를 하는 경우에도 인사–소개–당부의 순서를 갖추어야 말이 완성된다는 느낌을 갖는다. '안녕하십니까' 는 인사, '저는 …이고 …하는 사람입니다' 등은 소개이며 '앞으로 좋은 관계를 갖고 싶습니다' 등은 당부이다. 정치인이나 기업인이 대중 연설을 하는 경우도 이러한 순서를 갖추어야 하고 이 중 어느 하나가 빠지면 무엇인가 허전한 느낌을 받는 이유도 이러한 논리구조가 우리의 인지구조를 지배하고 있기 때문이다. 물론 글을 쓰는 경우에도 당연히 서론–본론–결론의 구조를 갖추는 것이 안전하고 보편적인 방식이다. 어느 하나가 빠지게 되면 불안정하거나 매우 도전적인 글쓰기 방식이 된다.

4단 구조는 일반적인 이야기 구조가 대표적이다. 기–승–전–결의 논리 구조인데, 도입부–진행부–클라이맥스–결론의 순서로 이야기를 구성하는 경우이다. 4단 구조는 다소 복잡한 구조이지만, 그나마 주인공이 있고 이야기가 있고 전개의 흥미진진함이 가미되는 탓에 구조가 복잡하더라도 이해가 용이한 구조이다.

이야기가 아닌 경우, 논리만으로 이 구조를 끌어가기에는 벅차다는 생각을 하게 된다. 그렇다면 5단 이상의 구조도 있을까? 물론 없는 것은 아니다. 예를 들어 광고에서 흔히 사용하는 동기부여 구조로 주의(Attention)-흥미(Interest)-욕구(Desire)-기억(Memory)-행동(Action) 같은 구조가 이에 해당한다. 이 경우는 새로운 상품이 출시되었을 때 그것을 광고한다면 소비자의 주의집중을 끌고, 이 상품에 대해 흥미를 유발하여, 상품에 대한 소유 욕구를 부추기고, 이 상품에 대해 기억토록 도와주어, 나중에 상품을 소비하도록 유도하는 방식을 말한다. 이러한 논리구조는 흔히 점증법이라고도 불리는데, 상대의 관심과 기대를 촉발시켜 그것을 유지시키고 그에 맞는 해답을 제시하는 구조이다. 상대의 관심을 끝까지 붙들어 둔다는 점에서 이야기 구조와 흡사하나, 이 경우는 상대의 관심과 욕구, 기대에 초점을 맞춘다는 점에서 보다 수용자 중심의 접근법이라는 특색을 갖는다. 즉 상대방 스스로가 정보를 취득하고 싶은 욕구를 불러일으키는 데 초점을 두고 끌고 간다는 점에서 보다 적극적이고 수용자 중심의 논리접근법이라고 할 것이다.

5) 감성과 공감을 확보하라

앞의 논리가 이성적이고 보다 지적인 수준에 초점을 둔 것이라면, 감성적인 접근은 보다 정서적인 측면에 초점을 둔다. 이는 논리만으로 사람을 설득하거나 소통하는 것은 어렵다는 측면을 고려한 것이다. 반대로 감성으로 소통하는 것은 더 어렵다고 할 수 있다. 사람은 기본적으로 자기 중심적이어서 자신의 감정이나 생각을 보호하고 유지하려는 경향이 있다. 그래서 상대방이 자신의 자율권을 침해하여 자신의 의지를 변경하거나 수정하려고 시도하는 경우 본능적으로 저항을 한다. 이럴 경우 가장 효과적인 접근법은 논리적으로 하나씩 짚어가면서 상대의 의견이 틀렸다는 것을 설득하는 것인데, 그러한 방법이 성공했다 하더라도 궁극적인 설득은 감성적 요소가 결합될 때 비로소 완성된다고 할 수 있다. 가령 삼국지에서 조조군이 유비군과 성을 두고 싸운다고 가정해 보자. 성 함락을 시도할 때 장군은 병사들을 논리적으로 설득했을까, 감성적으로 설득했을까? 물론 명령만으로 몰아붙였을 수도 있다. 하지만 현명한 장군이라면 왜 우리가 저 성을 함락해야 하는지를 논리적으로 설명하고, 덧붙여 병사들을 격려하고 전투의지를 북돋우기 위해 감정에 호소하는 메시지를 전할 것이다. 고향에 있는 처자식을 위해 우리가 싸워야 한다거나 그리운 가족의 품으로 돌아가기 위해 우리는 저 성을 넘어야 한다거나 하는 등의 메시지가 그것이다. 효과적인 소통은 논리와 더불어 감성이 함께 어우러져야 한다는 것이다.

2011년 초 재선이 어렵다고 평가되던 미국 오바마 대통령의 지지율을 40%대 초반에서 단숨에 50% 가까이 끌어올린 대국민 연설은 감성적 스피치의 한 면을 보여준다. 아리조나주(州) 투산시(市) 총기 난사 사건 희생자 추모식 연설에서 그는 57초 간의 침묵과 눈물을 적절히 배합한 연설로 미국민 전체를 홀려버렸다. 미국 정치권은 정쟁(政爭)을 멈췄고, 평소 오바마에게 저주에 가까운 독설을 퍼붓던 사람들조차 '명연설'이라고 고개를 끄덕였다. 3억 여 미국인이 단 한 번의 대통령 연설에 모두 약속이라도 한 듯 손을 잡고 화합을 다짐하는, 믿기 힘든 일이 미국에서 벌어졌다. 칼럼니스트 게일 콜린스의 표현대로 "오바마 마술(magic)이 되살아난 것"이라고 할 수 있다. 대중 스피치에서 감성적 접근이 얼마나 중요한지를 여실히 보여주는 실례이다.

감성은 공감과 맞닿아 있다. 공감은 마음을 같이 한다는 것인데, 이성보다는 감성에 가깝다. 특히 소통을 원활히 하기 위해서는 송신자와 수신자의 경험의 공유가 필수적이다. 송수신자가 같은 경험을 가지고 있다면 소통은 매우 쉬워진다. 반대로 공통의 경험이 없다면 소통은 어렵다. 가령 외국인과 소통하는 일이 쉽지 않은 것은 서로 경험이 다르기 때문에 같은 경험을 가진 자국민과 달리 일일이 설명을 해주어야 하는 것이다. 음식하나를 먹더라도 이것저것 설명하느라 밥이 어디로 들어가는지 몰랐던 경험은 겪어본 사람만이 안다. 물론 자국민 간에도 어려움이 없는 것은 아니다. 문화적 차이, 신분 차이, 세대별 차이란 이런 경험의 차이를 말한다. 노사협상, 남북회담이 어려운 것은 서로가 살아온 경험이 다르기 때문이다. 가끔 아버지 일터에 자녀가 현장체험을 하는 경우가 있는데, 사실 세대 간의 경험을 공유하고 이해를 증진하는 데 이만큼 좋은 것은 없다. 과학도 직접 눈으로 보고 만질 수 있다면 단순히 과학에 대해 말하는 것보다 훨씬 더 좋은 방법이 될 것이다. 경험의 공유는 과거의 일이 아니라 현재와 미래에도 소통을 위한 핵심사항이다.

6) 내용과 표현을 다듬어라

말하기의 내용, 외형적 틀이 완성되면 끝으로 내용을 읽어가면서 내용과 상황에 맞게 적절한 표현으로 다듬어야 한다. 말은 단순히 내용을 전달하는 것이 아니라 어떻게 그것을 구사하고 표현하는가에 따라 상대방의 생각이 바뀌고 감정이 움직이며 행동을 촉발하는 놀라운 힘을 갖는다. 이것의 상당 부분은 표현을 어떻게 하느냐와 상관이 있다. 또한 청중의 입장에서 보면 말을 듣고 기억을 하며 오래도록 반추하게 되는 것 또한 말을 통해 들었던 특별한 사례와 독특한 표현들이다.

말은 일반적으로 듣는 순간 기억에서 사라진다. 말은 주로 청각기억을 통해 머리에 남는데, 이 감각기억은 0.2~2초 간 지속되는 기억 중 가장 짧아서 초단기기억 또는 순간기억에 지나지 않는다. 특별한 사람이라도 4초를 넘지 않는 것으로 알려져 있다. 그야말로 '돌아서면 잊는다'는 표현이 적절하다. 기억을 강화하기 위해 흔히 시각매체를 동원하기도 하는데, 표현은 이러한 말의 한계를 극복하는 장치일 뿐 아니라 말의 묘미를 높이는 결과를 낳는다.

말을 잘한 것으로 평가되는 사람들의 경우 이러한 표현법에 뛰어난 능력을 보여준다. 가령 말하기의 대가라고 평가 받았던 노회찬 전 국회의

원의 경우, 선거혁명을 주장하면서 "50년 묵은 정치, 이제는 갈아 엎어야합니다. 50년 동안 똑같은 판에 삼겹살 구우면 고기가 시커매집니다. 이제 판을 갈아야 합니다"라고 표현한다든가, 국회의원 선거에서 패배하고 "농부가 어찌 밭을 탓하며, 장수가 어찌 칼을 탓하겠습니까"라는 말은 오래도록 회자되었다. 노무현 전 대통령의 경우도 표현력이 뛰어났었는데, 가령 고위 공직자의 범죄행위에 대해 특검보다 상설기구인 공직부패수사처(공수처) 설치를 역설하면서 "다리를 놓으면 될 것을 굳이 왜 매번 나룻배를 띄우려고 하는가"라는 쉽고도 명쾌한 비유법을 활용한 것을 예로 들 수 있다. 이러한 표현법은 청중으로 하여금 사안을 쉽게 이해하고 오래도록 기억하게 하는 데 도움을 준다. 때문에 말하는 사람은 항상 자신이 하고자 하는 말을 어떻게 쉽고도 강렬하게 함축적으로 표현할 것인가 고심해야 한다. 할 말이 완성된 후 적절하게 표현을 다듬는 일은 말의 가치를 높이고 상대가 오래두고 반추할 수 있게 해준다. 언론 역시 이 범주에서 벗어나지 않는다고 할 때, 언론에서 표제나 인용구로 사용할 수 있는 표현을 개발하는 것도 전략적 선택이 될 수 있다. 2011년 초 오세훈 서울 시장이 무상급식을 두고 '낙동강 전선'이라고 표현하면서 "여기서 밀리면 부산까지 밀린다"고 하거나, "민주당이 주장하는 무상복지는 결국 국민의 세부담으로 이어진다"며 러시아의 속담을 인용, "공짜 치즈는 쥐덫 위에만 있다"라고 한 표현은 기발하기까지 하지만 자신이 처한 판세를 뒤집을 의도로 행한 자의적 표현법이라는 점에서 정치 윤리적 논란을 불러일으킬만한 화법의 예라고 할 수 있다.

표현의 기법은 우선 상황이나 사물에 대해 적절해야 하고 단순 명쾌해야 하며 오래 기억될 수 있도록 독특하거나 생생해야 한다. 흔히 유머를 사용하는 이유도 이런 표현법의 하나라고 할 수 있다. 그런데 예화를 사용하는 경우 그것을 얼마나 적절히 효과적으로 활용할 것인가에 대해서는 약간의 주의가 필요하다. 가령 사람들은 자기가 알고 있는 내용을 자기중심적으로 생각하여 전달 시 앞뒤 내용을 생략하고 지나치게 단순화시켜 말하는 경우가 있는데, 이는 청취자의 상상력을 불러 일으키지 못하고 공감을 확장시키는 데 실패하기 쉽다. 예를 들어 "어떤 청년 한 사람이 어제 대통령인 제게 편지를 써서 실업자 문제에 보다 신경을 써 줄 것을 요구했습니다"라고 말하는 것과 "어제 전라남도 순천에 사는 27살 김모 군이 제게 편지를 보내왔습니다. 그는 지방대를 졸업하고 취업을 하지 못한 채 막노동 등 일용직으로만 3년째 시간을 보내고 있다고 했습니다. 그가 말하길…"라고 말하는 것은 큰 차이가 있다. 앞의 말은 상상력을 제공하지 못하지만, 후자는 청자로 하여금 상상력을 동원하고 등장인물을 떠올리면서 공감력을 극대화하는 효과를 가져오게 된다.

이러한 표현 기법은 단순히 비유법을 활용하는 차원을 넘어서 화자와 청자가 하나의 사건에 몰입하게 하는 놀라운 효과를 가져올 수 있다. 표현은 말하기의 마무리지만 그것을 어떻게 하는가에 따라 말의 효과를 극대화할 수 있는 놀라운 비밀이라고 할 수 있다.

7) 목적을 상기하라

소통은 필연적으로 목적을 갖는다. 말을 하는 사람은 누구나 의도를 지닌다. 혼자 읊조리는 것도 스트레스를 풀기 위한 방안이다. 소통의 관점에서 말하기는 일반적으로 학습이나 관계, 도움, 영향, 유희 등의 목적을 가진다.

그런데 소통은 앞서 송신자의 일방적 말하기만으로는 달성하기 어렵다고 지적했다. 사실 타인에게 영향을 미칠 목적으로 의도를 가진 말하기는 상대방과 소통을 이루어내기 어렵다. 의도나 목적이 상대방에게 읽혀져서 오히려 거부감을 일으키기 쉽기 때문이다. 때문에 바람직한 소통은 상대방이 송신자의 메시지에 동의하여 자발적인 변화를 일으킬 때 자연스레 이루어진다고 할 수 있다. 소통을 송신자와 수신자가 상호작용하며 영향을 주는 관계라고 이해해야 한다는 것이다. 과거에 소통은 상대의 태도와 신념, 의견, 행동을 변화시키는 목적만을 강조했다. 하지만 최근 소통은 수신자가 메시지를 어떻게 받아들이고 이해했느냐가 중요한 핵심요소가 되었다. 애리조나대학 심리학 교수인 치알디니(Chialdini)에 따르면 소통은 상대방에 대해 파악하고 자신의 견해를 면밀히 살펴보며 상대방이 무엇에 관심이 있고 무엇을 필요로 하는지 고려하여 상대방의 관점을 받아들여 공통의 해결책을 찾는 데 있다고 할 수 있다. 송신자가 자신의 견해를 먼저 제시하기보다 상대의 의견을 들으려하고 상대의 필요와 관심에 맞추겠다는 유연한 태도를 보이면 상대방도 매우 긍정적인 반응을 보이며 송신자를 더 신뢰하고 주의깊게 귀를 기울이게 된다는 것이다. 특별히 상대를 움직이도록 설득하는 경우 사람은 누구나 상대방의 메시지를 근본적으로 거부한다. 따라서 저항을 경청으로 바꾸고, 경청을 생각으로 유도하며, 생각을 실행하겠다는 의지로 바꿔 실행토록 할 수 있도록 점진적 변화를 시도해야 한다.

이를 송신자의 입장에서 다시 재구성해 보면, 우리가 누군가와 소통한다는 것은 단순히 그에게 정보를 제공하는 것이 목적인지, 그의 의견이나 태도를 바꾸는 것이 목표인지, 아니면 나아가 그의 행동변화를 촉구하는 것인지를 잘 구분할 필요가 있다. 막연히 정보를 제공하는 것만으로 소통이 될 것이라는 기대는 막연하고 불투명한 소통의 방법이 되기 쉽다는 것이다. 나아가 상대가 태도를 바꾸어 행동까지 변화하는 것을 목적으로 한다면 먼저 나의 태도를 바꾸어 점진적이고 부드럽게 그리고 그를 위하는 마음으로 다가서야 한다는 점을 잊어서는 안 된다. 상대의 마음을 움직이는 소통은 단지 한두 번의 말이나 기교로 달성할 수 없는 것이다.

4. 소통의 핵심

지금까지 우리는 말하기의 방법론에 대해 간단히 살펴보았다. 스피커, 즉 화자의 장단점을 객관적으로 파악하고 수신자의 속성을 들여다보며 메시지의 구성을 단순하게 할 것과 감성적인 소구법, 그리고 표현의 방법에 대해서도 알아보았다.

정리하면 말, 즉 소통을 잘한다는 것은 자신과 타인에 대해 얼마나 잘 알고 있는가, 그리고 메시지의 내용은 물론 그 내용을 어떻게 전달할 것인가의 방법에 대한 고려, 시간과 장소 등의 상황은 물론 상대의 반응에 대해서도 얼마나 적절히 대처하는가의 능력을 포함한다고 할 수 있다. 그 뿐만 아니라 수신자와의 공통점을 찾아 내가 어떤 목적으로 커뮤니케이션을 하고 있는지도 면밀히 살펴보아야 한다. 다시 말해 좋은 커뮤니케이터란 상황을 잘 고려하고 가장 최적의 메시지를 구사하는 사람이며, 적절한 피드백에 맞추어 메시지의 내용이나 완급을 조율하며 가장 효과적인 메시지를 전달함으로써 주어진 시공간 안에서 의도한 목적을 달성하는 사람을 말한다.

과학에 대해 말할 때도 소통의 방법은 특별히 다르지 않다. 하지만 그것은 어디까지나 소통을 위한 최소한의 필요조건이지 충분한 조건이라고 할 수는 없다. 소통은 결국 인간 사이의 관계에서 빚어지는 일이기 때문이다.

소통은 한 마디로 상대에 대한 관심에서 시작하여 그와 소통하기 위해 나를 변화시키는 과정이라고 정의할 수 있다. 유홍준의 「나의 문화유산답사기」에 보면 "사랑하면 알게 되고 알게 되면 보이나니 그때 보이는 것은 예전과 같지 않다"는 말이 있다. 이 말의 전제는 사랑이다. 사랑하게 되면 그것에 대해 더 깊이 알게 된다는 것이다. 반대로 무심하고 무관심하다면 알지 못한다는 것이다. 이 말을 바꾸면, 사랑하게 되면 그에 대해 알게 되고 그와 소통하기 위해 어떤 방법도 찾게 된다는 것이다. 이것을 상대방인 수신자의 입장에서 다시 설명해 보면 나에 대해 사랑의 마음을 가지고 다가서거나 노력하는 사람에게 나는 마음을 열게 되고 결국 서로가 소통에 이르게 된다고 재정의해 볼 수 있다.

논어의 안연(顔淵)편에는 공자와 번지라는 제자 사이의 대화가 나온다. 번지가 묻는다. "인(仁)이 무엇입니까. 인은 사람을 사랑하는 것이다.

지(知)는 무엇입니까? 지란 사람에 대해 아는 것이다(樊遲問仁 子曰 愛人 問知 子曰 知人 —『顔淵』).” 그런데 사람은 자기를 사랑하지 않는 사람에게 마음을 열어 자기를 드러내지는 않기에 사랑이 없이 그를 알려고 하는 것은 불가능하다.(신영복, 2004) 이 말은 두 사람 사이의 소통에 있어 송신자가 아무리 애를 쓴다고 해도 그의 마음을 꿰뚫어보는 수신자가 마음을 열지 않고는 불가능하다는 점을 말하고 있다.

그렇다면 사람들은 누구에게 마음을 열까? 그리하여 어떻게 소통은 완성되는 것일까? 해답은 명확하다. 사람은 자기를 이해하고 자기를 사랑하는 사람에게 마음을 연다. 이런 점에서 소통은 방법적인 측면보다 마음, 사랑이 전해지는 것 자체에 의미가 있다고 할 수 있다. 다시 말해 소통의 본질은 그 기능이나 내용에 초점이 있는 것이 아니라 서로가 마음을 주고받는 데 있다고 할 수 있다.

이렇듯 소통은 내가 알고 있는 정보를 얼마나 잘 전달하는가 차원의 단순한 방법적인 문제가 아니다. 상대에게 자신의 마음을 전달하는 일이기 때문이다. 사랑을 고백할 때 상대는 나의 메시지에 주목하는 것이 아니다. 그는 내 마음을 보고 있는 것이다. 아버지와 자식의 소통은 아버지가 자식에게 얼마나 말을 잘하는 데 달려있는 것이 아니라 한 번 안아주고 어깨를 도닥거려 주는 것이 보다 효과적이다. 그것을 통해 마음이 전달되기 때문이다. 소통은 내가 무슨 일을 어떻게 하고 있는지 설명하는 것도 중요하지만, 궁극적으로는 상대의 마음에 내가 전하고자 하는 뜻이 뿌리내려야 한다. 그래야 비로소 공감대가 형성된다고 할 수 있다.

소통은 송신자가 수신자에게 메시지를 보내는 행위로 시작한다. 이때 올바른 소통이 이루어지기 위해서는 먼저 송신자와 수신자간의 이해가 전제되어야 한다. 누가 이 메시지를 보냈는지, 그는 신뢰할 만한지, 이 정보를 있는 그대로 받아들여야 하는지 등의 판단에는 서로 간의 평소 인식이 중요하게 작동하기 때문이다.

과학을 전하려 할 때도 전달자는 자신이 어떤 신뢰감과 전문성을 갖고 있는지 돌아보아야 한다. 대부분의 송신자는 자신을 돌아보기 앞서 무작정 말하기의 방법론을 배우려고 한다. 하지만 먼저 자신에 대한 상대방의 인식이 어떠하며 그러한 상태에서 자신은 무엇을 얻고자 하는지 그리고 그것이 가능한지, 가능하다면 무엇을 해야 하는지 꼼꼼하게 들여다볼 필요가 있다. 이런 점검은 모두 수신자의 입장에서 살펴야 하는 일이다. 즉 자신을 객관화시켜야 한다는 것이다. 정부가 대국민 소통을 행할 때도 소통의 방법에 대해 주목하기 보다는 국민이 어떤 마음을 가지고 있는지를 먼저 살피고 그것을 먼저 헤아리고 보듬어야 한다. 그 다음에 비로소 정보가 흘러가고 수용되는 절차를 밟게 되는 것이다.

소통은 메시지를 주고받는 일이지만 결국 마음이 통하는 일이라는 점에서 소통을 인간관계의 관점에서 이해할 필요가 있다. 과학의 영역에서 어떤 것이 소통의 장애물이 되는지 모르지만, 소통의 원리가 같고 소통에 참여하는 사람들의 속성이 동일하다는 점에서 과학에서의 소통 또한 특별히 다르지 않을 것이라 생각한다.

과학을 소통할 때 과학에 관한 정보제공에 소홀히 하라는 말은 결코 아니다. 과학 관련 프로그램을 개발하여 국민들의 과학에 대한 관심을 충족시키고 이해 또한 도모해야 한다. 과학은 그 속성상 말로 설명하기 보다 눈으로 보여주고 귀로 들려주며 체험을 하게하는 것이 필요한 영역이라 할 때, 간접적인 정보제공 보다는 수용자와의 직접적인 접촉 채널을 확보하는 것도 소통의 방법이 될 수 있을 것이다. 직접 실험연구에 참여하는 것은 아니더라도 방문, 견학, 체험, 봉사 등의 여러 방법을 통해 국민들이 과학을 직접 가서 볼 수 있도록 기회를 제공할 때, 관계도 좋아지고 정보전달과 소통 역시 자연스레 이루어지리라 생각한다. 유홍준의 말처럼 보게 되면 알게 되고 알게 되면 사랑이 싹트기 때문이다.

과학을 어떻게 소통할 것인가? 너무 어렵게 생각할 필요는 없다. 수신자와의 관계가 개선될 때 소통은 언제나 쉽게 풀리게 된다. 소통에 있어 얼마나 적절한 수단을 사용하는가도 중요하지만, 송신자와 수신자 그 둘 사이의 관계가 어떤가에 달려있다는 점을 인식할 필요가 있다.

참고문헌

백미숙(2006).『스피치 특강』. 서울: 커뮤니케이션북스.

임태섭(2003).『스피치커뮤니케이션』. 서울: 커뮤니케이션북스.

삼성경제연구소(2010). SERI 경영노트: 직원의 열정을 불러일으키는 정서적 소통. 78, 삼성경제 연구소.

신영복(2004).『나의 동양고전 독법 강의』. 서울: 돌베개.

Chialdini R.(2008). Harvard Business on the Persuasive Leader. 민영진 옮김(2009).『설득의 기술』. 21세기북스.

McLuhan, M.(1980). Understanding Media. 김성기 외 옮김(2002).『미디어의 이해』. 서울: 민음사.

Krieger, P. & Hantschel, H. J. (1998). Handbuch Rhetorik. 백미숙 옮김(2000).『스피치 핸드북』. 서울 : 일빛.

10장

과학도 홍보해야 진주 된다

박 재 훈
한양대 홍보학과 겸임교수

1. 지금 홍보가 필요한 이유

변화가 무척 빠른 요즘, 특히 세대 간 인식의 차가 너무도 큰 요즘, 미디어의 비약적 발전으로 신문을 읽지 않는 요즘, 더더욱 홍보가 필요하다. 홍보는 광고와는 달리 짧은 시간 내에 이미지를 형성시키는 작업이 아니라 긴 시간을 통해 우리를 알게 하고, 좋게 보이고, 믿도록 하는 작업이다. 믿게 하기 위해서는 한 번의 만남, 한 번의 설득으론 잘 되지 않는다. 특히 세대 간 인식의 차가 크고 개인차가 많은 현대에 누군가로 하여금 우리를 믿게 하는 작업은 그리 쉽지 않다. 그래서 세밀하게 사람들 가슴 속을 파고들어가 설득하는 작업이 필요하다. 불특정 다수에게 전파되는 광고와 달리 사람들을 꾸준히 설득하는 작업, 즉 홍보가 점차 필요한 이유이다. 홍보는 좋은 제품이나 좋은 정책을 홍보할 때는 그 작업수행이 좀 수월하다. 이때는 광고 같은 작업으로도 충분히 공중에게 좋은 이미지를 형성시킬 수 있으나 문제는 사람들이 우리를 오해하거나, 신뢰하지 않을 때, 혹은 우리에게 위기가 닥쳤을 때 홍보가 더욱 필요하다는 것이다. 어떤 제품을 시장에 내놓았는데 좋은 제품임에도 불구하고 사람들이 일본 제품을 모방했다는 루머 때문에 제품을 사지 않는다면 어찌할 것인가? 과거 정부의 경우 천안함 사태가 북한의 소행이라고 어뢰까지 보여주었는데도 많은 국민들이 믿지 않았는데 무엇이 문제일까? 제품 봉지 안에 어떤 이물질이 들어있다고 소비자가 언론에 제보해 기사화 돼버려 제품 불매운동이 벌어진다면 어찌할 것인가? 이런 상황이 되었을 때 홍보가 반드시 필요하다고 할 수 있다.

홍보에 있어 가장 중요한 개념은 바로 홍보는 이해와 설득을 근간으로 하는 커뮤니케이션 행위라는 것이다. 많은 경우 홍보가 실패하는 이유는 바로 고객에 대해 이해는 하려 하지 않고 설득만 하려 하기 때문이다. 이 제품은 최고의 기술력으로 만든 제품이라 자신 있다는 이유로 혹은 이번 정책은 국민에게 꼭 필요한, 훌륭한 정책이라는 자신감 때문에 고객의 마음을 살피지 않고 일방적으로 설득을 강요하는 경우가 많다. 이럴 때 대부분 홍보는 실패하게 된다. 아무리 좋은 제품, 정책이라도 고객의 마음을 읽고 고객이 진정 원하는 바를 이해하지 못하면 안되는 것이다. 설득하기 이전에 이해하는 마음, 그것이 바로 홍보의 마음이고 복잡한 현대사회에 있어서 신뢰를 얻는 지름길이자 방법론인 것이다.

2. PR에 대한 이해

사회가 복잡해지고 경영환경과 마케팅환경이 급변하면서 홍보라고 일컬어지는 PR이 보다 중요하게 인식되고 있다. 하지만 아직 많은 경우 PR이나 홍보에 대한 인식이 낮은 것도 사실이다.

PR은 글자 그대로 Public Relations 즉, 공중관계관리이다. 그래서 PR 실무자들은 PR을 홍보로 번역하지 않으려 한다. 번역할 적당한 말이 없어서이다. 홍보라 하면 좀 일방적이고 가식적인 냄새가 나기 때문이다. 공중의 마음엔 관심이 없고 우리의 주장을 일방적으로 전달하려는 의도가 깊게 느껴지기 때문이다. PR과 홍보, 광고라는 개념을 다음과 같이 구분해 쓰고자 한다. 사람에 따라 조금씩 다르게 얘기하지만 PR은 공중관계관리를 총칭하는 말이고 홍보는 그 일환으로 주로 매체를 이용한 전술들을 일컫는 말, 광고는 그 일환으로 매체의 일정 지면이나 시간대를 돈으로 사서 원하는 메시지를 담는 전술의 하나라고 정리하고자 한다.

그래서 개념적으로 보자면 PR은 조직을 둘러싸고 있는 다양한 공중들을 효과적으로 관리하여 조직의 이미지를 높이고 공중들로부터 호의(good will)를 이끌어 내고자 하는 경영 전략인 것이다. 다양한 공중이란 조직을 둘러싸고 있는 소비자, 언론, 직원, 정부, 사회단체, 지역주민, 국민 등을 지칭하는 말이며 차별적인 전략을 통해 이런 공중들을 관리하는 것을 PR로 이해하면 좋겠다. 전략적인 측면으로는 명성관리, 위기관리, 최고경영자이미지관리, 마케팅 PR 등이 있을 수 있겠다.

이런 PR전략은 광고효과의 감소와 다양한 공중들에 의한 이익집단화 현상 등으로 경영에 있어 더욱 중요하게 인식되고 있다. 특히 PL(Product Liability)법[1] 등 소비자의 중요성이 늘어나면서 이에 대비하기 위한 노력의 일환으로도 PR전략이 주목 받고 있다. 많은 기업들은 홍보실에 최고의 인력을 배치하고 있으며 예산 역시 많이 배정하고 있다. 조직 또한 과거 광고팀, 사보팀, 제작팀 등 기능적 조직에서 언론팀, 대외홍보팀, 사내홍보팀, 사회공헌팀 등으로 공중 별로 통합 관리하는 시스템으로 변화하고 있는 것도 눈여겨 봐야할 것이다.

3. PR전략에 대한 이해

PR을 전략적 측면에서 구체적으로 살펴보면 우선 무엇을 홍보할거냐 하는 점에 대해 깊이 인식해야 한다. 가장 우선적으로 해야 할 것이 MI, 즉 Mind Identity를 잘 알리는 것이다. MI란 기업의 경우 경영철학, 경영원칙 같은 것이다. 정부정책의 경우는 정책의도 같은 것이 될 것이다. 예를 든다면 과거 국방부에서 군대 홍보를 할 때 비만부대나 편안해진 내무반, 군대에서도 자격증을 딸 수 있다는 등의 홍보에 집중한 적이 있다. 이런 홍보가 필요 없다는 것이 아니라 홍보에 있어 가장 중요한 것은

1) 제조물 책임법. 어떤 제품의 안정성이 미흡해 소비자가 피해를 입었을 경우 제조기업이 손해배상책임을 부담하도록 규정한 법률.

군의 존재 이유인 철학을 먼저 홍보해야 한다는 것이다. 군대의 존재 이유는 바로 국방이다. 그래서 군대 홍보의 핵심가치는 강한 군대를 홍보해야 한다는 것이다. 즉 강한 군대를 홍보하지 못하면 존재의 이유인 군대가 필요 없게 된다는 것이다. 강하지 않은 군대가 무슨 필요가 있겠는가? 이것이 바로 MI를 가장 먼저 홍보해야 하는 당위성이다.

다음으로 BI, 즉 Behavior Identity이다. 조직구성원들의 행동에 관한 것이다. 몇 년 전 어느 월간지에서 '삼성맨', '현대맨' 이라는 것을 가지고 일반인을 대상으로 이미지를 조사한 후 평균을 내어 이를 컴퓨터그래픽으로 사람 얼굴로 이미지화 하여 발표한 적이 있었다. '삼성맨' 은 30대 초 중반의 계란형 얼굴을 가지고 깔끔한 헤어스타일에 우유빛 피부를 가진 얼굴인 반면, '현대맨' 은 40대 초중반의 사각형 얼굴에 터프한 헤어스타일을 가진 구리빛 피부의 모습이었다. 자, 그렇다면 일반 사람들은 왜 이런 생각을 가지게 되었는가? 이는 바로 삼성과 현대가 우리들에게 그런 이미지를 갖도록 만들었다는 것이다. 다시 말하면 삼성의 오너들, 삼성의 임직원들, 삼성제품들이 우리에게 이런 이미지를 심어주었다는 것이다. 여기에서 우리가 생각해 봐야 할 것은 과연 나는, 혹은 우리조직은 현재 주변 사람들에게 어떤 이미지로 그려지도록 행동하고 있냐는 것을 점검해야 한다는 것이다. 만약 사람들이 우리를 음흉한 집단으로 생각하고 있지는 않은지, 믿지 못하는 집단으로 인식하고 있지는 않은지를 조사해 보고 실제 우리가 지향하는 바와 다르다면 바로 고쳐야 한다. 이 작업이 바로 BI작업인 것이다.

다음은 VI, 즉 Visual Identity이다. 회사로고나 디자인에 관련된 것이다. 실제 조직로고조차 없는 곳도 부지기수다. 또한 명함도 디자인이 제각각인 경우가 많다. 가령 SK의 경우 사장의 명함과 말단직원의 명함 디자인이 다르겠는가? 우리나라에서 돌아다니는 회사 차량 도색과 중국에 있는 차량도색이 다르겠는가? 실제 SK는 몇 년 전 회사로고를 바꿔 대대적으로 홍보한 일이 있다. 이런 작업을 우리는 흔히 기업의 성형수술이라 부른다. 여성들이 성형수술을 하는 이유는 무엇인가? 아마 대개 예뻐지려는 이유일 것이다. SK도 마찬가지다. 과거 정유와 화학이 주력인 SK가 이젠 정보통신과 서비스가 주력인 기업으로 변했으니 고객들에게 이를 잘 알리기 위해 성형수술을 한 것이다. 그런데 여성이 얼굴 성형수술로 아무리 예뻐졌다고 해도 마음씨나 행동거지가 아름답지 못하면 천사가 못되듯이 기업도 로고 하나 바꿨다고 다 예뻐지지는 않는다. 이렇게 PR전략은 몸과 마음, 얼굴까지 모두 변해야 하고 이를 고객에게 알리는 작업인 것이다. 그래서 기업이 이미지 제고전략이라 함은 기업의 철학에서부터 행동, 외양까지 전체적으로 점검해보고 잘못되었거나 고객들이 잘못 알고 있는 것은 바로 잡는 것이다.

다음으로는 PR전략의 구성요소에 대해 알아보겠다. PR전략을 짜야 한다면 어떤 내용들이 들어가야 하느냐 하는 것이다. 가장 중요한 것이 '공중전략' 이다. PR전략을 짤 때 누구를 대상으로 하는 지를 정확히 규정해 놓아야 한다는 것이다. 대개 홍보를 할 때 누구를 대상으로 하냐고 물어보면 그냥 고객을 대상으로 하는 것이라고 답변하는 경우가 많은데, 이러면 홍보는 실패하게 된다. 고객을 철저하게 분석하고 고객의 특성을 파악한 후 고객을 분류한 다음 분류한 고객들을 대상으로 PR전략을 차별적으로 실행하는 것이 중요하다. 고객도 특성을 파악하고 분류하면 다양하게 분류가 가능하다. 우리를 아주 좋아하는 집단, 조금 좋아하는 집단, 혹은 우리가 잘하면 우리 편이지만 우리가 조금만 잘못해도 등을 돌릴 수 있는 집단 등 다양하게 나눌 수 있다. 이런 특성에 따라 PR전략을 달리 써야한다. 모두 같은 전략을 쓴다면 광고와 다를 바가 무엇이며 그들 중 얼마를 설득할 수 있겠는가?

다음은 '메시지전략' 이다. 공중을 분류했으면 분류된 공중들에게 어떤 설득적인 메시지를 차별적으로 내보낼 것인가를 결정해야 한다. 메시지전략 시 가장 주의해야 할 것이 우리 조직 중심의 말을 만들어서는 안 된다는 것이다. 예를 들어 우리 제품이 기술특허도 있으니 최고의 제품이라는 자신감으로 '최고의 기술력으로 만들어진 ○○○'으로 메시지를 잡았다고 가정해 보자. 그런데 문제는 고객들의 생각을 들어본 결과 기술력보다는 쓰기 편하고 튼튼한 제품을 선호하고 있었다면 이 메시지는 실패한 메시지가 되고 만다. 즉 이럴 경우 메시지를 '튼튼하고 쓰기 편한 ○○○'으로 잡아야 고객들의 구매 욕구를 충족시킬 수 있을 것이다. 이렇게 메시지는 조직 중심적이 아닌 공중 중심의 메시지를 만들어야한다. 그리고 제품의 특성이나 고객의 특성에 따라 이성적인 메시지로 갈 것인지 아니면 감성적인 메시지로 갈 것인지를 결정하면 된다.

다음으로 '미디어전략'이다. 미디어전략을 말할 때 일차적으로 검토해야 할 것이 뉴미디어의 경향 파악이다. 지금 젊은층은, 혹은 우리의 고객층은 무슨 미디어를 통해 정보를 습득하는가 하는 점을 확인해야 한다. 만약 20대 젊은 세대가 우리의 고객이라면 신문에 광고를 해서 되겠는가? 왜냐하면 그들은 이제 신문을 읽지 않기 때문이다. 그래서 그들이 주로 보는 인터넷 사이트를 통해 우리의 메시지를 전달해야 할 것이다. 이런 것이 바로 미디어전략이다. 미디어전략을 짤 때는 우선 공중전략에서 분류된 공중 별로 어떤 미디어를 주로 보고 있는지를 분석하고 메시지전략 하에 그 메시지가 잘 전달될 수 있는지를 따져봐야 한다.

이렇게 공중을 분류하고 공중에 맞는 메시지와 미디어를 선택하는 것이 PR전략에서 가장 핵심적인 요소들이다.

4. PR전략의 종류

그렇다면 PR전략에는 어떤 것들이 있는가에 대해 알아보자. 우선 공중 별 PR전략이 있다. 기업의 경우를 보면 기업을 둘러싸고 있는 공중들을 대상으로 한 PR전략이다. 각 전략 별로 간단히 살펴보면 먼저 언론을 대상으로 하는 언론관계전략이 있다. 대개 기업의 경우 홍보에서 가장 중요하게 생각하는 전략일 것이다. 언론에 한번 잘못 언급되면 그 피해가 막심하기 때문이다. 언론관리에 관해서는 다음에 자세히 언급하겠다.

다음은 직원들을 대상으로 하는 사원관계전략이다. 최근 기업의 간부들은 젊은 사원들이 회사에 대한 충성심도 없고 너무 이기적이라고들 한다. 상황이야 어찌되었든 간에 결론은 이런 직원들을 데리고 좋은 제품을 만들어 결렬한 시장에서 싸워나가야 한다는 것이다. 그러기 위해서는 직원들의 회사에 대한 만족도를 높여 즐겁게 일하게 하고 그리하여 좋은 제품을 만들 수 있도록 기업문화를 만들어 주는 것이 중요하다. 회사에 따라 다양한 사원관계전략을 구사하고 있다. 예를 들어 모든 직원들에게 직급이 아닌 직책만 부르게 하고 직책이 없는 직원들은 모두 매니저라고 부르게 한다든가, 사장과 직원간의 핫라인을 설치한다든가, 칭찬제도 운영, 사보나 사내방송 운영, 혹은 사내체육대회를 개최한다든가 하는 것들은 모두 이런 전략의 일환으로 보면 된다.

다음은 지역주민관계전략이다. 만약 환경오염 유발공장을 가지고 있다면 공장 지역 주변의 마을 사람들과의 관계가 무척 중요하다. 이는 기업뿐만 아니라 정부도 마찬가지다. 원자력발전소를 짓는다든가, 방사성 폐기물 처리시설, 하수처리장, 화장장을 짓는다든가 할 경우 지역주민들의 동의 없이는 이제 사업 자체가 불가능하지 않은가? 사전에 면밀히 지역주민의 동향을 살펴 어떠한 방법으로든 그들을 설득하여 동의를 구한 상태에서 사업을 시행해야지 그렇지 못할 경우는 절대 사업을 시행할 수가 없다. 이렇게 지역민의 정서를 고려한 PR이 무척 중요하다.

다음은 소비자관계전략이다. 쏟아지는 제품의 홍수 속에 우리 제품을 사도록 하기 위해선 다양한 소비자 설득전략이 필요하다. 이는 마케팅 전략의 일환으로 최근에는 마케팅 PR 혹은 통합마케팅커뮤니케이션전략(Integrated Marketing Communication)이라는 이름으로 널리 통용되고 있다. 특히 인터넷 같은 기술의 발달과 행동하는 소비자들로 인해 소비자들의 제품 클레임 등 불만을 잘 관리하지 못하면 제품판매에 큰 걸림돌이 될 수 있다. 더욱이 블랙 컨슈머라 불리는 악한 소비자들에 대해서도 대응을 잘 해야 하는데 이를 위한 전략이 필요한 것이다.

다음은 투자자관리이다. 아직 우리나라의 경우 별로 발전하지 못한 분야라 할 수 있는데, 우리에게 투자하는 투자자나 향후 투자할 가능성이 있는 잠재적 투자자, 그리고 이들에게 영향을 미칠 수 있는 애널리스트 등 투자와 관련된 공중들을 잘 관리하여 궁극적으로 회사의 주식가치를 높이고자 하는 전략이다.

다음으로는 시민단체나 정치권, 정부관계자 등 우리 조직의 안정과 발전에 영향을 미치는 공중을 찾아 그들과의 관계 강화를 위한 PR전략이 필요하다.

PR전략의 분류로 공중 별 전략과 달리 통합적인 PR전략이 필요한 경우도 있다. 조직의 전체 이미지를 높이기 위한 기업PR전략, 상품을 팔기 위한 마케팅PR전략, 해외에 물건을 팔 때 필요한 해외PR전략, 그리고 위기 시에 필요한 위기관리PR전략, 최고경영자PR전략, 사회공헌PR전략 등 다양한 PR전략이 있다. 이런 PR전략들을 다양하게 구사해 결국 우리 조직이나 정책들이 고객들에게 호의적으로 다가가도록 해야할 것이다.

5. 언론대응요령(방송)

지금부터는 언론관계에 대해 좀 더 자세히 살펴보겠다. 우선 방송 대응에 대한 설명부터 시작해 보자면, 방송은 언론 중 가장 파급력이 큰 매체라고 할 수 있다. 왜냐하면 신문에서 사건을 읽는 것 보다 사고현장의 화면을 접하게 되면 시청자는 사고를 더 심각하게 느끼기 마련이다. 예를 들어 전기밥솥 폭발 사건의 경우도 신문에서 '밥솥이 터졌다. 하지만 인명사고는 없었다.' 라고 기사가 나면 아마 독자들은 '그런가 보다' 하지만 방송보도에서 밥솥뚜껑이 약 5m 떨어진 냉장고 위에 올라가 있고 밥풀이 마치 폭탄 파편처럼 천장에 붙어있는 화면을 보면 시청자들은 엄청난 폭발이 있었을 것으로 추측하게 된다. 그래서 방송에 대한 대응은 항상 화면이 어떻게 구성될 것인지를 예상하면서 대응해야 한다.

이에 앞서 방송보도에 대한 기본적인 이해를 돕기 위해 몇 가지 덧붙일 설명이 있다. 방송뉴스의 제작과정을 보면 우선 사건 접수 후 기자들이 사전취재를 하게 되며 필요 시 화면촬영을 위해 카메라를 배정하게 되고 기자가 카메라와 함께 현장 취재를 마친다. 이후 관계자 인터뷰나 기자의 클로징 멘트를 촬영하고, 방송국에 돌아와 기사작성, 데스크 수정 후, 화면 편집 및 녹음 과정을 거쳐 보도하게 된다. 사건에 따라 9시 메인뉴스에 내보낼 것인지, 아침방송에 내보낼 것인지를 결정하게 된다.

방송보도의 특징은 신문보다 빨리 처리된다는 것이다. 사건 발생 후 채 몇 시간이 지나지 않아 사건이 보도되는 경우가 일반적이다. 다시 말해 즉각 대응하지 않으면 현장 화면과 피해자 목소리만 우선적으로 나가게 돼 일방적으로 자사에 불리한 기사가 나갈 가능성이 많다. 그렇다고 대응논리나 대응전략이 마련되지도 않은 상태에서 섣불리 대응하는 것 또한 좋지 않다. 그리고 방송은 기본적으로 정치뉴스, 사회뉴스가 압도적 비중을 차지하며 경제뉴스는 그 다음이다. 만약 우리 회사의 위기가 경제적 이슈인지 사회적 이슈인지를 먼저 따져봐야 한다는 것이다. 과거 한화그룹의 김승연 회장의 폭력사건의 경우 만약 신규 사업이 실패했다든가 하는 경제뉴스였다면 과연 이번 사건처럼 초미의 관심사가 될 수 있었을까? 이것이 자식의 문제, 보복폭행이었기 때문에 사회적으로 이슈가 될 수 있었다.

방송보도의 경우 피해자에 초점을 맞추게 된다는 것 또한 유념할 필요가 있다. 자신의 회사가 가해자일 경우 억울할 정도로 나쁜 범죄자로 몰고 갈 수 있다. 이럴 경우 보다 빨리 사과하는 등의 조치로 여론의 반발을 무마해야 한다. 방송은 '화면' 이 있다는 사실을 유념하자. 흔히 TV를 바보상자라 부르지만 집중력의 매체다. 집중력이 뛰어나기 때문에 화면 하나하나 신경을 써야 한다. 사고현장의 화면이 나올 가능성이 많기 때문에 너무 처참한 모습이 보이지 않게 조치할 방법은 없는지, 혹은 기자가 현장에 접근하지 못하도록 할 수는 없는지 등을 고민해야 한다. 그렇다고 무작정 기자의 현장접근을 막는 것은 오히려 기자들로부터 화를 불러일으킬 수 있으니 현명한 선택이 필요하겠다.

그리고 방송기자는 '보도국' 기자만 있는 것이 아니라 '보도제작국'이라 불리는 조직이 있어 주로 시사고발성 프로그램을 담당하는 기자도 있다. 아마 '취재파일4321', '추적60분', '소비자고발' 같은 프로그램을 본 적이 있을 것이다. 이 프로들은 보다 심도 있게 사건을 취재하기 때문에 좀 더 세심한 준비와 대응이 필요하다. 특히 최근에는 소비자고발성 프로그램들이 신설되고 있는 추세라 이 또한 신경 써야 한다.

다음으로 방송기자의 취재에 대응하는 요령을 간단히 살펴보면 우선 방송기자와의 전화통화에 주의해야 한다. 방송기자는 유선전화뿐만 아니라 무선전화기에 의한 통화도 모두 녹음할 수 있다. 그러나 불행하게도 우리나라의 경우 방송기자들이 사전에 녹음을 하고 있고 이를 보도할 수 있다는 사실을 미리 고지해주지 않기 때문에 우리 스스로 조심해야 한다. 이를 인지하지 못하고 함부로 통화했을 경우 뉴스에서 종종 보여지듯이 화면에 전화기 그림이 나가면서 통화내용이 보도될 수가 있다. 음성변조 처리가 되더라도 조직 내에서는 누구인지 다 알기 때문에 신중히 하여 피해를 당하지 않도록 해야 한다.

그리고 몰래 카메라도 조심해야 한다. 기자는 취재에 있어 우리보다 선수다. 즉 기자가 몰래 카메라를 찍겠다고 마음먹으면 다 할 수 있다. 몇 가지 예를 들어 보겠다. 방송기자가 카메라 기자와 함께 들이닥치면서 인터뷰를 요구하면 대개 담당자들은 먼저 설명을 할테니 카메라를 치우라고 얘기한다. 그러면 카메라기자는 담배를 한대 물고 사무실을 나가게 되고 이때 우리의 담당자는 있는 얘기, 없는 얘기 떠들게 된다. 잠깐! 이때 카메라기자는 카메라를 들고 나가지 않았으며 담당자를 향해 바닥에 놓고 나갔으며 현재 카메라는 돌고 있다. 당연히 화면은 담당자의 하체에 맞춰져 있을 것이다. 여러분은 고발프로에서 담당자의 책상 밑을 화면에 비추며 담당자가 마구 떠드는 장면을 많이 목격했을 것이다. 이런 일이 여러분에게 닥치면 큰일이다. 다음으로는 방송기자 단독으로 사무실에 들어온다. 카메라가 없는 것을 확인한 담당자는 마구 떠들게 된다. 이 상황 역시 잠깐! 지금 방송기자의 안주머니에는 무선마이크가 있으며 카메라는 담당자의 사무실 창문 넘어 옆 빌딩에서 찍고 있다. 요즘은 무선마이크 성능이 좋아 어느 정도 거리가 떨어져 있어도 녹음이 다 된다. 게다가 최근에는 마이크로 카메라 등이 있어 손가방 같은 것에 들어갈 정도로 작은 것도 있다. 어떤 일이 생길 지는 여러분 상상에 맡기겠다.

그렇다면 방송기자의 인터뷰 요청에 어떻게 대응할 것인가? 무조건 거절한다? 취재에 대응하지 않는다는 건 오히려 피해자나 경쟁관계에 있는 회사의 취재만으로 보도가 나가기 때문에 논리상 더욱 우리에게 불리하게 나갈 가능성이 많다. 그래서 언론에는 보다 적극적이고 성실히 대응해야 한다고 얘기하고 싶다.

기자도 사람이다. 성실히 대응하고 사건처리도 진심으로 하려는 노력을 보이면 기자들도 좋게 봐준다. 사건을 은폐하려 하거나 축소하려고 하면 오히려 화를 부를 수 있다.

사고처리에서 피해자 처리, 언론대응에 이르기까지 성실히, 그리고 진심으로 대응하려는 노력이 필요하다. 그렇게 하지 않아 사건을 더욱 악화 시킨 사례들을 이제까지 많이 봐오지 않았는가?

6. 언론대응요령(신문)

이번에는 신문대응에 대해 알아보자. 우선 신문의 제작과정에 대한 기본적인 이해가 필요하다. 대개의 경우 기자들은 부장이나 고참 차장을 제외하곤 출입처로 출근하는 것이 일반적이다. 아침에 출근한 기자들은 오늘 취재계획에 대해 보고를 한다. 각 부서의 부장들은 이를 취합해 오전 10시경 데스크미팅을 하는데, 여기에서 편집국장 주재 하에 각 부장들이 오늘 취재내용과 의미, 편집방향 등에 대해 토의하고 각 면 별 편집계획을 확정한다. 이를 바탕으로 부장들은 일선 기자에게 취재지시를 내리게 된다. 기자들은 정해진 마감시간까지 기사를 송고해야 하고 편집부는 이를 가지고 디자인 작업을 하게 되고 마지막으로 부장들이 각자 책임진 면들을 최종 확인하면 인쇄에 들어간다.

여기서 여러분이 기억해야 할 몇 가지 사안들이 있다.

첫째, 신문사별 마감시간이 다를 수 있으니 위기 시 이를 잘 알고 마감시간 내에 대응해야 한다는 것이다. 주요 일간지들은 마감시간이 5시 반인 경우가 많지만 아직 가판을 찍고 있는 경제지들은 4시이니 이를 반드시 알고 있어야 한다.

둘째, 인쇄시간이다. 지방으로 나갈 신문은 저녁에 인쇄해 나가지만 서울지역에 배달되는 신문은 자정이 넘어서야 인쇄에 들어간다. 즉 우리가 꼭 대응을 해야 한다면 저녁 늦게까지 언론대응을 할 수 있다는 것이다. 몇 년 전부터 주요 일간지들은 가판이 나오지 않아 가판체크를 할 수 없지만 연합뉴스나 기자들의 취재 분위기 등을 고려해 우리에게 정확하고 유리한 보도를 할 수 있도록 설명하고 해명하는 일은 게을리 해서는 안된다. 만약 담당기자와 통화가 되지 않는다면 편집국에는 항상 야간당직 국장과 기자들이 있으니 이들을 통해서도 대응이 가능하다.

셋째, 우리나라 언론의 속성에 대해 파악할 필요가 있다. 먼저 출입기자단 제도이다. 모든 기자들은 자신들의 출입처가 명확히 규정되어 있다. 여러분들도 아마 책상에 출입기자 리스트라는 자료가 있을 것이다. 출입기자 제도가 있어 연락에는 유리할지 모르나 단점도 있을 수 있다. 출입기자단에도 여론주도기자들이 있고 이 여론주도기자들의 태도에 따라 사안이 이끌려 갈 수도 있다는 것이다. 대개 여론주도기자들은 연합뉴스기자나 유력지 기자, 그 출입처를 오래 출입한 기자들일 가능성이 많다. 이들이 기사방향을 부정적으로 몰고 가느냐 아니냐는 우리에게 큰 영향을 줄 수 있으므로 평상 시 여론주도기자들을 관리할 필요가 있다. 또한 기자들을 대응할 때 off the record, no comment, 엠바고 같은 기본적인 사항에 대해 꼭 알고 있어야 한다. 사실 이런 것에 무지한 나머지 피해를 본 경우가 많다. 먼저 off the record이다. 여기엔 중요한 원칙이 하나 있는데 바로 off the record는 '전원 합의제' 라는 것이다. 그냥 발표자가 일방적으로 off the record를 말한다고 해서 성립이 되는 것이 아니라 참석기자 전원의 합의가 있은 후 실행해야 한다. 그리고 우리나라에서는 'no comment' 를 함부로 쓰지 마라. 우리의 경우 no comment는 암묵적 인정으로 받아들여진다. 즉 미국에선 대변인이 no comment라고 말하면 기사에서도 그렇게 토를 달아주지만 우리의 경우는 대개 사실인정으로 나가는 경우가 많으니 조심해야 한다. 엠바고는 기업에 있는 사람이라면 아예 쓰지 않는 것이 좋겠다. 엠바고는 사전에 자료를 미리 주고 언제부터 보도해 달라는 일종의 보도유예요인데, 기업의 뉴스에 과연 엠바고를 붙일만한 타당성이 있는지는 의문이다.

넷째, 신문기자들을 대응할 때 유의사항이다. 먼저 기자들의 부서에 따른 속성을 이해하고 대응해야 한다는 것이다. 산업부 기자를 대할 때와 사회부 기자를 대할 때, 정치부 기자를 대할 때 대응논리나 태도를 달리해야 한다. 산업부 기자의 경우는 산업적 논리를 많이 이해해 주는 편이나 사회부 기자들은 그럴 여지가 없다고 봐야 하고, 특히 정치부 기자들은 산업적 논리도 정치적 논리로 해석해 의미부여를 하는 경우가 많으니 이 역시 조심해야 한다.

다섯째, 기사가 사실보다 부정적이거나 잘못된 내용이 있어 정정을 요청할 때도 조심해야 한다. 대개의 경우 부장이나 국장을 통해 직접 정정을 요구하는 경우가 있으나 이는 담당기자로부터 오해를 사고 부정적 인식을 심어줄 수 있다. 정정요청 시에도 먼저 담당기자를 찾아 사실관계를 지적해주고 정정을 요청한 후 기자가 이를 처리하게 해야 하며 만약 처리가 안 될 경우에만 그 윗선으로 단계를 밟아 올라가며 요청해야 기자들의 원성을 사지 않으면서 순조롭게 일을 처리할 수 있다.

여섯째, 기자를 차별해선 안 된다. 유력지 기자라고 해서 특별한 자료를 준다거나 마이너 신문이라고 해서 자료를 주지 않는다거나 해선 절대

안 된다. 기자는 자존심이 강한 성격들이니 공평하게 대응하는 것이 좋다. 그리고 최근엔 경제지들의 구독이 많은 편이니 경제지에 대한 대응 역시 소홀히 하면 안 된다.

마지막으로 종합지들의 가판 폐지 이후 기자들의 경쟁심이 더욱 커졌다는 점이다. 같은 출입처를 맡는 타사 기자들이 현재 어떤 취재를 하고 있고 내일 아침신문에 어떤 기사가 실릴지 모른다는 조바심에 기자들의 취재 열의는 과거보다 훨씬 강도가 높고 그 범위도 넓은 편이다. 당연히 특종에 대한 욕심도 더욱 강하기 때문에 위기 시뿐만 아니라 평상 시에도 기자들의 취재를 민감하게 분석해야 한다.

이런 기자들의 취재관행에 대해 좀 더 살펴본다면, 기자들은 우리가 주는 자료만 근거로 기사를 쓰지는 않는다. 우리의 반대편에 서있는 경쟁사 그리고 피해자를 반드시 취재하며 교수와 같은 객관적 시각들을 다 취재하고 난 다음 우리에게 전화한다. 따라서 우리가 기자의 전화를 받을 때 기자는 모든 주변 취재가 끝난 상태라는 사실을 명심하고 객관적이고 논리적인 자세로 임해야 한다.

이렇게 신문에 몸담고 있는 기자들은 더욱 치열해지는 경쟁에 지치고 점점 열악한 취재환경에 힘들어 하는 것 같다. 보다 기자를 이해하고 성실히, 진실되게 대응하는 게 바로 기자대응 원칙이라 할 수 있다.

신문을 볼 때 그 이면에서 기자들이 어떻게 움직이고, 어떤 과정을 거쳐 신문이 만들어지고, 제목은 왜 이리 달았고, 같은 기사라도 신문 별로 어떤 차이가 나는지 등 좀 더 깊은 시각을 가질 필요가 있다. 참고로 우리나라 언론 산업의 이해를 돕기 위한 사이트들이 있다. '미디어오늘' 과 '기자협회보' 다. 검색엔진으로 찾을 수 있으니 신문을 보고 하루에 한 번쯤 이러한 사이트에 들어가서 오늘 각 신문들이 어떻게 한국사회를 바라보고 있는지 정보를 취하기 바란다.

7. 언론대응요령(온라인)

이번에는 온라인 대응에 대해 살펴보자. 지금 말하는 몇몇 사건들에 대해 알지 못한다면 당신은 시대에 뒤쳐진 사람이다. 개똥녀 사건, 개풍녀 사건, 목도리녀 사건. 하나는 알겠는데 나머진 모르겠다고? 이 사건들은 몇 년 전 온라인에서 주목 받은 사건들이다. 바로 UCC라고 하는 것으로 네티즌들이 직접 찍은 동영상을 개인 블로그에 올리게 됐고, 이를 네티즌들이 퍼날라 주목을 받게 됐고, 결국 신문, 방송 등 유력 매체에까지 기사화된 것들이다. 지금이라도 인터넷에 들어가 확인해 보기 바란다. 이렇게 재미있는 사건이 있으면 순식간에 퍼나르기를 하게 돼 수백만 명에게 노출되게 된다. 여기서 주의해야 할 것은 바로 우리 조직이 이런 사건에 연루되었다면 이렇게 퍼 나르기 전에 즉시 조치를 취해야 한다는 것이다. 하루에 한 번쯤은 포털 사이트에 들어가 오늘은 인기검색어가 뭔지, 요즘 네티즌들의 관심사는 뭔지 확인할 필요가 있다. 그래야 시대에 뒤쳐지지 않기 때문이다.

온라인에 대해 좀 더 살펴보면 우선 폭발적으로 증가하고 있는 온라인 뉴스매체를 짚고 넘어가야 할 것이다. 일반적인 뉴스를 다루는 종합지 격의 사이트인 '오마이뉴스', '프레시안' 뿐 아니라 이젠 정치전문, 경제전문, IT전문 뉴스사이트 등 이루 헤아릴 수 없을 정도로 많은 뉴스사이트들이 있다. 여러분 분야의 전문 뉴스사이트는 뭐가 있는지 미리 확인해 두라. 또한 '다음', '네이버' 같은 포털 사이트들도 자체 기자를 보유하고 뉴스사업에 점점 발을 넓히고 있으니 이 또한 관심을 두어야 한다.

이렇게 뉴스사이트들이 늘어나는 이유는 무엇인가?

첫째는 '속보성'이다. 신문은 내일이나 돼서야 보도되고 방송은 촬영하고 편집하고 해야 하지만 온라인은 즉시 보도가 가능하다.

둘째는 '공짜'이기 때문이다. 대부분의 사이트는 회원가입만으로 모든 뉴스를 볼 수 있으니 당연히 네티즌 입장에서는 좋을 수밖에 없다.

셋째는 '양방향성'이다. 기사가 나면 네티즌들의 반응이 즉시 댓글로 올라오고 심지어 네티즌들이 추가 심층정보를 제공하기도 한다.

하지만 이런 뉴스사이트들의 단점도 있다. 바로 뉴스의 신뢰성에 대한 부분이다. 기존 언론들은 몇 차례의 게이트키핑 과정, 즉 기사검증과정을 거치지만, 온라인 뉴스는 수용자가 신뢰도를 스스로 확인해야 한다. 그래서 때론 악의적이고 잘못된 기사로 피해를 보는 경우가 많았다. 예를 들어 과거 국민연금의혹사건 등은 참으로 어처구니없는 일이었다. 사실과 다른 정보임에도 독자들은 이를 믿게 되었고 심지어 국민연금관리공단을 집단적으로 매도하는 지경에까지 이르렀다. 다행히 최근 정부와 포털 사이트들이 실명제를 실시하고 있다. 앞으론 댓글을 쓸 때도 본인의 이름을 밝히면서 해야 되니 명예훼손의 경우는 많이 줄어들 것이다. 그리고 최근에 몇몇 연예인들이 일부 네티즌들이 악의적으로 거짓정보를 흘린다고 명예훼손 소송을 걸어 승소한 이후 이런 분위기는 점차 좋아지고 있다고 할 수 있다.

그런데 이런 뉴스사이트들에 기사가 나게 되고 많은 네티즌들에게 노출되고 나면 이를 대응하기가 참으로 힘들다는 것이다. 만약 우리가 적극 대응해서 기사의 문제점을 지적해 기사가 뉴스사이트에선 빠졌다고 가정해 보자. 하지만 수십, 수백만의 네티즌들은 기사가 올라온 지 몇 시간 만에 기사를 벌써 읽었고 심지어 수많은 친구들에게 퍼날라버렸으니 이를 모두 없앤다는 것은 불가능할 것이다. 그래서 온라인 대응에선 철저하게 사전에 모니터링 하는 것이 최선의 방법이다. 포털사이트를 통해 항시 검색을 해도 되지만 좀 더 신속히 자동적으로 검색하는 시스템이 필요하다. 이런 검색엔진을 전문적으로 서비스 하는 업체도 있으니 도움을 받기 바란다.

이렇게 온라인 뉴스는 일찍 모니터링하고 신속히 대응해야 하며 늦을수록 대응에 들어가는 시간과 인력이 점점 배가된다. 호미로 막을 걸 포클레인으로 막아도 힘든 지경에 이를 수 있다는 것이다. 개인의 블로그 단계에서 차단할 것이냐, 포털사이트에서 차단할 것이냐를 고민하다 시간이 지나버려 신문, 방송에 보도돼 버리면 어떻게 할 것인가? 그땐 조치를 해도 늦어 버린 시점이다.

혹시 아직도 직접 메일을 확인하고 보내지 않고 비서를 시킨다든가, 직접 인터넷 서핑을 하지 않고 소비자 동향보고서만 받고 있지는 않은가? 그렇다면 지금이라도 컴퓨터를 켜고 인터넷 서핑을 즐겨라. 많은 도움이 될 것이다.

다음으로는 인터넷 뉴스 이용에 관한 주의사항이다. 최근 조선닷컴, 조인스닷컴 같은 인터넷 언론들이 모인 온라인신문협회라는 곳에서 지적재산권에 관한 권리 행사에 적극적이다. 반드시 이들 사이트에 들어가 기사사용에 관한 규정을 꼭 읽어 보기 바란다. 예를 들어 신문에 자사 관련 기사가 났다고 여러분의 회사 홈페이지에 기사전문을 올려놓는 경우, 혹은 좋은 기사라고 수십만 고객회원에게 메일로 기사전문을 발송하는 경우, 대리점에 비치된 브로슈어에 자사 관련 기사를 복사해서 인쇄한 경우들은 지적재산권 침해이며 엄청난 액수의 손해배상을 해야 한다. 그러니 꼭 확인하기 바란다.

인터넷이 세상을 많이 바꿔 놓았다. 많이 편리해지기도 했다. 얼마 전 뉴스에 의하면 벌써 핸드폰 가입자가 5천만 명을 넘어섰고 스마트폰 가입자도 5백만 명을 넘어섰다고 한다(2010년 10월 기준). 핸드폰이 통신수단에서 벌써 개인미디어로 전환됐음을 의미한다고 본다. 세상이 빠르게 변화하고 있다. 빠르게 변하는 세상에 빠르게 대응하지 못하면 늘 손해 보기 마련이다. 빠른 네티즌들이 되기 바란다.

8. Publicity 전략

퍼블리시티 전략은 그냥 쉽게 기사화 전략이라 이해하면 되겠다. 어떻게 하면 우리 관련 기사를 멋지게 기사화 시킬 것인가 하는 문제다. 먼저 최근 기사의 편집이나 문체 등 변화의 흐름을 파악하는 것이 필요하다. 시각자료가 많아진 시원한 편집, 딱딱한 기사보다는 따뜻한 이야기, 사실도 중요하지만 그 사실에 얽힌 사람들의 이야기가 더욱 많아지고 있는 추세이다. 그래서 경제 관련 기사도 매출이나 성과 관련 기사보다는 그 성과를 이끌어 낸 원인과 사람들의 노력 이야기, 트렌드와 관련된 기사가 더욱 재미있다. 그리고 가능하면 시각자료를 찾는 작업도 게을리 하면 안 되겠다. 모 경제부장의 전언에 따르면 보도자료 처음에 그래픽이나 표가 붙어 있으면 반드시 읽어 본다고 한다. 이는 경제부 기사의 핵심은 트렌드를 분석하고 새로운 흐름을 제공하는 기사가 좋다는 뜻이다. 그리고 기자는 사장을 비롯한 최고경영층을 원한다. 최고경영자에 대한 언론 노출 계획을 전략적으로 잡을 필요가 있다. 너무 노출을 꺼리는 사장이 있다면 분명 회사를 위해서는 마이너스이다. 그렇다고 너무 자주 노출되는 것이 꼭 좋은 것만은 아니다. 전략적이고 계획적으로 메시지를 던질 수 있어야 한다.

1) 다양한 Publicity 전략

일반적으로 기자는 하루에 수십 건, 많게는 백 건 이상의 보도자료를 받는다고 한다. 그 중에 기사화되는 경우는 한두 건일 것이다. 기본적으로 보도자료는 기자들이 좋아하는 정보가 아니다. 나만의 정보를 좋아하는 기자들이 남들도 다 아는 사실에 주목하지 않는다. 특히 기업의 보도자료는 재미가 없다고 단정하는 경우가 많다. 그래서 기업의 소식을 꼭 보도자료라는 형식으로 제공해야 하는지 원론적인 질문에 답해야 한다.

방법은 많다. 우리가 내놓은 새로운 제품이 충분히 소비자들의 마음을 끌만 하다면 제품리뷰라는 방법으로 기자에게 제공해 직접 체험케 해본다든가, 아니면 특정 신문 하나만 골라 기획기사를 만들어 내는 것도 방법이고, 사진기자만을 초청해 포토세션만 운영해 보는 것도 아이디어일 것이다. 즉 일반적인 방법 보다는 독특하고 잘 기사화할 수 있는 방법을 찾는 노력을 아끼지 말라는 뜻이다. 심지어 어떤 회사는 연구소로 기자들을 초청해 연구진과의 직접 대화를 통해 좋은 기사를 만들기도 하고, 해외 현지공장으로 기자들을 데려가 좋은 취재기사를 만들기도 한다. 결국 기사화 전략도 노력이요 아이디어 싸움이다. 게으른 자에게 기자가 다가가진 않는다.

2) 성공적인 Publicity 전략

기사거리도 고민을 많이 해야 한다. 좋은 거리를 자료로 만들면서 소홀하게 배포했거나 제목을 안이하게 달아 기자로부터 외면당하는 경우도 많다. 이런 뉴스거리는 좋다. 훈훈한 사람들의 이야기(3대에 걸친 공장직원, 박봉에도 사회봉사에 매진하는 직원), 우리만의 이야기(병아리 감별사, 쥐만 5만 마리 죽인 연구원), 최초인 경우, 연구조사결과, 앞으로 발생 가능한 이야기(10년 후엔 접어서 가지고 다니는 TV) 등의 소재들은 대부분의 기자들이 좋아한다. 같은 사실이더라도 기자들의 입맛에 맞게 가공하는 요령이 필요하다.

그리고 지면분석이라는 것을 꼭 해볼 필요가 있다. 신문사 별로 전체 면 구성은 어떻게 되는지, 섹션 면은 어떻게 구성되는지, 요일 별로 나오는 섹션은 무엇인지를 정리하는 작업이다. 이는 나중에 우리 기사가 어떤 면에 실리게 하는 것이 좋을지 고려하는 데 큰 참고가 된다. 시점에 대한 고려도 중요하다. 우리가 보도자료를 내는 시점에 정부에서 부동산 대책이나 세금 감면책이 발표된다면 그만큼 게재 기회가 상실되기 쉬울 것이다. 또한 경쟁사의 움직임에도 귀 기울여야 한다. 우리가 발표하기 하루 전에 경쟁사에서 기자회견을 했다면 우리기사는 그만큼 뉴스의 초점에서 사라질 수 있는 것이다.

이렇게 자료를 하나 내더라고 형식이나 방법, 사전 준비 등에 있어 고민할 것이 많다. 그럼에도 불구하고 많은 홍보담당자들은 매너리즘에 빠져 구태의연하게 때론 아무 생각 없이 보도자료만 덩그렇게 기자들에게 던지는 경우가 많다. 이는 반드시 지양해야 한다. 다시 한 번 강조하지만 게으른 자에게 호의를 가지는 기자는 없다.

3) 모니터링 전략

모니터링이란 그야말로 관련 정보를 효과적으로 수집해 상황을 잘 파악하고 이해하는 작업이다. 신문 스크랩에서부터 공중들의 동향파악까지 다양하다.

먼저 여론감지시스템이란 것을 소개하고 싶다. 이는 검색엔진으로 수많은 사이트에서 생산되는 뉴스, 게시판, 댓글 등을 자동으로 분석하고 리포트까지 하는 시스템이다. 이렇게 온라인이 발달해 있으니 이를 충분히 활용해 우리를 둘러싸고 있는 다양한 공중들의 의견을 빠른 시간 내에 청취하고 분석할 수 있어야 한다. 기사 모니터링은 먼저 언론재단에서 운영하는 KINDS에서 과거기사에서부터 현재에 이르기까지 대부분의 기사를 확인할 수 있으며, 간단한 검색엔진으로 언론기사를 서비스하는 포털에서 검색엔진회사까지 다양하니 미리 확인해 보는 게 좋겠다. 신문에는 가판이라는 것이 있다. 가판을 모르면 언론홍보담당자라 말하기 어렵다. 중앙 일간지를 제외하곤 몇몇 신문들이 가판이라고 불리는 초판 교정본을 시중에 내놓고 있다. 가장 빠르게는 광화문 동아일보 사옥 앞에서 오후 6시경이면 이런 신문을 볼 수 있으며 시차를 두고 일반 사무실에서 받아볼 수도 있다. 문제는 가판을 보는 것이 중요한 것이 아니라 가판을 보고 우리 관련 뉴스가 잘못 전달되었거나 문제가 있을 경우 어떻게 대응하는가 이다. 많은 홍보담당자들은 이 가판을 확인하고 기자들에게 기사에 관한 수정이나 오자 확인 등을 마치고 퇴근하는 것이 일반적이다.

이렇게 언론홍보의 길은 생각보다 간단치 않다. 때문에 무엇보다 사장을 비롯한 모든 직원들이 언론홍보를 이해하고 모두가 홍보담당자라는 인식을 갖는 것이 중요하다. 언론과 기자에 대한 보다 폭넓은 이해를 바탕으로 언론홍보에 대한 지식을 가졌으면 하는 바람이다.

어떤 이는 언론홍보 담당자의 길을 국가기관의 슬로건에 빗대어 이렇게 말했다고 한다. '우리는 음지에서 일하며 양지를 지향한다'. 힘들게 일하지만 잘하면 해당 부서 덕이고 못하면 홍보담당 탓이라는 자조적인 한숨일 것이다.

9. 언론인터뷰 요령

1) 언론인터뷰 기본

(1) 설명/설득시간- Debate가 아니다.

방송인터뷰 혹은 기자회견 등은 기자와의 토론이 아니다. 국민에게 설명하고 이해시킬 수 있는 좋은 기회를 얻었다고 생각하고 적극적으로 참여할 필요가 있다.

(2) 인터뷰 왕도- 준비 또 준비, 연습 또 연습

인터뷰에 왕도란 없다. 인터뷰 자료를 많이 준비하고 다양한 질문에 미리 대비하는 것이 중요하고 또한 단순히 자료를 검토하는 것을 넘어서 실제로 연습을 해보는 것이 효과적이다.

(3) Confidence

방송에 출연했을 때는 지위고하를 막론하고 조직의 대표자격으로 나온 것이다. 그래서 인터뷰 내용이 좋은 내용이든 안 좋은 내용이든 확신있는 목소리로 하는 것이 중요하다.

(4) In Control

항상 절제되고 통제된 모습으로 보이는 것이 중요하다. 흥분하거나 긴장해서는 전하고자 하는 뜻을 정확하게 전할 수 없을 뿐 아니라 지켜보는 시청자들도 불안하게 느끼기 때문이다.

(5) Responsibility

인터뷰에 나온 사람은 그 조직의 대표자격으로 나온 것이기 때문에 말하고자 하는 내용에 대해 책임 있는 모습을 보여줄 필요가 있다. 책임감 있는 모습이야 말로 시청자로 하여금 정책에 대한 신뢰를 높일 수 있는 모습이라 할 수 있겠다.

(6) *忍, 忍, 忍*

위기 시나 안 좋은 내용을 인터뷰 할 때는 가슴에 '참을 인(忍)' 자 3개를 새기고 인터뷰에 응하라고 한다. 혹 기자들이 까다로운 질문을 하거나 성질을 돋우는 질문을 할 수도 있기 때문이다. 하지만 이럴 경우에도 흥분하지 말고 국민이 그 뒤에 있다는 생각을 가지고 차분하게 인터뷰를 진행하는 것이 무엇보다 중요하다.

2) 언론인터뷰는 사전에 어떤 준비가 필요한가?

(1) Prepared to meet the media?

먼저 자신이 언론을 대할 마음가짐, 카메라 앞에 설 마음의 준비가 됐는지를 확인해 보아야 한다. 확신이 없거나 자신이 없다면 카메라 앞에 서면 안 된다.

(2) 어느 신문? 누구?

인터뷰 요청이 오면 그 기자가 어느 언론인지를 확인해야 한다. 방송인지 신문인지 혹은 케이블인지를 확인하고 또 어느 신문, 방송인지를 확인해야 한다. 왜냐하면 어느 신문이냐에 따라 대응논리를 좀 다르게 해 주어야 하기 때문이다. 그리고 기자의 소속도 중요하다. 경제부냐 정치부냐에 따라 역시 기사의 방향이 다르기 때문에 인터뷰 내용을 달리해 주어야 한다.

(3) 기사방향?

또한 인터뷰에 응하려면 최소한 나의 인터뷰가 어떤 면에 나가는지는 예상해 보아야 한다. 그리고 긍정적 기사인지, 부정적 기사인지 정도는 예상할 수 있어야 대응논리를 개발할 수 있다.

(4) 수락과 거절

인터뷰 요청을 수락하면 질문지에 따른 대응논리를 개발하면 되지만 거절할 경우에는 더욱 세심한 주의가 필요하다. 어떤 경우 일방적으로 이유 없이 거절하는 경우가 있는데 이는 기자들의 화를 돋우는 결과를 낳을 수도 있으니 주의하여야 하며, 거절할 때는 반드시 명확한 이유를 가지고 충분히 설명하며 정중히 거절하여야 한다.

(5) 대응 메시지

인터뷰에 응할 경우 기자들의 질문지에 대한 대응논리를 만들 때 질문지에만 국한해서는 안 된다. 질문 이외에 더욱 다양한 예상 질문을 만들어 보고 이에 대해서도 대응논리를 만들어두는 것이 필요합니다. 기자들은 때로 예상 외의 엉뚱한 질문으로 당황하게 만들 수도 있음을 기억하기 바란다. 그 예상 질문은 가능하면 최악의 질문들을 만들어 보는 것이 효과적일 것이다.

(6) 게재여부

인터뷰가 끝나면 기자에게 언제 기사가 게재되는지 꼭 확인하기 바란다. 그래서 반드시 게재여부를 확인하고 내 인터뷰가 와전됐거나 잘못 나갔을 경우 즉시 시정을 요구하여야 한다.

3) 언론인터뷰 관련 CHECK LIST

(1) 배석자

기자회견을 할 경우는 필요한 배석자를 미리 동석할 필요가 있다. 예상되는 기자들의 질문에 대비해 보다 구체적인 보충설명이 필요할 경우 조직 내부의 실무담당자를 배석해 즉각 기자의 추가 정보 요청에 대비할 필요가 있다.

(2) Message delivery man

만약 민감한 내용을 브리핑 할 경우 브리핑 내용에 실수가 있거나 내용에 즉각 보충이 필요할 경우 이런 내용을 즉각 전달해 줄 메시지 전달자를 미리 선정해 일괄 처리케 하는 것이 효과적이다.

(3) 기자 참석여부와 언론취재 강도

또한 기자회견이나 인터뷰 시 기자들은 얼마나 참석할 지, 취재 강도는 어떨지 미리 예상해 보아야 한다. 이런 예상은 자료의 내용과 배포, 배석자의 결정 등 여러 면에서 필요한 것이다.

(4) 책상/의자/마이크/필기구/물/자료

언론인터뷰 시에는 반드시 사전에 필요한 것들이 무엇인지 면밀히 준비해 두는 것이 좋다. 물은 필요한가? 마이크는 어떤 형태의 것이고 잘 작동되는가? 필기구도 미리 준비하고, 발표자료는 어떤 형태로 제작되는 것이 브리핑 시 효과적인지 등을 면밀히 살피고 준비해야 한다.

(5) 중계방송 여부

중계방송 여부도 매우 중요하다. 생방송 되는지, 녹화방송으로 될 건지, 혹은 케이블만 생방송 되는지 등을 사전에 미리 체크하여야 복장이나, 화장 여부 등을 결정하는 데 도움이 될 것이다.

4) 방송인터뷰 요령

(1) 편안하고 진지하게 보이도록

결론적으로 방송에 비춰지는 모습은 편안해야 하지만 진지하고 성실한 모습으로 비춰지는 게 중요하다고 할 수 있다. 너무 긴장하거나 미소를 짓는 등 가볍게 보이는 것은 좋지 않다.

(2) 발성법 연습

혹 긴장하게 되면 목소리 끝이 떨리거나 목이 멜 경우가 있다. 이런 증상을 사전에 없애기 위해 배에 힘을 주고 큰 소리를 지르며 미리 목을 풀어주는 것이 필요하다. 가수들이나 앵커들도 다 하는 것이다. 아마추어인 우리들은 더 준비해야 할 필요가 있다.

(3) 가벼운 화장

방송에 출연할 경우 남자에게도 반드시 화장이 필요하다. 화장은 얼굴의 땀을 제거하고 잡티 등을 제거해줘서 편안한 얼굴로 보이는 데 필요한 것이니 너무 비판적이지 말 길 바란다.

(4) 문을 여는 순간부터 시작이다.

기자회견은 회견장 문을 여는 순간부터 시작이라는 인식이 필요하다. 연설대에 서는 순간부터가 아니고 회견장 문을 열고 들어와서 나가는 순간까지 미리 계획되고 준비된 모습만 보이고 나가야 한다.

5) 메시지 전달요령 – PREP

(1) P(Point): 핵심메시지를 말하라

인터뷰 시 논리전개는 귀납적이 아니라 연역적이라고 흔히 표현한다. 그 말은 이유를 설명한 다음 결론을 말하는 것이 아니라 먼저 결론을 얘기하라는 것이다.

(2) R(Reason): 이유를 조리 있게 말하라

다음으로 결론에 도움이 되는 이유나 논리를 설명한다.

(3) E(Example): 사례를 잘 활용하라

그리고 필요 시 결론을 뒷받침하는 데이터나 사례를 들어 설명한다.

(4) P(Point): 핵심메시지를 재차 강조하라

마지막으로 다시 한 번 결론을 재차 강조한다. 이런 메시지 전달법은 방송에서 멘트의 편집이나 방송시간 등을 고려한 것이니 가능하면 지키는 것이 좋겠다.

6) 언론인터뷰 시 언어 사용 (Interview Rhetoric)

(1) 해야 할 것(Do's)

① Positive & Constructive: 항상 긍정적이고 건설적인 단어나 문장을 사용하는 것이 좋다.

② 자신 있게: 자신 있는 문장 사용은 청중들의 신뢰를 높이는 데 도움이 된다.

③ 단문사용: 인터뷰 시 긴 문장은 답답하다는 생각이 들게 만드니 짧은 문장을 쓰도록 해야 한다.

④ 간단 명료하게: 답변은 간단하고 명료한 것이 좋다. 너무 길거나 명확하지 못한 답변 역시 불편함을 느끼게 된다.

⑤ 한 답변엔 한 단어가 중요: 하나의 답변에는 하나의 키워드만 있다는 생각으로 해야 한다.

⑥ 감성적 단어 및 문장: 문장을 딱딱한 데이터의 나열이나 전문적 용어로 구성하게 되면 친근하지 못한 인상을 준다. 그래서 문장은 감성적이고 청중을 위한다는 온정이 배인 듯한 느낌의 다소 감성적인 문장이 효과적이다.

⑦ 질문자를 존중: 항상 질문자를 존중하고 배려하는 마음으로 단어를 구사하는 것이 중요하다. 비록 나이가 어리거나 친한 경우에도 예외는 없다. 이는 곧 청중에게 공손하게 대한다는 느낌으로 나타나게 될 것이다.

(2) 해서는 안 되는 것들 (Don'ts)

① 반말: 그럴 리는 없겠지만 가끔 친한 기자의 질문이라고 반말로 답

변하는 경우가 있다. 이는 절대 피해야 한다.

② No Comment: 우리나라에서 노코멘트는 오해의 소지가 많은 단어다. 그래서 가급적 쓰지 말아야 하는 단어다. 왜냐하면 누군가가 뇌물수수 의혹을 받고 있을 때 기자의 사실 확인 요구 시 담당자가 노코멘트라고 답변했다면 아마 기자는 사실성 기사로 써버릴 가능성이 많기 때문이다.

③ 법적 책임: 가끔 법적 책임을 다하겠다는 멘트를 접할 때가 있다. 이 역시 피해야 하는 단어다. 법정에서는 써도 되겠지만 언론인터뷰에서는 금기시하는 단어다. 즉 도덕적이고 윤리적 책임은 지지 않겠다는 것으로 이해될 수 있기 때문이다.

④ 만약 … : 만약을 전제로 한 질문이나 만약을 전제로 답변해서도 안 된다. 기자회견이나 언론인터뷰에서는 오로지 사실만이 있을 뿐이다. 만약이라는 질문에 답변하게 되면 아마 옷을 벗을 각오를 해야 할 것이다.

⑤ 원인자 거명: 인터뷰 시 원인자에 대한 구체적 언급은 금물이다. 즉 문제 발생자나 피해자를 구체적으로 언급하지 않는 이유는 최소한 인간의 인권을 존중해야 한다는 차원이다.

⑥ 다른 곳과 마찬가지로 …: 혹 타 부처나 타 부서의 사례를 들어 우리와 비교하는 것 또한 보기 좋지 않다. 타 부처도 마찬가지인데 왜 우리만 잘못했다고 하느냐 식의 답변은 큰일이다.

⑦ 피해에 대한 구체적 설명: 너무 끔찍한 피해상황 등은 자세히 설명할 필요가 없다. 뉴스도 시청 가능한 나이 등급이 있다.

⑧ 솔직히 말씀 드려 …: '솔직히 말씀 드려' 라는 용어를 쓰는 사람들이 가끔 있다. 이는 이때까지는 전부 거짓이었다는 뜻을 담고 있으니 피해야 한다.

⑨ 전문용어 사용금지: 너무 전문적인 용어는 사용하지 말아야 한다. 굳이 사용해야 한다면 풀어서 보충설명을 해줘야 한다.

⑩ 모르면 모른다고 말한다: 모르면 모른다고 해야 하는데 괜히 아는 체 하면 오히려 큰 화를 자초할 수 있다. 시내버스 기본료를 모르면 모른다고 하면 되는데 '70원' 이라고 답변하면 곤란하다.

⑪ 잘못된 정보는 즉각 수정: 질문자가 잘못된 정보를 가지고 질문할 경우에는 청중들의 오해를 불식시키기 위해 즉각 수정 조치해야 한다. 그냥 넘어가면 그것이 사실로 받아들여질 수 있기 때문이다.

⑫ 거짓말은 절대불가: 마지막으로 거짓말은 절대로 안 된다. 물론 언론에 거짓을 말하지는 않겠지만 언론의경우 잘못된 정보가 전해져도 거짓말이 될 수 있다. 그래서 언론에 가는 정보는 항상 100% 확인을 거친 정확한 자료만 전해져야 한다.

(3) Rhetoric Skill (**겸손의 표현**)

다음은 겸손의 표현들이다. 언론인터뷰 시 활용하기 바란다.

한 말씀 더 드려도 되겠습니까?(추가답변 시)

죄송스럽게 생각합니다만 …(이런 문제가 발생해)

안타깝게 생각합니다만 …(사망자 발생)

저도 같은 식구입니다. 하지만 …(다 해결해 주고 싶지만)

부끄럽게도

제가 할 수 있는 일이 있다면 …(앞으로 책임을 다할 것)

지금 거론되신 분은 …(○○○은(×))

좀더 노력하겠습니다.

적극 반영하겠습니다.

좋은 의견이십니다.

○○○ 기자님 …

(4) 곤란한 질문에 대한 답변

다음은 답변하기 곤란한 질문을 할 경우 고려할 수 있는 답변들이다. 하지만 문장에 따라 뉘앙스가 조금씩 다르니 적절히 사용하여야 한다.

잘 모르겠습니다.

확인해 보겠습니다.

답변할 입장이 아닙니다.

답변할 위치에 있지 않습니다.

언급할(말할) 단계가 아닙니다.

고려해 보겠습니다.

적절한 답변자를 찾아보겠습니다.

7) 카메라 앞에서의 태도

(1) 자세

앉은 자세의 경우 소파나 회전의자는 피하고 깊숙이 앉고 등을 꼿꼿이 세우는 것이 좋다. 손동작은 크지 않고 천천히 하여야 하며 턱 밑에서 가슴 안에서만 움직여야 한다. 서서 할 경우 상체가 흔들리지 않도록 한발을 살짝 내밀면 훨씬 편안하게 된다.

(2) 외모

머리는 항상 정돈된 모양이라야 하며 양복은 가능하면 정장을 하되 체크무늬는 피하는 것이 좋다. 와이셔츠는 좋은 분위기의 인터뷰에는 색깔 있는 것도 검토해 보기 바란다. 넥타이 역시 상황에 따라 색깔을 맞춰야 하며 스트라이프나 체크무늬 넥타이는 피하는 것이 좋다. 또한 금장, 은장의 시계는 피해야 하며 여성의 경우 진주형태의 목걸이, 크기가 큰 브로치, 반짝이는 목걸이 등은 피하는 것이 좋다. 안경의 경우 방송에서는 안경을 착용하지 않는 것이 좋으니 필요 시 착용하되 얼굴에 바짝 당겨 사용하는 것이 좋다.

(3) 시선 및 음성

방송에서는 시선처리가 가장 중요하며 이때 눈만 돌린다든가, 얼굴만 돌리는 것이 아니라 온몸을 함께 천천히 움직이는 것이 무엇보다 중요하다. 음성은 가능하면 좀 더 크고 명확하게 발음하는 것이 좋으며 속도는 반 박자 느리게 하는 것이 신뢰감 있게 들릴 수 있다.

10. 과학홍보를 위한 제언

과학은 그 분야가 무궁무진하고 재미있는 분야가 무척 많다고 생각한다. 우주의 신비, 변화무쌍한 지구의 변화, 수많은 동물들의 재미난 생활, 눈에 보이진 않지만 큰 일을 하는 미생물의 세계, 인체의 신비, 무한한 바다 등 사람들의 개인적인 관심사의 차이는 있겠으나 많은 사람들이 대체로 과학에 대해 큰 관심을 가지고 있다. 우스갯소리로 TV를 시청할 때 다큐멘터리를 보면 '오빠' 에서 '아저씨' 로 된다고 했나? 특히 나이든 분들은 환경과 자연 다큐멘터리 같은 걸 좋아한다고 생각한다. 그렇다면 젊은층은 어떨까? 개인적으로는 과학 프로그램이 젊은층의 취향에 맞게 만들지 못했기 때문이지 절대 관심이 없다고 생각하진 않는다. 이 말은 과학적 사실을 얼마나 일반 국민들에게 재미있게 풀어줄 수 있느냐가 관건이 아닐까 한다.

일반 사람들에게 과학이 좀 더 쉽고 재미있게 다가가기 위해서는 우선 다양한 소재를 개발할 필요가 있다. 즉 일반 사람들의 과학적 흥미에 관한 조사를 기반으로 소재를 개발하고 이를 흥미롭게 풀어가는 방법까지 철저하게 소비자 중심적으로 접근해 보자는 것이다. 외국의 '디스커버리 채널' 이나 '내셔널지오그래픽채널' 같은 것을 보면 과학적 현상들도 정말 재미있게 풀 수 있다는 것을 보여준다. 물론 힘든 작업이 될 것이다. 극지에서 혹은 위험한 곳에서 사실을 보여주어야 하고, 보여줄 수 없는 것은 컴퓨터 그래픽같은 것으로 보여주어야 하고, 때론 수많은 밤을 기다려 하나의 그림을 찍기도 할 것이다. 하지만 이런 노력으로 우리가 과학적 사실을 흥미롭게 생각하고 과학적 현상에 대해 관심을 가지게 된다면 보다 많은 사람들이 과학 분야에 몸담게 되지 않을까 생각한다.

이런 다양한 소재를 국민들에게 알리기 위해 다양한 PR이벤트를 기획해 보는 것도 좋을 것이다. 언론에 알리는 퍼블리시티뿐만 아니라 특정 분야를 좋아하는 사람들을 모아 커뮤니티를 만들어 지속적으로 이해를 높이고 정보를 공유하는 장을 마련해 준다든가, 혹은 일반인들을 대상으로 하는 체험캠프 같은 것도 검토해 볼만 하다. 현재 많은 곳에서 이런 캠프를 운영하고 있지만 대개의 경우 너무 재미없게 진행하다 보니 외면받는 경우가 많다. 좀더 고객중심적인 운영을 한다면 충분히 승산 있는 방법이라 생각한다. 역시 많이 하는 거지만 과학교실 같은 것도 재미있게 운영한다면 과학에 대한 관심을 끄는 데 도움이 될 것이다.

그리고 홍보를 위해 보다 적극적으로 다양한 매체에 기사화해 보라는 것이다. 과학의 경우 TV만 집중하는 경향이 큰데, 신문, 잡지, 라디오, 인터넷, 등 다양한 매체를 활용할 필요가 있다. TV의 경우도 다큐멘터리 형식뿐만 아니라 뉴스, 드라마 소재, 오락프로 등에도 충분히 노출될 수 있다. 문제는 아이디어다. 얼마나 재미있는 소재를 개발하느냐의 여부다.

다음으로는 언론에 알리는 방법도 좀 다양하게 해보아야 할 것이다. 사실 과학자들의 경우 자신의 연구결과물이나 하고 있는 일을 언론에 적극적으로 알리는 것을 꺼리는 경우가 많다. 하지만 이것은 지양되어야 한다. 자신의 과학적 성과를 일반인들에게 알려 사람들의 삶이 좀 더 편리하고 혹은 이롭게 된다면 이보다 더 유익한 일이 어디 있겠는가? 따라서 기자회견을 할 것인가, 보도자료를 뿌릴 것인가에서 나아가 기자를 데리고 현장을 보여준다든가, 기자들의 이해를 높여주기 위해 기자초청 세미나를 기획해보기도 하고, 몇 회의 시리즈를 기획해 상세한 과학적 정보를 제공해 준다든가 하는 다양한 언론홍보 방법을 기획해 보는 것은 도움이 될 것이다.

과학적 사실도 이젠 홍보가 필요하다. 그냥 관심의 유발 수준에서부터 삶에 활용하기까지 다양한 이유로 말이다. 이는 일차적으로 과학자들의 몫이다. 홍보해야 한다는 인식이 강하게 있어야 홍보전문가들의 도움도 받을 수 있지 않겠는가? 두드려야 문이 열리지 않겠는가? 과학에 종사하는 사람들이 홍보에 대한 관심을 더욱 높이고 전략적 홍보에 대한 이해의 수준을 높이기만 한다면 일반 사람들은 유익하고 다양한 정보를 접하는 기회가 더욱 많아지고 결과적으로 이를 연구한 과학자 역시 존경 받게 될 것이다. 많은 과학적 사실, 과학적 연구결과를 매체에서 접하는 기회가 많아졌으면 좋겠다.

과학과
커뮤니케이션

초판 발행 2011년 6월 3일
2쇄 발행 2012년 2월 20일

지은이 김학수 외 10인
발행인 이 종 욱
편집인 우 찬 제
발행처 서강대학교 출판부
서울특별시 마포구 신수동 1번지
등록 : 제313-2002-170호(1978년 9월 28일)
전화 : (02)705-8212 / 팩스 : (02)705-8612
홈페이지 : www.sogang.ac.kr/~sgpress
인쇄처 한컴인쇄정보 tel 02)2274-3394

정가 17,000원

ISBN 978-89-7273-181-8 93070